SILVIA FERRARA

DER SPRUNG

SILVIA FERRARA

DER SPRUNG

Eine Reise zu den
Anfängen des Denkens
in der Steinzeit

*Aus dem Italienischen
von Enrico Heinemann*

C.H.BECK

Titel der italienischen Originalausgabe:
«Il salto. Segni, figure, parole: viaggio all'origine dell'immaginazione»
© Giangiacomo Feltrinelli Editore, Milano
Zuerst erschienen 2021 bei Giangiacomo Feltrinelli Editore, Mailand, Italien

Mit 32 Abbildungen, davon 28 in Farbe

Für die deutsche Ausgabe:
© Verlag C.H.Beck oHG, München 2023
www.chbeck.de
Umschlaggestaltung: Rothfos & Gabler, Hamburg
Umschlagabbildung: Höhlenmalereien in der Cueva de las Manos
(Höhle der Hände) in Santa Cruz, Patagonien, Argentinien,
zwischen 7000 und 11 000 Jahre alt;
© Science Photo Library / akg-images
Satz: Fotosatz Amann, Memmingen
Druck und Bindung: CPI – Ebner & Spiegel, Ulm
Gedruckt auf säurefreiem und alterungsbeständigem Papier
Printed in Germany
ISBN 978 3 406 79782 8

klimaneutral produziert
www.chbeck.de / nachhaltig

INHALT

FÜNFZIGTAUSEND JAHRE
– 7 –

ANLAUF
– 17 –

ABSPRUNG
– 29 –

Animationen 31

HÖHLEN 45
Pech Merle, Frankreich 48

Chauvet-Höhle, Frankreich 53

Lascaux, Frankreich 63

La Pasiega, Spanien 70

Blombos, Südafrika 75

Australien 80

DER SPRUNG NACH VORN
– 87 –

Zeichen 89

WÜSTEN 94
Sahara 94

Ägypten 106

Jordanien 111

GEWÄSSER 121
Amerika 121

Poesie und Umfeld, Italien 127

DER SPRUNG NACH OBEN
– 139 –

Projektionen, Anatolien 142

Zikkurat, Iran 159

Die Riesin, Malta 165

DER SPRUNG HINAUS
– 175 –

Imperium des Wortes 178

Bilder 188

Segmente 193

DER SPRUNG INS DUNKEL
– 201 –

IN DER ZWISCHENZEIT
– 211 –

BIBLIOGRAFIE
– 217 –

BILDNACHWEIS
– 224 –

FÜNFZIGTAUSEND JAHRE

> I hear the ancient footsteps like
> themotion of the sea
> Sometimes I turn, there's someone
> there,at times it's only me
> I'm hanging in the balance of a
> perfect finished plan
> Like every sparrow falling,
> like every grain of sand.
>
> Bob Dylan, Every Grain of Sand

Litotes

Zur Einführung in das Buch, das Sie in der Hand halten, greife ich am besten auf die Litotes zurück. Diese rhetorische Figur besteht in der Verneinung des Gegenteils dessen, was gesagt werden soll, fungiert hier also als *Disclaimer*, als Verzichterklärung bzw. Haftungsausschluss. Er besagt, was dieses Buch nicht sein will. Grenzen wir also so *ex negativo* unseren Gegenstand ein.

Dies ist weder ein Buch über Wissenschaft oder Kunst noch eines über Semiotik. Es handelt weder von den großen Entdeckungen der Archäologie noch von den kleinen, die Forschern in Nischengebieten gelangen, obwohl viele der hier erzählten Geschichten den meisten wohl neu sein werden. Es ist kein Geschichtsbuch, auch keines über Ästhetik, Anthropologie oder Philosophie, auch wenn es von der Vergangenheit und der Menschheit, von Schönheit, Glanz und Grenzen handelt. Letztendlich spielt der Titel nicht auf die großen Sprünge der Spezies, sondern auf bodenständige, irdische und allesamt höchst menschliche Schritte der Weiterentwicklung an.

Auf den nachfolgenden Seiten finden Sie Ausflüge, Reiserouten und ab und zu ein von oben oder unten betrachtetes Panorama. Diesen Weg gehen wir gemeinsam, um – häufig mit Überraschung – in der Rückschau die kreative Freude von Menschen zu entdecken, die erst beobachteten und dann durch Imagination, Interpretation und Filterung völlig Neues erschufen: Als Manipulatoren der Natur kneteten sie Rohmaterial, ersannen unerwartete Handlungsgeflechte, erkundeten das dunkle Labyrinth des Möglichen und woben eine fiktionale Welt zusammen.

Dieses Buch erzählt die Geschichte der Sprünge hin zum abstrakten Denken, zum Entwerfen von Dingen, die es nicht gibt, der Sprünge vom Zufälligen zur gewollten Erfahrung, zur Idee und zur Idee von der Idee.

Italo Calvino nennt dies die spezielle Kraft, den Knotenpunkt in einem Netzwerk aus unsichtbaren Beziehungen, die immer dann zum Vorschein kommen, wenn etwas nie Dagewesenes auftaucht. Zeichnungen, Umrisse, Projektionen, Zahlen und – vor allem – die Zeichen, die vor den ersten Buchstaben entstanden. Die Figuren, Tempel und ersten Pyramiden (nicht in Ägypten) sowie die Gruppe als Konzept. Die Ausgangspunkte des übertragenen Sinns, des Imaginierten, der Versuche, die Welt zu deuten, um ihr Sinn abzuringen und eine Ordnung aufzuzwingen. Der Sprung, die Sprünge hin zur Entdeckung der ersten Symbole, zu deren Darstellung, um sie festzuhalten, weiterzureichen und zu verewigen.

Vielleicht ist im Grunde alles Symbol. Aber es gibt Dinge, die der Mensch erschaffen hat, einzig und allein durch seine Vorstellungskraft, die ihn wie auf einer Woge vorantrug. Dinge, die ihn dazu inspirierten, ihnen eine veränderte Bedeutung zu geben, wodurch zufällig oder beabsichtigt völlig Neues, Kraftvolles und Ewiges entstand.

Auf diesen Seiten durchkämmen wir dieses mächtige und ewige Neue, bewegen uns zurück durch die Zeit, durch die Schluchten einer Vergangenheit, die uns als Menschen mit der wichtigsten Rolle bedacht hat, zumindest in diesem Sinn: die der Transformatoren und Schöpfer, der Zeichenschmiede, der Handwerker an der Imagination, der Steinmetze an der Natur und schließlich der Interpreten auf einer Bühne, auf der die Natur die Regie geführt und uns die Worte souffliert hat. Und wir haben durch Improvisation und Adaptation ihres Drehbuchs das bedeutendste Werk aller Zeiten geschaffen, bestehend rein aus Symbolen.

Wir haben mit einer Beschreibung *ex negativo* begonnen und von dem geredet, was dieses Buch nicht ist. Jetzt ist es an der Zeit, uns dem zuzuwenden, wovon es handelt: von etwas Greifbarem, Dauerhaftem und fast Unzerstörbarem.

Es ist Zeit, uns in die Gefilde von vor fünfzigtausend Jahren zu begeben, den flüchtigen Spuren einer Welt zu folgen, die uns mit ihren ersten, immer wiederkehrenden und rätselhaften Zeichen heute als kaum noch dechiffrierbar erscheint. Dabei befassen wir uns mit den Fragen, die sich auf dieser Bühne stellen: Wie und warum entstanden sie? Wie kommt ein Symbol, ein Abbild, ein Zeichen zustande? Wer erschuf es? Und wer versteht es? Wie wird seine Botschaft vermittelt? Was sollte gesagt werden?

Angesichts dieser Tausende von Jahren, der Generationen, die wie fließende Sandkörnchen aufeinanderfolgen, versuchen wir in diesem Buch, Antworten zu geben und den Sinn der Reise zu erklären: zu Zeichnungen von Männern, Frauen und ausgestorbenen Tieren, abstrakten Figuren ohne Deutung, antike und lebendige Spuren unserer Passage durch die Zeiten.

Unzivilisierte

Zeitliche und räumliche Angaben sind die Punkte und Linien, die einer Darstellung ihre erforderliche Struktur geben. Wir nutzen sie als ganz ungefähre Koordinaten, ziehen auf unserer Reise also gleichsam ohne Karten und ohne Uhr durchs Gebiet. Uns dienen sie nur dazu, große Veränderungen, radikale Neuerungen, irreguläre und unwiederholbare Wendepunkte zu markieren. Aber dabei folgen wir keinen kontinuierlichen Linien und präzisen Geografien.

Wir halten uns nicht an die geradlinige Straße der glanzvollen und fortschreitenden Gegebenheiten und auch nicht an die Modelle, die sich aus unserer Vorstellung von Zivilisiertheit ergeben: Ordnung, Organisation, eine Gesellschaftspyramide, Herrschaft, eine regulierte Produktion. Landwirtschaft. Nein. Zur Erklärung des Schöpferischen hilft nicht die traditionelle schematische Vorstellung von Zivilisation, sondern vielmehr das Konzept der Gemeinschaft, der Kommunikation, des «gemeinsamen Fühlens» und Teilens. Gestikulieren, Laute äußern, bezeichnen, zeichnen, mit Händen bearbeiten. Das ist Zivilisation. Nicht der «Staat», der als Gipfelpunkt perfekter Organisation gilt, obwohl er in Wahrheit ein gestaltloses, zerbrechliches und flüchtiges, anfälliges und selbstbezogenes Gebilde ist.

Drehen wir die Sanduhr um: Begeben wir uns kurzzeitig an die Anfänge zurück. Auf unserem Weg streifen wir das Paläolithikum, schreiten einige Meilensteine des Neolithikums ab, stoßen hier und da bis zur Bronzezeit und zuweilen noch weiter vor. Als Leitfaden nehmen wir uns einen Rundgang vor, der über den ganzen Globus und durch die Erscheinungsformen der Zeichen und Symbole führt. Wir suchen nach den ältesten von ihnen und ihren Schöpfern, um nachzuvollziehen, wie sich die Vorstellungskraft in etwas Greifbares und Konkretes verwandeln konnte.

Aber das Paläolithikum ist eine Welt, von der wir nur ansatzweise Kenntnis haben. Knapp drei Millionen Jahre, niedergeschlagen auf grob behauenen und geritzten Steinen, geprägt von einer langsamen und schrittweisen Entwicklung, die bis zum Ende des Pleistozäns vor rund zwölftausend Jahren zurückreicht. Eine Zeit, so unendlich lange, dass es sich aus Verantwortungsbewusstsein verbietet, sie sich in Gänze auf die Schultern zu laden. Wir erzählen Geschichte auf unsere Art, wobei wir zwischen den zurückliegenden Jahrtausenden hin- und herspringen, zwischen den Uranfängen der Zeichen, dem Sinn für Gemeinschaft, bestimmten Emblemen und Vorstellungen von Identität. Wir halten keine schematische Zeittafel bereit, denn wir sind nicht in der Schule. Wir peilen die Epochen über den Daumen, nehmen uns große Freiheiten heraus, weil es keine Leitchronologie gibt.

Und nicht nur das. Die Eckpunkte unserer Geschichte sind häufig nicht einmal die Orte, die Sie erwarten würden. Wir verlassen die mit dem Lineal gezogenen Linien, zerpflücken die Geografie der Staaten und starten bei der Unordnung.

Südafrika, Indonesien, Iran, Türkei, Ägypten, Libyen, Jordanien, Italien, Frankreich, Spanien, Australien, Irak, Hawaii, Inseln, Wüsten, Ozeane, Nationen und Regionen. In diesem Buch sind diese Namen nur willkürlich entstandene moderne Bezeichnungen für Gegebenheiten, die sich im früheren Verlauf der Menschheitsgeschichte völlig anders darstellten, als sie die heutigen Landkarten zeigen. Unser Ziel liegt so weit in der Vergangenheit zurück, dass Grenzen nicht durch Hoheitsgebiete festgelegt, sondern allein von Bergen, Flüssen und Meeren gezogen wurden. Wir erkunden ein grenzenloses Pangaea, auf dem wir auf einige universelle, allen Völkern und Kulturen gemeine Zutaten stoßen.

Daran werden sich manche stören, denn auch in der fernen Vergangenheit gab es eine Vorstellung von Gruppe, Zugehörigkeit, Affiliation und Abgrenzung, sehr stark sogar.

Schauen Sie sich eine Landkarte an und denken Sie sich die von den politischen Verhältnissen gezogenen Linien weg. Die Reiseroute, in weiten Teilen von mir festgelegt, führt zu Petroglyphen in der Schwarzen und der Gelben Wüste, an spiegelnde Flüsse und Seen, auf abgelegene Inseln und in zahlreiche finstere Höhlen – an bescheidene vergessene Orte, ohne Ansturm von Touristen, versengt von einer Sonne, die auf Sand und Felsen niederbrennt, oder die in totale Finsternis getaucht sind. Sie bilden die Knotenpunkte, die Verbindungslinien und fast unfreiwillig Mitwirkenden von Geschichten, Anekdoten und Meditationen. Und auch diese Weltkarte gibt es nicht.

Die traditionelle Erzählung vermittelt uns ein mystifiziertes Bild von den Anfängen der Kultur und ihrer Entwicklung, als seien die damaligen Menschen nicht nur desorganisiert und unzivilisiert gewesen, sondern hätten es auch gar nicht erwarten können, die Jagd auf Wisente und Gazellen an den Nagel zu hängen, um auf dem innovativen Weg in die Moderne sesshaft zu werden, Häuser zu bauen, Städte zu errichten und Gemeinschaften zu gründen – fast schon eine Karikatur, in welcher der Jäger desorganisiert und instinktgetrieben durch die Gegend zieht und der Sammler vom Baum herabgefallene Früchte aufliest; lauter Primitive, alle «rückständig», das Gegenbild zum Herrscher über die Getreide und Herden, zum aufgeklärten «Pastoralisten», dem technischen Erfinder und Reformer, der bewässert, domestiziert und Ordnung schafft, der Gesetze ersinnt und Steuern erhebt. Also zur Zivilisation im klassischen Sinn.

Erscheinen Ihnen unsere Narrative nicht als allzu perfekt und passgenau? Als sei die gesellschaftliche Entwicklung, die vom ungebildeten Dummkopf zum König der Stadt führte, unumkehrbar in vorgezeichneten Bahnen verlaufen, vorgegeben vom quasistrukturalistischen Gegensatz Natur gegen Kultur: raus aus dem wilden Barbarenhaufen und rein ins städtische Vergnügen, hin zu Brot und Wein, durch eine Gesetzmäßigkeit wie der vom freien Fall.

Dabei gibt es für das, was den «Staat» eigentlich ausmacht und welche Beziehungen er zu allem Nichtstaatlichen hat, nicht einmal eine klare Definition. Und wir scheren uns wenig darum, wie, warum und bis zu welchem Punkt es dazu kam: zur Domestizierung von Tieren, von Getreide und Menschen, zu politischen Strukturen, zur Hoheit übers Herrschaftsgebiet. Dies alles ist auch den Anthropologen, Soziologen und Historikern auf spektakuläre Weise unklar. In diesem Schmelztiegel brodelten von jeher Spannungen, Widersprüche und Chaos.

Fünfzigtausend Jahre

Definitionen führen nicht sehr weit und interessieren uns auch wenig. Wir richten den Fokus auf das «Vorher» der präurbanen Wilden und Barbaren, nicht auf die Kulturen, in denen Weinkelche geschwungen und Keilschrifttafeln archiviert wurden. Wir folgen dem «Ginster, dem die Wüstenei genug ist», so wie ihn Leopardi beschwor, die wilden Gefilde, in denen erst sehr viel später die berühmten, gravitätischen und verschwiegenen Städte entstehen werden.

Die antiken Schöpfungsgeschichten beginnen fast ausschließlich mit dem Chaos, dem ägyptischen Gott Nun, dem babylonischen *Enuma elisch,* Hesiods *Theogonie,* Ovids *Metamorphosen* und dem *unus erat,* als der Himmel in der Höh' noch keinen Namen hatte und allein das gestaltlose Einerlei der Unordnung herrschte. Dann brach die Zivilisation, also das Ende des Chaos, an, den Mythen zufolge offenbar von einem Moment zum anderen, in einem von den Göttern verordneten Handlungsablauf.

Obwohl heute schon ein wenig *passé,* begeisterten diese Anschauungen die Sozialevolutionisten des 19. Jahrhunderts, die sogar den «Fortschritt» in Stufen der «Wildheit» (*savagery,* im Deutschen schlecht wiederzugeben) unterteilte, in eine höhere, mittlere und untere Barbarei, um alles vollständig unter einen Hut zu bekommen. Heute hat sich die Sicht verändert, in den modernsten Untersuchungen wird das Problem sicherlich nicht mehr auf die Art mit dem Hackebeil zerlegt.

Der Spaß liegt jedenfalls darin, in dieses Chaos einzutauchen. Es wird sich als deutlich geordneter, weitaus moderner erweisen, als es scheint. Es erzählt von uns, nicht nur von vor fünfzigtausend Jahren, sondern auch von uns Heutigen, die wir das Chaotische des «Menschseins» austesten, kreativ gestalten und nachempfinden. Die «edlen Wilden», die Barbaren seien willkommen. Sie stecken voller Erfindungsgeist.

Sprünge

Dieses Buch hat den Sprung zum Thema und ist tatsächlich aus einer Architektur aus Sprüngen errichtet.

Da sind die körperlichen Sprünge, die die Fußabdrücke von Yenikapı hinterlassen haben, sowie der Sprung zur Sprühtechnik des paläolithischen Sapiens, der farbige Abdrücke erschafft. Da sind die Sprünge hin zum Unsichtbaren, das sich dem Blick entzieht, dabei aber die Macht, die Solidität der Existenz besitzt wie die Gottheiten der frühneolithischen Siedlung Nevalı Çori und wie die anthropomorphen und zoomorphen mythischen Kreaturen, welche die Felswände der Chauvet-Höhle bevölkern. Unser roter Faden sind die spärlichen Reste, die Handabdrücke, die Tierzeichnungen, die Graffiti auf Fels, die Kreise, Linien, Punkte und die Gestalten von Männern, Frauen, Kindern und Tieren sowie die Abbildungen der Mischwesen aus allem, hineinkatapultiert in die physische Welt durch die Kraft einer Idee, durch das Trampolin der Fantasie.

Dass die menschliche Kreativität keine Reihenfolge beachtet, keinem Schema folgt und nicht durch äußere Einwirkung agiert, belegen unsere Gedankensprünge. Im großen Tableau der Zeit entsteht die Idee nicht in einer plötzlichen Geburt: Mitunter bricht sie sich explosionsartig Bahn, aber deutlich häufiger schreitet sie über längere Zeit schrittweise voran, durch dosierte Anwendung und mehrfache Wiederverwendung, durch Versuch und Irrtum auf einem Weg, der schließlich zur Erfindung führt. Und dann wird sie zur Gewohnheit, zur Praxis, zum Habitus.

Abschließend hebe ich nochmals auf meinen *Disclaimer* ab, wieder leicht litotisch formuliert. Wir rekonstruieren nicht die Urgeschichte über lange Zeiträume und in großem Maßstab, setzen nicht sämtliche Mosaiksteinchen an die richtige Stelle. Wir versuchen auch nicht zu verallgemeinern, die komplexen Verhältnisse einzuebnen, Nuancen zu verwischen im Versuch, um jeden Preis Kohärenz herzustellen. Überlassen wir die Präzisionsarbeit anderen. Dieses Puzzle ist nicht vollständig und will es nicht sein. Betrachten Sie es wie zahlreiche Fackeln, die über der Vergangenheit entzündet werden, viel Licht spenden, aber ihren Grund niemals ausleuchten können. Ich muss sagen, umso besser: Wäre das der Anspruch, würde dieses Buch niemals enden. Aber zum Glück für Sie und für mich hat es ein Ende – eines mit einem weiteren Sprung, der in die uferlose blinde Zukunft führt.

ANLAUF

Und erwäg' ich
Dein Loos hienieden,
Wie der Boden mir's
Bekundet, den ich trete ...

Giacomo Leopardi, Der Ginster

Und jetzt der Start. Jeder Absprung beginnt mit dem Anlauf. Er bildet die einzige Art, wie wir die Schwerkraft überwinden und uns vom Boden erheben können. Und deswegen setzt unser Sprung auch bei dem an, was uns am nächsten und mit unserer Existenz am engsten verbunden ist: beim Körper, beim physischen Abdruck, den wir mit Händen und Füßen, mit den Kuppen unserer Finger und Zehen hinterlassen, «Dein Loos hinieden, wie der Boden mir's bekundet» – wie Leopardi richtig sagt.

Nach Jahrtausenden der Evolution ermöglicht es uns unser Körper – dank des aufrechten Gangs –, den Horizont zu betrachten, ohne dass wir dazu die Nase in die Höhe recken müssen. Dank seiner können wir uns bewegen, um den Raum zu besetzen und mit dem Gesichts- und dem Tastsinn Dinge zu erkunden. Mit ihm können wir Wurzeln schlagen, Spuren um uns herum hinterlassen, Laute äußern, Geräusche hören und Gebärden ausführen. Es lässt sich nicht ändern: Alles, aber wirklich alles, beginnt mit dem Körper. Vom Geist reden wir weiter hinten, auch wenn sich Descartes' Dualismus am Ende als irrig erweist. Letztlich sind wir eine Einheit aus Körper, Geist und Seele.

Wenn wir uns bewegen, hinterlassen wir fast überall Spuren, sogar in den Räumen, die wir nur gedanklich durchschreiten, wenn unsere Neuronen Streifzüge durch die Erinnerungen unternehmen und Empfindungen wachrufen, viele kleine *Madeleine*-Erlebnisse, bei denen uns nicht nur physische und reale, sondern sogar auch imaginierte Ortswechsel in den Sinn kommen.

Zu diesen Spuren, die unser Körper hinterlässt, erzähle ich Ihnen vier Geschichten, die uns den Anlauf vor dem Sprung erklären: Geschichten von Füßen, Händen, Fingern und Fingerkuppen.

Füße

Wie Jäger und Sammler hinterlassen wir Spuren und fahnden nach Fährten. Wir überprüfen gerne die Wegstrecke, die von A nach B und weiter nach C führt. Wie Hänsel und Gretel mit den Brotkrümeln vollziehen wir mit dem mobilen Navigationsgerät oder aus dem Gedächtnis unsere Route nach, wenn wir zum Joggen in den Park oder mit dem Hund Gassi gehen. Wir berechnen tagtäglich Strecken, Routen und Entfernungen, den Hin- und Rückweg, eine geplante oder erträumte Reise, zwischen den Supermarktregalen oder wenn wir nachschauen, wie lange der Zug noch bis nach Hause braucht. Wie viel Zeit noch? Wie weit ist das? Wie lange brauche ich?

In einer Stadt am Bosporus, halb in Europa, halb in Asien und durchströmt von Menschenmassen, kamen menschliche Fußabdrücke zum Vorschein. Es sind Spuren unter Milliarden anderer, hinterlassen im Verlauf der Geschichte von Menschen, die zig verschiedene Sprachen gesprochen haben. Sie haben sich erhalten, und sogar in Massen. Und obwohl sie nicht die ältesten bekannten sind (die der Fundstelle Laetoli in Tansania stammen aus der Zeit vor 3,7 Millionen Jahren), sind sie wirklich etwas Besonderes.

Das Viertel Yenikapı am Theodosius-Hafen liegt unweit des Istanbuler Stadtzentrums. Hier begannen Grabungsarbeiten, um hastig eine Metrolinie mit einem zukunftsweisenden Tunnel zu bauen, der unterirdisch den Bosporus quert. Dass dort Überbleibsel aus der Vergangenheit entdeckt würden, war fast schon so selbstverständlich, dass dies nicht nur erfahrene Archäologen oder Ingenieure, sondern auch einfache Hobbygräber erwartet hatten. Und tatsächlich tauchten Schiffswracks auf, aus dem byzantinischen Kaiserreich und mit allem Gerät, sogar mit Objekten, die der Boden wie Gewebe oder Holz nach so langer Zeit nur ganz ungern wieder hergibt. So weit ein schöner Fund, schöne Schiffe, viele und prachtvolle. Aber tiefer darunter? Beim weiteren Graben – wer einmal gräbt, hört nicht mehr auf – stießen die Archäologen auf ein neolithisches Dorf von vor achttausend Jahren, mit Gräbern für Erd- und Feuerbestattung – Sprengstoff für die Fachwelt, eine äußerst rare Gemengelage, denn Einäscherung galt bislang als eine Praktik aus späterer Zeit. Und Ruder von Kanus, Löffel aus Knochen, alltagstaugliche Dinge. Bis hierher, nochmals, eine glanzvolle Entdeckung, schöne Reste von Feuerbestattungen, viele und vielfältige Grabstätten.

Aber Yenikapı hatte noch etwas völlig anderes zu bieten: eine Schicht mit über tausend Fußabdrücken, von Erwachsenen wie Kindern, Formen, eingeprägt im getrockneten Boden und für Jahrtausende versiegelt. Ihr Anblick erinnerte an das Spiel Twister, das wir als Kinder spielten, Füße, die man mit Verrenkungen und Verschränkungen nach Vorgabe irgendwohin platzieren muss, nur dass diese Füße in den Schlamm gesetzt worden waren. Die Spuren führen ins Nichts, einige tauchen als einzelne auf, wurden also offenbar hüpfend hineingesetzt, während sich die Abdrücke anderer überlappen. Manche Besitzer dieser Füße trugen Schuhe, andere gingen barfuß. Und es ist ein Dorf, ein ganzes Meer aus Fußabdrücken, so zahlreich, dass man sie auf diesem kristallinen, erstarrten Untergrund gar nicht mehr zählen kann.

Der Schlamm, in den sie eingedrückt wurden, muss porös gewesen sein, vielleicht hatte an dieser Stelle ein sumpfiger Weg entlanggeführt, vielleicht hatten Menschen in einem Bachbett barfuß getanzt, worauf es später austrocknete und fest wurde. Und dann verschwand alles unter Schichten abgelagerten Lebens und angeschwemmten Bodens. Ob hier rituelle Tänze oder nur ganz profan irgendwelche Spaziergänge stattfanden, ist eher bedeutungslos.

Wichtig ist, dass wir von diesem Treiben und seiner Intentionalität Jahrtausende später ein festes Abbild sehen, das sozusagen unbeabsichtigt auf uns gekommen ist. Obwohl im Schlamm erstarrt, sprühen diese Spuren vor Lebendigkeit. Es sind in dieser Zone nicht die einzigen. Weitere, manche Jahrhunderte älter, aber aufgeladen mit den gleichen symbolträchtigen Konnotationen, tauchten in Barcın Höyük im Nordwesten Anatoliens in der heutigen Türkei auf. Aber inmitten des Großstadtgetöses, zwischen den vorüberzischenden Metrozügen, beschwören die in Yenikapı in uns einen Nachhall vom damaligen Lärm herauf. Mit etwas Fantasie sehen wir die Füße vor uns, wie sie angehoben werden und in den Boden stampfen. Vielleicht bewegten sie sich nicht zielgerichtet, doch für uns stehen sie jetzt jedenfalls still. Aber welch langen zeitlichen Weg haben sie bis zu uns zurückgelegt!

Anlauf

Hände

Am helllichten Tag ist es stockfinster, weil sich hier herein kaum Licht verirrt. Der Mann kennt die Dunkelheit und die Angst, die einen beim ersten Besuch überkommt. Schon der Weg bis dorthin ist körperlich wie seelisch eine strapaziöse Reise, eine *Tour de Force*. Wenn er aus diesem Loch wieder heraustritt, ist er jedes Mal völlig erschöpft.

Hier dringt nur ein blasser Widerschein ein. Die Sonne steht hoch am Himmel, sodass der Kontrast zwischen Licht und Schatten, zwischen Hell und Dunkel in die Augen sticht. Falls doch ein Strahl Licht einfällt, verliert er sich zwischen den gewellten Felswänden. Und die kennt er, weiß genau, wie sie beschaffen sind, denn er hat sie buchstäblich immer wieder an seinen Handflächen gespürt. Er weiß, dass das Wasser ihnen im Verlauf der Jahre ihre Gestalt gegeben hat und dass all diese Kratzspuren von Höhlenbären *(Ursus spelaeus)* stammen. Einen hat er kürzlich gesehen, flüchtig, für einen Augenblick nur, weil er wie der Blitz hinein- und wieder herausgeschossen ist.

Wenn er eintritt, muss er sich mühselig Schritt um Schritt vorantasten. Der Boden ist uneben und glitschig. Schwierig ist es immer. Obwohl er nicht ungeschickt und Dunkelheit fast schon gewohnt ist, zieht er sich oft Verletzungen zu. Nur sein Sohn springt mit spielerischer Leichtigkeit wie ein Steinbock *(Capra pyrenaica)* ins Vergnügen.

Und erst der Weg dorthin. Das Tal zwischen den felsigen Hängen ist rau, zerklüftet und stets von Tieren bevölkert. Sie steigen die Bergflanke herab, hinter der die Sonne untergeht. Es sind unglaublich viele, ihr Gebrüll erfüllt immer wieder die Luft, und seine Gruppe hat sie zu jagen und zu erlegen gelernt. Vor allem Wildpferde *(Equus ferus)* und Wisente, aber auch der prachtvolle Auerochse *(Bos primigenius)*, der inzwischen nicht mehr unter uns weilt.

Aber heute ist der Mann mit einem anderen Vorhaben hergekommen. Er hat eine Art Mission, muss in die Tiefe bis dort hinabsteigen, wo sich die Felswände im Nichts verlieren. Gerade die Kalksteinwände mit ihren Oberflächen geben ihm Führung. Die Höcker und Nischen bilden die Profile, denen er folgt, um seine Linien zu ziehen. Der Fels hilft ihm, sie zu erschaffen.

Bevor wir eintreten, verrate ich Ihnen nicht zu viel. Eine Beschreibung, was Sie zu sehen bekommen, wäre sinnlos. Sie müssen schon Ihre Vorstellungskraft bemühen.

Folgen Sie ihm erst einmal, er führt Sie hinein. Schlagen Sie sich den Kopf nicht an. Passen Sie wegen der Stalaktiten auf. Die Augen müssen sich ans Dämmerlicht gewöhnen. Atmen Sie durch. Und jetzt schauen Sie nach rechts.

Dieses Bildfeld ist sein *work in progress*. Er hat mit der Arbeit eben erst begonnen. Er greift zum Ockerpigment, streicht es über die Handfläche und drückt diese dann an den Fels. Hier sehen Sie auch einen abgedrückten Finger: Der kleine ist ein wenig verkrümmt und hinterlässt eine unklare Spur. Oftmals geht etwas daneben: Die Abdrücke oben auf der Felswand zu platzieren, ist alles andere als einfach. Er muss hinaufklettern. Über vierhundert in vier Feldern hat er bislang angebracht, mit einer Vorliebe für Zahlensymmetrien, und womöglich hat er sämtliche mit Ocker gefertigten Hände sogar gezählt. Dieses Werk hat er die «Galerie der roten Bildfelder» getauft, meiner Meinung nach in einer guten Wiedergabe des Eindrucks. Beschreiben kann hilfreich sein, auch wenn es, ehrlich gesagt, wie eine mit Blut beschmierte Wand aussieht.

Weiter hinten hat er mit selbsterfundener Technik die Umrisse eines Wisents gezeichnet, markiert durch eine Reihe großer roter Punkte, runde Flecken, die er durch das Aufdrücken der Handfläche ohne Finger aufgebracht hat. Diese Zeichnungen brauchen freilich eine genauere Erklärung, die es erst weiter hinten im Buch gibt.

Für die Darstellung der Hände hat er dagegen eine andere Technik entdeckt, die wie Magie erscheint, aber eben nur Technik ist. Er nimmt das Pigment und bläst es durch einen Halm großflächig über seine Hand, die er an die Felswand gelegt hat. Ihr Rücken färbt sich tiefrot, der Lufthauch streichelt die Finger. Als er die Hand von der Wand hebt, lässt sie einen Abdruck in der Farbe seines Fleischs zurück. Lebendiges Fleisch, umgeben vom aufgesprühten Rot.

All dies hat er alleine vollbracht.

Anlauf

Finger

Seit der oben beschriebenen Szene sind dreißigtausend oder noch mehr Jahre vergangen. Diese Szenen habe ich mir im Inneren der Chauvet-Höhle ausgemalt. Oder es zumindest versucht.

Sich in diese Welt zu versenken, ist kein leichtes Unterfangen, nicht nur, weil seither so viel Zeit vergangen ist, sondern auch, weil wir keinerlei Hinweise vorliegen haben, die uns die Dinge erklären könnten. Dies sind die Anfänge von allem: von der Idee des Bildes, der Figur, der Zeichnung, der Umrisse, der Linien, vom Ich, vom anderen, vom Spiegelbild und Imitat. Der Anfang dessen, was wir allzu vorschnell als Kunst bezeichnen, was aber, wie ich zu zeigen versuchen werde, im Grunde keine Kunst ist.

Zur Entzifferung verfügen wir weder über eine genaue Zeichenerklärung noch über ein Wörterbuch oder eine Bildlegende, über rein gar nichts.

Aber trotz dieser Stille ist es uns möglich, von diesen Personen, diesen Menschen, die vor all diesen Jahrtausenden ihre Hände auf die Höhlenwände legten, vieles zu verstehen. Und diese Hände sind einzigartig, höchst individuell und kennzeichnend: Sie stammen keinesfalls von ein und derselben Person, im Gegenteil. Da füllen Kinderhände, offenbar von Frauen stammende Hände und die eines einzelnen Mannes eine ganze Wand, erstellt als Negative, wenn die Hand als Schablone genutzt, oder als Positive, wenn sie mit rotem Ocker bestrichen und auf die Wand gedrückt wurde. Und Handabdrücke tauchten auch an Höhlenwänden auf, die inzwischen unter Wasser liegen.

Die Henri-Cosquer-Höhle bei Marseille, die bis in eine Tiefe von fast vierzig Meter unter dem Meeresspiegel reicht, ist nur durch einen furchteinflößenden Tunnel 165 Meter unter der Oberfläche erreichbar. Wie durch ein Wunder blieben dort trotz des Wassereinbruchs auf trockenen Felswänden rund hundert Zeichnungen erhalten, darunter Dutzende von Handnegativen *(Tafel 1)*.

Das Überraschende ist, dass an vielen dieser Hände Finger fehlen. Und darin ist die Henri-Cosquer-Höhle keineswegs einzigartig. Wir finden ähnliche Abdrücke aus mehr oder weniger der gleichen Zeit auch in anderen Höhlen, in der von Gargas, von Tibiran und weiteren. Dies müsste uns ins Grübeln bringen. Was ist mit den fehlenden Fingern passiert? Wir können sicher sein, dass die Menschen des Paläolithikums keine Fehlbildungen abgebildet haben. Dass die gleiche Art Verkrüppelung in so weit auseinanderliegenden Zonen und so unterschiedlichen Kontexten auftauchte und mit der gleichen Technik – Abbildungen mit Pigment auf Felswänden – verewigt wurde, ist ziemlich unwahrscheinlich.

Was also hatten die Abbildungen zu bedeuten? Wir stehen vor einem Rätsel. Sind Sie auf die Lösung gekommen? Die «Wahrheit» liegt häufig in den einfachen Erklärungen. Die Geschichte geht so:

Nach manchen Experten wie der kognitiven Archäologin Karenleigh Overmann (neben anderen) deuten die verbliebenen Finger auf Zahlen hin: Sie seien sequenziell, intentional und *abgezählt* dargestellt. Demnach stehe jeder Finger für eine ganze Zahl von eins bis fünf. In der Höhle von Gargas ist dies klar zu erkennen: Derselben Hand fehlt je nach dem, wie sie auf die Wand gedrückt wurde, eine bestimmte Anzahl an Fingern.

Eigentlich ist dies gar nicht so verwunderlich. Aber dahinter steckt ein raffiniertes kognitives Zusammenspiel. Für Handbewegungen, um Gegenstände zu ergreifen oder zu verlegen, ist nur ein relativ geringes Zutun des Motorcortex notwendig, wohingegen für die Nutzung der Finger ein komplexes neuronales Netzwerk in Aktion treten muss. Die Finger greifen gezielt nach dem Objekt und spielen dabei exakt und punktgenau zusammen. Zwischen der Bewegung der Finger und dem Umgang mit Zahlen besteht eine natürliche Verbindung. Beide erfordern die Beteiligung der Parietallappen, die taktile, visuelle und räumliche Empfindungen zusammenführen. Nicht zufällig nutzen Kinder zum Zählen als Erstes ihre Finger – bei der buchstäblichen Handhabung von Zahlen.

Vielleicht hat man also schon vor dreißigtausend Jahren mithilfe der Finger zumindest bis fünf oder zehn gezählt, ehe die Rechensteine, die sogenannten *Tokens* oder *Calculi* zum Einsatz kamen, von denen noch die Rede ist. Und so gesehen, wären die Hände mit den fehlenden Fingern in der Cosquer-Höhle oder der von Gargas nicht einfach Abdrücke, die als eine Signatur dienten. Sie stünden vielmehr am Anfang der Ausbildung einer anspruchsvollen, komplexen Fähigkeit des Menschen, der spielerisch mit Mengen umgeht. Vielleicht ein erster Schritt zur Entdeckung der Zahlen. Und der wäre dann anhand des agilsten, flexibelsten und beweglichsten Teils unseres Körpers erfolgt. Davon reden wir weiter hinten noch, denn der kognitive Sprint ist hier noch nicht zu Ende.

Fingerkuppen

Die ältesten bekannten Fingerabdrücke der Welt stammen aus einer Zeit ohne klares, einsichtsvolles und eindringliches Bewusstsein für die Einmaligkeit von uns als Individuen. Sie sind keine absichtsvoll hinterlassenen Marker oder erscheinen zumindest nicht als solche. Archäologische Funde erzählen uns vieles und helfen, Gesellschaften als Ganzes zu rekonstruieren, verraten uns aber sehr wenig über die Menschen oder die Persönlichkeit derer, welche die entdeckten Objekte erschaffen haben. Sie sagen uns wenig darüber, was zu einer und nur einer Person gehört, zu dem nicht reproduzierbaren Individuum, zu mir, zu Ihnen.

Wenn aber ein Objekt die Fingerabdrücke seines Schöpfers trägt, wird es zwangsläufig zu etwas Persönlichem und gewinnt eine Aura der Einmaligkeit. Es wird zu einem einzigartigen und unnachahmlichen Abbild.

Unsere Papillarleisten heißen altgriechisch *Dermatoglyphen*. Sie haben nichts mit den Glyphen einer Schrift, nichts mit Piktogrammen oder Ideogrammen zu tun, hinterlassen aber vorsätzlich oder unbeabsichtigt Abdrücke, die als Signaturen gelten können. Mithilfe wissenschaftlicher Analysen können sie uns vieles über diejenigen, von denen sie stammen, oder über die Art erzählen, wie das betreffende Objekt gefertigt wurde. Die Abdrücke unserer Dermatoglyphen sind die erste – mikroskopische und fast unsichtbare – Beimengung, wenn wir Rohmaterial kneten.

Vor zehntausend Jahren ging im heutigen Boncuklu Höyük in der anatolischen Provinz Konya eine Gruppe von Jägern und Sammlern zur Sesshaftigkeit über und errichtete ein Dorf. Die archäologische Fundstelle dieses Ortes liefert uns zahlreiche Informationen zu diesem Übergang, und wie wir noch sehen werden, ist Anatolien für diese Zeit eine wahrhafte Schatztruhe an Überraschungen: Dort wurde mit Symbolen und Abstraktionen experimentiert.

Auf sogenannten *Tokens* oder *Calculi*, kleinen Tonobjekten zum Zählen oder als Merkhilfe für Produktionsabläufe, die in Boncuklu auftauchten, kamen Fingerabdrücke zum Vorschein, ermöglicht durch die sogenannte RTI-Methode («Reflectance Transformation Imaging»), die Zerklüftungen sichtbar macht. Der Mensch, der diese Tonklumpen berührt hat, wird so wieder lebendig, erhält eine Seele und spricht zu uns. Wie wir noch sehen, gibt es Forschende, die diese Tokens als die Vorläufer von Schriftzeichen begreifen und sie – nicht unumstritten – als Argument dafür nutzen, eine lange Verbindungslinie zwischen Verwaltungsabläufen und der Erfindung der Schrift zu ziehen.

Aus noch früherer Zeit stammt die rund sechsundzwanzigtausend Jahre alte Venus von Dolní Věstonice, die in der gleichnamigen Grabungsstätte in Mähren, in der heutigen Tschechischen Republik, aufgefunden wurde. Sie stammt aus dem Jungpaläolithikum, dem sogenannten «Gravettien». Aus gebranntem Lösslehm bestehend, fände diese elf Zentimeter hohe Figurine in meiner (ebenfalls einzigartig individuellen) Handfläche Platz. Im Jahr 2004 offenbarte ein tomografischer *Scan* – Wunder der Mikroskopie und der forensischen Archäologie – auf dem Rücken der Venus einen Fingerabdruck, der von einem Jungen im Alter von sechs bis fünfzehn Jahren stammt. Offenbar hat er die Figur vor dem Brennen angefasst, ihr direkt ins Gesicht geblickt, vielleicht über dieses (nicht von ihm, aber vielleicht von seiner Mama oder seinem Papa stammende) Werk gestaunt und uns so eine Art Momentaufnahme von einem neugierigen Buben geschenkt, der die Finger nicht von der Knete lassen konnte.

Die weltweit ältesten bekannten Fingerabdrücke stammen aus der Zeit von vor achtzigtausend Jahren, aber es sind keine von uns modernen Menschen. Wollten wir sie identifizieren, müssten wir uns unter unseren ausgestorbenen Vettern umschauen. Diese stellten Waffen her, indem sie mit Harzmischungen Steinsplitter an Stöcke klebten, mit robustem Neandertalerleim und schon gut ausgebildeten Papillarleisten an den Händen, um eine Signatur von sich zu hinterlassen.

Anlauf

Mit dieser Ermittlung im Stil eines Paläo-Krimis wenden wir uns vom Körper ab, um als wahrhaft intelligente Kreaturen zu dem Absprung anzusetzen, den uns unsere winzigen Neuronen ermöglichen.

ABSPRUNG

Die Mythen sind jeweils ein
Sichüberlagern
von ausgeschnittenen Profilen

Roberto Calasso, Der himmlische Jäger

Animationen

Das ist unser Absprung: Dieses Kapitel befasst sich mit den gemalten Figuren, Formen und Tiersilhouetten sowie mit den nichtgegenständlichen, abstrakten und geometrischen Zeichen, die wir auf den Felswänden prähistorischer Höhlen überall auf der Welt finden, abgebildet seit der Zeit von vor vierzigtausend Jahren. Sie sind die ersten Zeugnisse für den großen kognitiven Sprung, der den Menschen ins Reich des symbolischen Denkens trug.

Und wir springen von Indonesien nach Frankreich, bestaunen Wisente, Löwen, Pferde und frei erfundene Figuren, Mischwesen aus Mensch und Tier und andere fantastische Kreaturen. Wir stoßen auf nicht klar identifizierbare Symbole und auf noch zu lüftende Geheimnisse. Wir tauchen in die Spiele aus Licht und Schatten ein, die uns in verborgenen Winkeln auf der ganzen Welt begegnen, in die Geschichten, die uns die Höhlenwände erzählen. Sind es nur Geschichten von Tieren? Anschließend suchen wir in Südafrika und Australien, in noch früherer Zeit, nach den Ursprüngen dieses kognitiven Absprungs, nach Erklärungen, wie das menschliche Gehirn erstmals Zeichen erfand.

Dagegen konzentriert sich das darauffolgende Kapitel auf den Sprung nach vorn, dessen Relikte wir in der Wüste Sahara finden, inmitten der Sanddünen des Nahen Ostens, an einem ausgetrockneten See in Amerika und anhand einiger italienischer Rätsel. Piktogramme, Petroglyphen, Ideogramme, embryonaler Satzbau, Grammatiken aus gegenständlichen Szenen, Protoerzählungen. Wir werden mit allem bekannt, was der Idee eines «Codes» - einer festgehaltenen Botschaft - in einem Kommunikationssystem nahekommen könnte.

Es sind alles Streifzüge durch die ersten Symbole der Vorgeschichte, weit vor der Zeit, da es eine echte Schrift ermöglichte, eine Botschaft in sichtbarer Form zu übermitteln. Embleme, Reihenfolgen, Zusammenstellungen, in denen jedes einzelne Element gedeutet und entziffert werden muss. Vom isolierten Zeichen zu komplexeren gegenständlichen Szenen: Was wollen sie uns sagen, diese vorsintflutlichen Geschichten?

Wir werden nachzuvollziehen versuchen, wie wir dazu kamen, Symbole, Punkte, Kreise, Spiralen und Quadrate zu kreieren. Was trieb uns Menschen zum Malen, zum Zeichnen und dazu an, auf einer planen Oberfläche Zeichen zu erstellen? Sicher haben diese Phänomene einen neuronalen Hintergrund, aber wie sind wir vor Jahrtausenden bis zu diesem Punkt gelangt? Wie sind wir auf die Idee des Symbols gekommen? Und ist sie wirklich ein so eindrucksvolles, so schwer zu konzipierendes Ergebnis? Haben wir wirklich einen kognitiven Quantensprung vor uns?

Auf diese schwierigen Fragen versuchen diese beiden Kapitel überlappend Antworten zu geben. Alles, was der Schrift vorausgeht, die tastenden Anfänge, die Versuche und Irrtümer, bilden das große Labor zur Schöpfung schriftlicher Texte. Unser Verstand hat sie in verschiedenen Teilen der Welt ersonnen, in verschiedenen Kontexten und mit unterschiedlichen Ergebnissen, blieb sich dabei aber seit Tausenden von Jahren immer gleich. Darin zeigt sich seine zu Konvergenzen führende Universalität. Auch wenn sich die Erscheinungsformen der menschlichen Schöpferkraft in glanzvoller Vielfalt präsentieren, agieren hinter den Kulissen immer die gleichen Mechanismen. Höchst komplex, aber immer derselben Quelle entspringend.

Doch ehe wir diese Quelle in ihren Mäandern aufspüren und durch die verborgenen Winkel der paläolithischen Höhlen bummeln, begeben wir uns ins Kino.

La Ciotat

Ein Gleis auf einem kleinen Bahnhof auf dem Land, ein Kofferträger, der einen Karren schiebt, Menschen, die leicht vorgebeugt auf die Gleise und eine heranrollende schwarze Lokomotive blicken. *L'arrivée d'un train en gare de La Ciotat* lautet der Titel des berühmten Kurzfilms von 1895, ein Werk der Brüder Lumière, der Pioniere der Kinematografie. Die Legende besagt, dass mit diesem Streifen alles begonnen habe, aber eine Legende enthält zwangsläufig auch Unwahres.

Erstens: Dieser Kurzfilm ist nicht das erste, sondern eines von unzähligen filmischen Experimenten der Brüder Lumière. Damals waren die beiden bereits erfahrene Cineasten.

Zweitens: Es heißt, das Publikum habe panisch geschrien und wild die Flucht ergriffen, als es in diesem Film den Zug auf sich zurollen sah. Ein modernes Märchen. Tatsächlich wagten sich die beiden Regisseure Jahre später an die Produktion eines primitiven 3D-Films heran, bei dem eine derart heftige Reaktion nicht verwundert hätte: Die Dampflokomotive, die nicht einmal besonders schnell einfährt, scheint wahrhaftig die Leinwand zu durchstoßen. Auch der berühmte französische Filmkritiker Georges Sadoul schreibt, sie komme auf die Zuschauer zugefahren und erwecke den Eindruck, sie überrollen zu wollen.

Durch die Verschiebung der Perspektive wird die Kamera zum Auge des Betrachters. Das Gesehene ist kein reales Objekt mehr, sondern ein Abbild, das zur Wirkkraft, zur Ursache wird. Es erzeugt intensive emotionale Effekte, was hier besonders interessiert. Es sind eben nicht einfach nur Bilder. In *Der Staat* verkündete Platon, Bilder seien unzuverlässige, nicht der Wahrheit entsprechende Dinge, riefen sie doch Affekte hervor und manipulierten so den Betrachter. Auch wenn ihm die Erfindung der Brüder Lumière wohl kaum gefallen haben dürfte, hat er doch Wichtiges erkannt: Das Bild gewinnt an Körperlichkeit, indem es bewegt.

Tatsächlich dient das Kino seit der Belle Époque nicht nur zur Muße, zur Zerstreuung oder Realitätsflucht, sondern es steht für ein Ritual des Eintauchens, des individuellen Erlebens von Gefühlen, das aber zugleich auch mit dem der anderen Zuschauer und sogar der Schauspieler im Einklang steht. Ein persönliches und zugleich kollektives Ritual. Empathisch.

Dieses Phänomen hilft uns dabei, die ersten Zeichnungen der Welt zu verstehen, die ersten aus Farbpigmenten geschaffenen Linien oder Konturen. Wenn wir in eine Reihe von Höhlen eintreten, sehen wir Labyrinthe aus Figuren, Dimensionen und Farben. Wir spüren diesen Gefühlen der Angst und Überraschung nach, die manche dieser Bilder auch in uns heute auszulösen vermögen. In dieser geheimnisvollen und traumartigen Atmosphäre versuchen wir nachzuvollziehen, wie wir dorthin gelangt sind: zum prähistorischen Kino, den bewegten Figuren, den Perspektiven

Animationen

und perspektivischen Verkleinerungen, den «Lokomotiven» – den bewegten und bewegenden Bildern – in den Geschichten, die Menschen seit Jahrtausenden erzählen.

«Ich bin hier»

Die besagten Handabdrücke auf den Felswänden sind die frühesten Darstellungen, die uns aus der gesamten Geschichte des Sapiens überliefert sind, und vielleicht sogar aus der noch früheren unserer Vetter, der Neandertaler.

Begeben wir uns auf eine Insel im Indischen Ozean, die noch weiter hinten im Buch eine Rolle spielt, uns jetzt aber deshalb interessiert, weil wir auf ihr das früheste Beispiel für diese Darstellungen finden, zumindest bis heute: Auf Sulawesi, in Indonesien, aus einer Zeit, die neununddreißigtausend Jahre zurückliegt. Von den Karsthöhlen auf dieser sternförmigen Insel ragt eine besonders heraus: Leang Tempuseng.

Die dort abgebildeten Handnegative sind von länglicher Gestalt mit schlanken Fingern wie denen eines Pianisten und klar abgesetzten schmalen Gelenken, umgeben von einem hingehauchten, abgetönten, geradezu ätherischen Ockerrot. Obwohl durch zarte Farbaufträge entstanden, entfalten sie eine mächtige Wirkung. Weitere Handabdrücke entdecken wir in zahllosen paläolithischen Höhlen auf allen Kontinenten, einschließlich Australiens, aus einer Zeit ab dreißigtausend Jahren vor heute. Die von Leang Tempuseng sind die bislang ältesten entdeckten, aber Entdeckungen sind generell nur dann Entdeckungen, wenn sie Überraschungen bergen. So versteht sich von selbst, dass wir in Zukunft auf Höhlen mit noch älteren Handabdrücken stoßen werden.

Ihre Verteilung über die ganze Welt wirft Fragen auf: Warum hatte die erste Darstellung gerade sie, die Hand, zum Gegenstand? Warum mit Pigmenten Abdrücke von Fingern hinterlassen wie ein *Gimme five*, das mit einer Wand in der Finsternis einer Höhle vollzogen wird? Wozu? Nach der einfachsten Antwort könnte hinter diesem Akt die Absicht gestanden haben, mithilfe des eigenen einzigartigen Körpers die eigene Präsenz zu bekunden. «Ich bin hier», «Ich existiere», «Ich hinterlasse mein Zeichen», wie die Unterschrift unter eine Urkunde, die einzigartig, einfach, aber auch auf spezifische Weise die Zeiten überdauern und Bestand haben soll. Wie alle einfachen Erklärungen ist vielleicht auch diese *zu* einfach. Die genannte Bedeutung liegt keineswegs auf der Hand. Mitnichten. Manche Fälle widersprechen dieser Deutung und komplizieren die Lage.

In einigen paläolithischen Höhlen wie der Cueva de Maltravieso in der spanischen Extremadura wurden die Handabdrücke außerhalb des normalen Blickfelds positioniert, als seien sie absichtlich versteckt worden. Abdrücke, die zu keinem reden, sondern vielmehr seit Anbeginn der Zeiten ein intimes Selbstgespräch führen. Merkwürdig. Und, ebenfalls seltsam, wurde ein Abdruck in dieser Höhle mit der Uran-Thorium-Methode (von der noch die Rede ist) auf ein Alter von vierundsechzigtausend Jahren datiert, also auf das Mittelpaläolithikum, das vor der Zeit des Sapiens liegt und zum Reich der Neandertaler gehört. Also hatten diese schon zwanzigtausend Jahre vor uns ein ziemlich ähnliches Abstraktionsvermögen wie wir.

In der Henri-Cosquer-Höhle, in der wir uns im Reich des Sapiens befinden, sind sogar Kinderhände abgebildet, aber an so hoher Stelle angebracht, dass nur ein Erwachsenenarm bis dorthin hinaufreicht. Man sieht die Szene geradezu lebendig vor sich: Ein Papa (oder eine Mama) hält das Kind auf dem Arm, während es seine Finger an die weiche Kalksteinwand drückt, um einen Abdruck zu hinterlassen. Vor siebenundzwanzigtausend Jahren. Gleiches auch in der Höhle von Rouffignac im Périgord, und in der von Gargas in den Pyrenäen ein weiterer, ganz weit oben angebrachter Abdruck, diesmal im Negativ und Miniaturformat.

Ob Sapiens oder Neandertaler ist unwichtig. Diese Zeugnisse lassen uns ahnen, dass ein tieferer Beweggrund dahinterstecken muss, dass es nicht einfach nur Signaturen sein können, um auf sich aufmerksam zu machen oder um einem spontanen Antrieb zu gehorchen. Aber was könnte dahinterstecken? Was mochte es bedeutet haben, ob sie wiederholt oder nur einmal ausgeführt wurden? Warum wurde gerade dieses und kein anderes Zeichen hinterlassen?

Animationen

Lebendige Wände

Diese Hände sind die ältesten Zeichen, die je auf einer immobilen, fest an ihrem Ort verankerten Oberfläche entdeckt wurden. Ihr Sinn ist schon deshalb schwer nachzuvollziehen, weil wir Dinge desto schlechter verstehen, je weiter sie in der Zeit zurückliegen. Das versteht sich sozusagen von selbst. Aber Höhlen sind im Allgemeinen auch noch besonders unwegsam, schwer zugänglich und in jedem Fall finster. Die Höhlen mit den Malereien, denen wir in diesem Buch nachgehen, waren nicht bewohnbar. Sie dienten nicht als Obdach und wurden auch nicht häufig aufgesucht. In allen Fällen, von Indonesien über Spanien und Frankreich bis nach Argentinien, hielten sich Menschen dort immer nur vorübergehend auf.

Es sind besondere, verschwiegene und erhabene Orte. Natürlich, denn die Malereien, die wir sehen werden, blieben ja gerade deshalb erhalten, weil sie in solchen Höhlen angebracht worden waren. Wer weiß, wie viele Zeichnungen, Malereien und Zeichen untergingen, weil sie ungeschützt im Freien der Witterung ausgesetzt waren. Es haben sich auch Reste paläolithischer Malereien «al fresco» – hier in wörtlicher Bedeutung – erhalten, aber nur als ein winziger Anteil am Gesamtaufkommen und jedenfalls aus ganz anderen Gründen. Eine Höhle schützt auf besondere Weise.

Manche Experten des Paläolithikums definieren Höhlen als Grenzorte, als Schwellen zu einer abgelegenen, verborgenen, «jenseitigen» Welt mit mehr oder weniger begrenzter Zugänglichkeit, als die *Hic sunt leones* des Paläolithikums. Dies stimmt in gewisser Hinsicht auch, ist als Erklärung aber noch etwas schwammig.

Manche Wissenschaftler (zufälligerweise Männer) deuteten an, dass die Höhle eine Zugangsschwelle zum intimen Weiblichen sei, um es so zu sagen. Ihnen zufolge müsse man nur die Form des Eingangs der Cueva del Parpalló betrachten, um die richtige Vorstellung zu gewinnen. Oder sich in der Höhle von Pech Merle die Stalaktiten anschauen, welche die Form weiblicher Brüste aufwiesen, mit Spitzen, die absichtsvoll mit Rot bemalt wurden. Es seien «besondere» Öffnungen. Aus meiner Sicht sind sie tatsächlich besonders, aber in diesem Sinn eben nur für Männer. Ich sehe in ihnen keine Gesetzmäßigkeit. Keine Höhle ist mit einer anderen identisch, jede hat ihre eigene Morphologie mit spezifischen «anatomischen» Merkmalen. Lehnen wir uns also nicht zu weit aus dem Fenster, nein danke.

Aber das Besondere der Atmosphäre in ihnen ist mit Händen zu greifen, weshalb man auch gerne auf die simpelste Erklärung verfällt. Diese Höhlen seien paläolithische Kultstätten, durch und durch spirituelle Orte. Dieses intellektuelle Paradigma taucht immer wieder auf. Wenn die Archäologie beim Rätselraten nicht weiterkommt, eilen sogleich das Sakrale, die Religion und die Götter zur Hilfe, um alles zu erklären. Ende der Geschichte. Die Höhlen scheinen es geradezu darauf anzulegen, einen in diese Falle tappen zu lassen. Aber auch hier ist Vorsicht geboten, so unwiderstehlich die Versuchung auch erscheint.

Kehren wir zu den Felswänden mit den Handabdrücken zurück. Offensichtlich wurden sie nicht wahllos ausgesucht. Diese Selektivität gilt häufig auch für die Zeichnungen. Die Wände einiger Höhlen scheinen *von Natur aus* zu suggerieren, was mit ihnen anzustellen sei. Spalten, Vorwölbungen, Höcker, Löcher und Vorsprünge laden zu bestimmten Darstellungen ein und geben das Motiv der Zeichnung gleichsam vor. Sie können wie in der Chauvet-Höhle zur Silhouette eines Steinbocks werden, wie in Niaux in den Pyrenäen zu einem Hirschkopf mit Geweih, wie in Altamira zum mächtigen Körper eines Wisents oder wie in Pasiega in Spanien zu einem in feinen Linien gezeichneten Vogelprofil.

In gewissem Sinn waren diese Wände lebendig. Und als solche müssen sie Objekte der Erforschung und Erkundung, der Dechiffrierung der Wirklichkeit gewesen sein, wie durchlässige Filter zwischen einem Innen und einem Außen. Wände, um mit der imaginierten Welt in Kontakt zu treten. Falls dies mit Riten und Feierlichkeiten einherging, dann waren diese Höhlen tatsächlich Kultstätten und Orte zum Vollzug von Zeremonien. Auch wenn ich den komplizierten Begriff «Religion» vermeiden möchte, bildeten diese Wandflächen eine osmotische Membran zur Welt draußen, bedeckt mit realistisch gemalten Tieren, die dank der natürlichen Gegebenheiten einer Höhle Gestalt annahmen. Stellen Sie sich die Szene vor: Die Wände blitzen unter dem Schein einer von Tierfett gespeisten Lampe auf,

Animationen

das Halbdunkel spielt auf der reflektierenden Oberfläche und erzeugt die Illusion bewegter Realität. Ein wenig wie in Platons Höhlengleichnis, allerdings ohne die Allegorie für das Gefangensein im reinen Schein. Wie die Leinwand eines kleinen Kinosaals zu Ende des 19. Jahrhunderts: Spiele aus Licht und Schatten, hellere Flecken bewegen sich in der Finsternis, auf die Oberfläche projizierte Objekte erwachen zum Leben.

Silhouetten

Die Wände mit dem eigenen Abdruck zu kennzeichnen heißt, sich ihrer zu bemächtigen, sie sich anzueignen. Bei einer porösen und weichen, aus Mondmilch[1] bestehenden Oberfläche wie die in der Cosquer-Höhle, auf die eine schlanke Hand platziert wurde, verändert dieser Akt ihr Gesicht, ist er mit einer Modellierung des Materials verbunden – an einem exklusiven Ort, der nur von wenigen und auch nur selten aufgesucht wird: als eine Art Privileg. Buchstäblich *Mani*pulation.

Mich interessiert nicht, ob ein Glaube ans Übernatürliche dahinterstand oder nicht. Ich möchte in diese Darstellungen keine fantastischen Geschichten von Gottheiten oder übernatürlichen Mächten hineinlesen. Der Akt ist jedenfalls ein «Ritus», in Anführungszeichen deshalb, weil ich glaube, dass der Begriff im umfassendsten Sinn zu verstehen ist, als eine wiederholte konventionelle, verständliche und situationsbezogene Handlung. Und vielleicht auch als beabsichtigter Ausdruck einer Vereinigung mit der Natur. Aber letztlich glaube ich nicht, dass wir dies je enträtseln können. Sinnlos, sich darüber den Kopf zu zerbrechen.

Wichtiger ist vielmehr hervorzuheben, dass da nichts Spontanes, Automatisches, Improvisiertes geschehen ist. Wir haben nicht aus Langeweile über Jahrtausende hinweg Handflächen auf irgendwelchen Höhlenwänden abgebildet, nur weil es draußen kalt war und reißende Bestien umherstreiften. Das gerade nicht.

---

[1] Ein pastöses Material aus Kalzit und Gips, das in Höhlen in Karstgegenden häufig vorkommt.

Aber wir müssen auch einräumen, dass dieser Akt, so vorsätzlich und «rituell» er auch erfolgt sein mag, an sich noch keine besondere geistige Anstrengung verlangt. Auch wenn er nicht instinktiv vollzogen wird, stellt er kognitiv keine besonderen Ansprüche. Dagegen verlangt das Zeichnen, das Erschaffen von Konturen und Silhouetten dem Gehirn einen ganz andersgearteten Einsatz ab. Umrisse auf einer ebenen Fläche zu erschaffen, in zwei Dimensionen, aus Strichen und Linien, ist eine konstruierende Handlung, die zahlreiche Strategien und Entscheidungen erfordert. Es gibt, kurzum, Probleme zu lösen. Und die schauen wir uns nun an.

Ich nehme Papier und Stift zur Hand. Zunächst versetze ich mich in die Zeit von vor dreißigtausend Jahren zurück. In der Höhle brauche ich Stückchen Ocker, Limonit oder Kohle sowie Wasser, um sie zu einer Masse zu verkneten, die dann als rotes, gelbes oder schwarzes Pigment dient. Danach muss ich Spitzen wie die aus Flint schleifen, mit den damals üblichen Techniken der Materialverarbeitung, aber zu einem anderen Zweck: Nicht um Nahrung, Holz oder anderes zu zerteilen oder zu zerkleinern, sondern um eine Zeichnung zu erstellen. Diese Art «Recycling» bestimmter Fähigkeiten ist ein urtypisches Kennzeichen der menschlichen Anpassungsfähigkeit. Wir sind flexible Kreaturen, verstehen uns ausgezeichnet darauf, Bewährtes an anderer Stelle nochmals zu verwerten. Und von daher rührt die Fähigkeit des Zeichnens: vom Zerschneiden, Zerlegen, Verfeinern und Hinweisen.

Aber dann muss ich ein Bild erschaffen, in einem deutlich komplexeren Prozess. Ich muss kontrolliert die einzelnen Abschnitte der Linien ziehen, den Fehler (der unterläuft) vorhersehen, die Fingerbewegungen mit dem, was die Augen sehen, in Einklang bringen, in einem Feedback zwischen der visuellen Wahrnehmung und der motorischen Koordinierung, einem gut getakteten Tanz von Pupille und Hand, der zweistufig choreografiert ist. Ich improvisiere mit dem geistigen Auge, bringe aufeinander abgestimmt die visuellen Aspekte zusammen, führe das Gesehene kontrolliert mit der Hand aus und erschaffe so die Form.

Das ist der moderne Geist. Er sieht das physische Bild einer dreidimensionalen Gestalt wie der eines Wisents, Löwen oder Pferdes vor sich und verwandelt diese 360-Grad-Ansicht in eine zweidimensionale, flach gewordene Darstellung – als eine Neuschöpfung aus Linien, Pünktchen und Umrissen.

Etwas Dreidimensionales in eine zweidimensionale Darstellung zu überführen, ist keine geringe Leistung. Wie sind wir vor dreißigtausend Jahren bis dorthin gekommen? Welcher Sprung wurde vollzogen? Ist dies ein konzeptioneller oder perspektivischer Prozess? Ist es echte Abstraktion, die anhand der physischen Begegnung mit einem Löwen oder Wisent vorgenommen und dann auf eine plane Fläche übertragen wird? Wird die ursprüngliche Ansicht in ihre Grundelemente zerlegt, um das Wesentliche der Löwen- oder Wisent-Gestalt zu erfassen? Findet dies anhand von Erinnerung statt, eines ins Gedächtnis eingeprägten visuellen Bildes, das bereits auf Umrisse reduziert ist?

An der Linie wird wohl auf die unmittelbarste Weise experimentiert. Man denke nur an die Kritzeleien, in denen Konturen angedeutet und nachgezogen, in einer *Wiederholungsschleife* immer weiter verstärkt und korrigiert werden, bis aus dem Knäuel aus Strichen erkennbare und charakteristische Züge hervortreten. Und dabei gibt es keine klare zeitliche Trennung: Man zeichnet, während man die Zeichnung im Kopf entwirft, und entwirft sie, während man sie zeichnerisch ausführt.

Dabei ist die 2D-Darstellung das Ergebnis eines *kritischen* Prozesses, der, wie ich provokant behaupte, weitaus komplexer verläuft als bei der Herstellung von etwas Räumlichem, einer Statuette, eines Geräts oder eines Utensils. Das räumliche Abbild ist die vollumfängliche, komplette und unverfälschte Version des realen Objekts. Mehr oder weniger identisch mit der Ansicht, die man aus jedem Winkel und jeder Perspektive wahrnimmt, sieht und erfasst.

Nicht zufällig sind die frühesten Darstellungen aus Ton, die ersten prähistorischen Figurinen, älter als die frühesten erhaltenen Zeichnungen. Die Figurine, die (allerdings hochumstritten) als die älteste gilt, stammt aus Berekhat Ram auf den Golanhöhen in Israel. Es handelt sich um ein Klümpchen aus Vulkanmaterial von dreieinhalb Zentimetern Länge. Wissenschaftler behaupten, es sei von Menschenhand gezielt bearbeitet worden, um eine weibliche Figurine, eine Protovenus zu erschaffen, auch wenn ihre Gestalt nur angedeutet und ihre Rundungen kaum als weibliche Formen zu erkennen sind. Sie ist zweihundertdreiunddreißigtausend Jahre alt, soll also zweihunderttausend Jahre vor den ersten Zeichnungen in der Chauvet-Höhle entstanden sein *(Tafel 2).*

Mich überrascht also kaum, dass die plastische Darstellung mit ihren frühesten Erscheinungsformen weitaus älter als das gezeichnete Symbol ist. Denn sie ist deutlich weniger «abstrakt», weitaus weniger «metaphorisch». Zeichnen beinhaltet im Kern Abstraktion, die Schöpfung eines reduzierten Abbilds vom vollständigen Objekt. Das Sujet wird zunächst räumlich imaginiert und dann in Striche, Linien und Umrisse zerlegt, die auf flacher Ebene gezeichnet werden. Den Ausgangspunkt bildeten vielleicht improvisierte Skizzen, Kritzeleien, die in langsamen, überarbeitenden Schritten zu immer klareren Entwürfen weiter verfeinert wurden. Und diese Darstellungsweise wurde allmählich Gegenstand von Überlieferung und Unterweisung.

Es sind Ausdrucksformen eines inzwischen modern gewordenen Geistes, der Bilder erschaffen und – ab diesem Moment einer Wende in der kognitiven Entwicklung – Symbole in die Welt gesetzt hat.

Obsessives Denken

Wie wohl aufgefallen ist, handelt es sich bei den Zeichnungen in der überwiegenden Mehrheit um Darstellungen von Tieren. Menschen tauchen selten auf. Wieso? Die Antwort liegt hier auf der Hand.

Tiere waren am stärksten verbreitet, während Männer, Frauen und Kinder in wenigen und kleinen Gruppen zusammenlebten. Berechnungen zufolge war ganz Europa zur damaligen Zeit mit insgesamt nur zwischen zehn- und vierzigtausend Menschen bevölkert. Und die begegneten deutlich häufiger Löwen, Riesenhirschen, Pferden, Wisenten, Bären, Steinböcken, Gazellen oder Hirschen als anderen Menschen außerhalb der eigenen kleinen Gruppe.

So überrascht es nicht, dass die Fauna als eine schier unerschöpfliche Quelle kreativer Inspiration diente. Aber es steckt noch mehr dahinter. Unser Gehirn ist seit Jahrtausenden darauf programmiert, Umrisse von Tieren wahrzunehmen und sie wiederzuerkennen, wir sind *kognitiv* darauf getrimmt, sie zu identifizieren und ihre Gestalt nachzuvollziehen.

Animationen

Unser Gehirn hat sich Hand in Hand mit den tierischen Spezies weiterentwickelt, wobei sich Areale des visuellen Cortex (der Sehrinde) einzig darauf spezialisiert haben, ihre Formen zu erfassen. Tiere stehen obsessiv im Zentrum einer Denkweise, von der unser Überleben abhängt, von Anbeginn an, seit Urzeiten. Und bis heute. Man denke nur daran, wo wir mit Tierbildern konfrontiert werden.

Die Antwort lautet: überall. Von der Fernsehwerbung bis zu japanischen Comics, von Disney-Filmen bis zu Kätzchen in den sozialen Medien. Animationen von Tieren sind allgegenwärtig. Fast scheint es, als seien sie, und sie sind es womöglich tatsächlich, für unsere kulturelle Entwicklung unentbehrlich.

Bis hierher haben wir von den Strichen und Linien geredet, aus denen sich die Zeichnungen der Wildtiere zusammensetzen. Tatsächlich sind manche dieser Profilbilder nur Skizzen, Experimente, nicht zu Ende geführte Versuche. Andere bestehen aus Pünktchen, bilden eine Art Vorläufer des *Pointillismus,* ein «Von-Punkt-zu-Punkt» aus dem Rätselheftchen. Sie erkennen dies, wenn wir die Höhle Pech Merle in Frankreich besichtigen, wo man beim Anblick der Silhouetten zweier gepunkteter Pferde fast schon Georges Seurat in Aktion zu sehen meint.

Und dann überlagern sich da Linien, Striche, die im Abstand nochmals gezogen wurden, überarbeitete und korrigierte Formen. Also dienten auch sie als Skizzen, Studien oder Versuche. Nicht alle in den Höhlen verkehrenden Zeichner hatten in ihrem Tun große Erfahrung, nicht alle Ergebnisse sind überall von herausragender und gleichbleibender Qualität. Ein beneidenswertes Niveau erfordert wie bei allem Übung. Aber diese Überarbeitungen bei der Linienführung haben noch weitere wichtige Aspekte. Geübte Zeichner kennen sie genau. Der wiederholte, verdickte Strich, die Schatten in der Nähe der Umrisse, die in Stufen abgetönten Ränder und die Überarbeitung des Entwurfs sind häufig ein Kunstgriff, um wie in einer Simulation eine dreidimensionale Wirkung zu erzielen.

Diese Tiere wirkten wohl weniger flach und statisch, als man meinen könnte. Sie sind vielmehr animierte Kreaturen, sie befinden sich – in Bewegung. Und nicht nur das. Wenn die Felsoberfläche von den tanzenden Flämmchen zahlreicher Lämpchen aus einem Abstand von einem Meter beschienen wurde, erwachte sie wie die Leinwand im fast vollständig dunklen Kinosaal zum Leben.

Wer im Schein seiner lodernden Fackel in die Höhle trat und sich der Wand näherte, sah sie aufblitzen, wobei nicht nur Spiele aus einem wechselhaften Helldunkel, sondern auch Bewegung, ein Wogen und Lichterglanz entstanden. Auf die Art gewannen die Umrisse der Tiere Masse und Perspektive, Flucht und räumliche Tiefe. Sie bewegten sich, wurden buchstäblich animiert. Wir sehen sie in Kürze in der Chauvet-Höhle. Aber ehe wir uns in diese spektakulärste Grotte der Eiszeit hineinbegeben, sollten wir wohl erst einmal zu verstehen versuchen, *warum* dieses Schauspiel aus animierten, sich bewegenden Schatten, die aus einem fixen Gedanken hervorgingen, in Szene gesetzt worden sein könnte.

Hypersensibel

Wie bei allem entwickeln sich die Ursachenerklärungen für bestimmte Phänomene, die Deutungen der Experten und die Denkschulen weiter, sodass sich veränderte Perspektiven ergeben. Die Archäologie, insbesondere die «paläontologische», ist keine statische Wissenschaft. Sie geht mit der Zeit, wird vom Erkenntnisfortschritt beeinflusst und dreht sich mit dem Wind. Das ist das Schöne an ihr: Wir müssen uns nicht hinter starren Festlegungen verschanzen, sondern können dem Fluss der Geistesgeschichte folgen, in ständig wechselnden Strömungen segeln.

Wie sehr sich dieser Fluss verändert hat, verdeutlicht eine kurze Zusammenfassung zum *State of the art* bei der Deutung dessen, was als die ersten Zeugnisse für Kunst definiert wurde (das Wortspiel sei mir verziehen). Ich mache es kurz.

Als Ende des 19. Jahrhunderts (zufälligerweise die Zeit der Brüder Lumière) die ersten prähistorischen Zeichnungen zum Vorschein kamen, wurden sie zunächst rein in ihrer ästhetischen Funktion interpretiert, ohne gewunden nach Erklärungen oder hintergründigen Bedeutungen zu suchen. Es waren Zeichnungen, draußen hatte Kälte geherrscht, die Menschen hatten Tiere gejagt und sie deswegen auch zeichnerisch abgebildet. Als dann etwas «wissenschaftlichere» komparative Forschungen

Animationen

aufkamen, die sich mit noch existierenden kleinen Stammesgesellschaften befassten, kamen weniger oberflächliche Deutungen ins Spiel. Sie zogen eine Verbindungslinie zum Analogiezauber, für Fruchtbarkeit und den Jagderfolg – als kleiner Versuch, mit parawissenschaftlichen Methoden Ursachen und Wirkungen aufzudecken.

In den Sechziger- und Siebzigerjahren des 20. Jahrhunderts, der Ära des Fernsehens und der Masseninformation, rückte die strukturelle und didaktische Bedeutung der Zeichnungen in den Vordergrund: Diese hätten zur Erklärung der Tiere gedient: «So sind sie gebaut, so erbeutet man sie, kommt und schaut, lernt und ahmt nach.» In den Neunzigerjahren, in meiner Studienzeit, als indische Röcke in Mode waren, herrschte das New Age: Seine langanhaltende Welle erfasste unvermeidlich auch die Deutungen unserer armen Eiszeitmalereien.

Mystik, Schamanismus, Transzendentalismus, Reinkarnation und weiteres esoterisch Angehauchtes hielten Einzug. Obwohl dies alles mit Wissenschaft ziemlich wenig zu tun hatte, fasste die Vorstellung Fuß, dass die abgebildeten Tiere unter der suggestiven Einwirkung entoptischer Wahrnehmungen in Trancezuständen gesehen und wahrgenommen worden seien. Dies sollte als Erklärung herhalten, warum sich in fünfundzwanzigtausend Jahren der Höhlenmalerei, auch in Tausenden von Kilometern Entfernung zueinander, bei Motiven und Techniken konvergierende Trends eingestellt hatten.

Dieser Deutung zufolge soll das Gehirn der Steinzeitmenschen in der finsteren und schlecht belüfteten Höhle, bei verknapptem Sauerstoff durch die Flämmchen von Lampen, in der Stille des Erdinneren orientierungslos und hypersensibel geworden sein und in Halluzinationen dann geometrische Formen gesehen haben. Ähnlich wie man, von der Sonne geblendet, Fliegen umherschwirren sieht (die sogenannten *Mouches volantes*). Auf die Art habe sich die Magie der Schöpfung vollzogen, wie unter schamanischem Einfluss, in Form von Visionen durch Sinnestäuschungen.

Wie leicht gehen wir doch dem Zeitgeist auf den Leim! Nicht die angeblich halluzinierenden Zeichner des Paläolithikums waren hypersensibel, sondern wir sind es – hypersensibel für das, was uns vorgesetzt wird, stets empfangsbereit für die ständigen Suggestionen: für die Trends, Moden und

Philosophien, die uns der Zufall jeweils heranträgt, für die wechselhaften, schnell vorübergehenden und vergänglichen Zeiterscheinungen. Als Mahnung mögen die wenigen Worte eines großen Archäologen des Paläolithikums genügen, der die Legende von der paläolithischen Trance entmystifiziert hat. Ich gebe sie im Stil einer Grabsteininschrift wieder:

«Weder benötigen wir Drogen, noch müssen wir in einer Höhle
auf und ab springen, um Konturen von Tieren zu erblicken.»
Paul Pettitt

Damit ist mehr als genug gesagt. Ich bin weder Expertin für Speläologie noch für *entoptische* Verzückungszustände, sehe aber keinerlei Grund zum Widerspruch.

Jetzt, da wir uns ein Steinchen aus dem Schuh geschüttelt haben, ist der Zeitpunkt des Eintretens gekommen. Jetzt präsentiere ich Ihnen die Anfänge des Kinos, des Erzählens, aller Mythen auf der Welt. Und die aller Zeichen.

HÖHLEN

Spiegel

Von Picasso wird erzählt, er habe beim Verlassen der paläolithischen Höhlen von Lascaux ausgerufen, dass wir in fünfzehntausend Jahren nichts Neues hervorgebracht hätten. Die Kunst, die er gesehen habe, habe ihm für diese Erkenntnis genügt. Hier gebrauche ich erstmals in vollem Ernst den Begriff «Kunst» im Zusammenhang mit diesen Darstellungen und bereue es auch gleich wieder.

Können wir das Kunst nennen? Und was ist das überhaupt, was wir gewöhnlich als Kunst bezeichnen?

Mein Kunstlehrer am Gymnasium sagte: «Kunst ist alles, was wir Kunst nennen.» Ich weiß nicht, wie Sie dazu stehen, aber mich hat das da-

Animationen

mals geärgert. Und in unserer heutigen postmodernen Ära, in der alles bis zum Übermaß relativiert wird, ärgert es mich noch mehr.

Kunst müsste Neues hervorbringen, aber wenn Picasso Recht hatte, blicken wir auf fünfzehntausend Jahre ohne Schöpfung zurück. Aber neu zu sein, reicht vielleicht auch nicht hin. Jedes Kunstobjekt ist zugleich konventionell (da hatte mein Lehrer Recht), konditioniert durch die Regeln und Definitionen, die wir ihm in diesem Augenblick geben. Abhängig vom Kontext (man beachte all diese «Kons» als Präfix: Konvention, Kondition, Kontext). Das gilt innerhalb der Grenze des *hic et nunc*, außerhalb des «Hier und Jetzt» dagegen nicht.

Aber vielleicht ist auch das noch nicht genug.

Kunst muss auch dazu anregen, etwas aus einer anderen Perspektive zu betrachten wie die *Merda d'artista* («Künstlerscheiße») Piero Manzonis oder des *Fountain* (ein Urinal) Marcel Duchamps. Aus ihrem üblichen Kontext herausgenommen, gewinnen diese Objekte eine andere Konnotation, einen neuen, unerwarteten Zuschnitt. Sie überraschen und werden eben auf die Art zum ästhetischen Erlebnis – ästhetisch im etymologischen Sinn, als eines der Wahrnehmung.

Kurzum, sie bewegen etwas in uns, erwecken unsere Sensorik zum Leben und geben die Warnung aus, dass wir die Dinge durch einen Filter sehen, dass unsere Wahrnehmung durch das gesamte persönliche Gepäck unserer Erinnerungen und Erfahrungen beschwert und mit dem Koffer unserer augenblicklichen Stimmung befrachtet ist.

Die Problematik der Bilder (nennen Sie sie Kunst, wenn Sie wollen) ist keine Kleinigkeit, ist sie doch so sehr ein Teil des Menschseins, dass sie sich von diesem nicht trennen lässt. Aber gerade darin liegt das Schöne: Bilder werden vom selben Ding wahrgenommen, das sie ersinnt und erschafft, vom Gehirn, aber auch vom Körper. Von Augen, Händen, Füßen, dem Bauch, ja dem Gedärm. Das ist der Punkt, ein wichtiger, weil gerade hier die Crux von allem liegt, der generative und originäre Brennpunkt sämtlicher Bilder, die von allen Männern, Frauen und Kindern der Sapiens und auch der Neandertaler geschaffen wurden und werden, zu allen Zeiten, von jeher bis heute und in Zukunft.

Bilder «sind» nicht, sondern sie «machen». Sie sind performativ, schaffen Bewegung. Und wir reagieren auf ihren Reiz auf eine persönliche und einzigartige Weise, die aber allen Menschen zu eigen ist, weil sie mit einer sensorischen und motorischen Simulation einhergeht, an der nicht allein das Gehirn, sondern der ganze Körper beteiligt ist.

Unsere Neuronen spiegeln die Dinge, die wir sehen. Ich stelle hier eine revolutionäre, aber auch vielfach umstrittene neurowissenschaftliche Entdeckung vereinfacht dar und bitte dafür um Entschuldigung. Jedenfalls gilt die Annahme, dass hinter den Spiegelneuronen ein weit verbreiteter Mechanismus steht, der in Primaten, in Menschen und auch in Vögeln wirkt. Die Neuronen treten nicht nur dann in Aktion, wenn ein Tier eine Handlung ausführt, sondern auch, wenn es ein anderes Tier die gleiche Handlung ausführen sieht. Das wahrgenommene Verhalten wird repliziert, nachempfunden und reflektiert. Also innerlich gespiegelt. Machen Sie den Test und gähnen Sie in Gegenwart eines anderen, dann verstehen Sie, wovon ich rede.

Dies gilt auch für sämtliche anderen Handlungen. Als weiteres Beispiel fühlen wir mit den Figuren mit, die in der griechischen Tragödie oder in einer TV-Serie Schmerz und Begehren empfinden, schönen und hässlichen Dingen begegnen, Erfolge und Niederlagen erleben. Wir schlüpfen in ihre Haut, reagieren auf die sinnlichen und emotionalen Reize, denen sie ausgesetzt sind. Sie bewegen uns deshalb, weil unsere Neuronen sie spiegeln, sie nachahmen, auf sie *reagieren*.

Aber hier liegt der *Nervus rerum*. Unser Erleben einer erfundenen Welt – mit Wisenten, Löwen, Mammuts, mythischen und fantastischen Figuren – befreit uns in einem Prozess echter sensorischer, emotionaler Simulation, verbunden mit unseren Erinnerungen und persönlichen Erfahrungen. Hier hinein, mitten ins Bild, projizieren wir alles von uns, fokussiert wie ein Hochleistungslaser, wenn wir reglos und in aller Stille vor dem Gemälde oder der Zeichnung sitzen und alles intensiver auf uns wirken lassen.

Wie im Kino, im Theater oder einer Ausstellung. Unsere stillgelegte Motorik befindet sich in Habachtstellung, während wir uns etwas anschauen, das ganz in Bewegung ist. Mit dem hochgefahrenen Laser unserer Empfindungen.

Aber nicht nur. Unser geistiges Auge reicht zum Fühlen nicht hin. Es braucht den ganzen Körper, um sich ergreifen zu lassen. Kehren wir zu den Malereien zurück, zu den Bildern, den Tierfiguren und abstrakten Formen, den Kreisen, Spiralen, Kreuzen, Punkten, Gittern und Strichen. Suchen wir auch in den geometrischen Zeichen nach Emotionen. Versetzen wir uns mit den Augen und dem ganzen Rest hinein. Lassen wir uns mit dem ganzen Körper fesseln.

Pech Merle, Frankreich

Usus magister

Marcus Tullius Cicero hatte nie eine bemalte Höhle des Paläolithikums erblickt. Aber sein Ausspruch *Usus magister est optimus,* «Übung ist der beste Lehrmeister», eignet sich hervorragend, um die Wirkung zu beschreiben, die sich bei der persönlichen Betrachtung der Zeichnungen einstellt. Die beste Art, sich von ihnen fesseln zu lassen, ist der unmittelbare Kontakt vor Ort.

Ich habe von Lyon aus vierhundertfünfzig Kilometer zurückgelegt, um zur Höhle Pech Merle zu gelangen, nachdem ich den Nachbau der berühmten Chauvet-Höhle in Originalgröße im Tal der Ardèche gesehen hatte. Die besondere Atmosphäre ist auch dort spürbar (weiter hinten im Buch versuche ich die Stimmung im Dunkel der unterirdischen Gänge zu beschreiben, diese leuchtend roten Handabdrücke, die aufeinander losgehenden Wisente, die perspektivisch dargestellten Löwen, allesamt höchst sorgfältig und akribisch ausgeführt). Aber es ist eben eine Kopie, das ist bekannt, und das Bewusstsein davon hängt einem wie ein schlechter Traum aus der vorigen Nacht nach.

Die Wirkung auf die Sinne, die auch im Nachbau spürbar ist, verflüchtigt sich in der dünnen Luft, die mit den Fingern deutenden, aufmerksam machenden und schwatzenden Führern und Touristen geteilt werden muss. Noch schlimmer ist, sich aus einigen Kilometern Entfernung dem Eingang zur Originalhöhle zu nähern, auf einem Weg vorbei an den Horden der Kajakfahrer, den Badeanzügen, Schwimmringen und

Sonnenschirmen, die die natürliche Felsbrücke, den Pont d'Arc, wie sie passenderweise heißt, ringsherum belagern.

Die Landschaft ist unvergesslich, der Steinbogen eine vollendete Wegmarke und die Vegetation sattgrün. Wäre ich eine Höhle, könnte ich mir keinen besseren Ort vorstellen, um mich ausmalen zu lassen. Aber im Umfeld der Chauvet-Hähle eine authentische Atmosphäre atmen zu können, ist ein frommer Wunsch.

Um den *Usus magister* und den Geist paläolithischer Malerei zu verstehen, gibt es freilich keine Alternative: Man muss sich persönlich in eine Originalhöhle hineinbegeben. Die vierhundertfünfzig Kilometer, die mich von einer der wenigen trennen, die noch leibhaftig zu besuchen sind, fühlen sich an wie ein Glas frisches Wasser, an dem man fünf Stunden lang nippt: Pech Merle verheißt so viel wie alle anderen zusammengenommen und wohl noch mehr.

Es ist ein *bijou* inmitten der Felder, der schlumpfigen Bauern und Elfen in der bukolischen Region des Lot-Tals. Hier befinden wir uns unweit der Dordogne, an der viele Höhlen verstreut liegen, so Rouffignac mit seiner Decke voller Figuren und seinen Herden gezeichneter Mammuts, so Cougnac, so das nahe gelegene Font-de-Gaume, voller polychromer Malereien und abstrakter (sogenannter tektiformer) Zeichen in Gestalt eines Dachs.

Aber es ist Pech Merle, wo sich einem die Worte des Markus Tullius erschließen. Nichts ist vergleichbar mit dieser am eigenen Leib verspürten Erfahrung. Keine Bücher oder wissenschaftliche Fachartikel, keine Dokumentarfilme oder 3D-Rekonstruktionen geben die Wirkung wieder, wenn man über die zwanzig eisernen Stufen in die Tiefe hinabgestiegen und durch das weiße Eingangstürchen eingetreten ist: der stechende Geruch aus Feuchtigkeit und Fels in den Nasenlöchern, das nur hie und da von Kunstlicht durchbrochene Dunkel. Ich gehe weiter hinab, rutsche fast aus, weil der Untergrund feucht ist, und muss mich entscheiden, ob ich auf den Boden oder nach oben schaue, wo wie grausige mittelalterliche Folterwerkzeuge Stalaktiten herabragen, geschaffen in Jahrmillionen durch das ständige Herabtropfen von Wasser, das sie mit quälender Langsamkeit modelliert hat.

Was mir beim Betreten am meisten auffällt, ist diese mit Händen zu greifende Empfindung, dass hier schon andere hineingegangen sind und dass Jahrtausende zwischen uns liegen.

«Nicht anfassen, gehen Sie zügig weiter.» Eine Baumwurzel hat sich durch eine Ritze in der Decke gezwängt und ist in die Höhle hineingewachsen, ein chlorophyllloser, aber lebendiger Teil eines Maronenbaums. «Gehen Sie weiter, Ihre Körperwärme könnte verheerende Folgen für sie haben.» Unglaublich, dass so eine Wurzel, die sich ins Erdreich gräbt, einen zig Meter über ihr aufragenden Baum am Leben hält. Und trotzdem nährt sie ihn mit der Beharrlichkeit dieser Bilder, die hier drinnen seit Jahrtausenden der Witterung trotzen. Aber es ist nicht nur ein Gefühl des Staunens, der Verblüffung oder Begeisterung. Als der Führer alle Lichter gelöscht hat, stehe ich im finstersten Dunkel meines Lebens, in einer Stille, die einem den Atem raubt. Wie lebendig begraben. Vor zwanzigtausend und mehr Jahren nutzte man hier Lämpchen mit Tierfett. Es waren viele nötig, um diese Dunkelheit aufzubrechen. Hier drangen gefährliche Tiere ein, die zum Sterben herkamen, Wände zerkratzten und Exkremente, ihren Geruch hinterließen. In der stickigen Luft mit dem geringen Sauerstoffgehalt musste man sich krank, der Ohnmacht nahe, verwirrt und verirrt gefühlt haben. Man verliert sein Zeitgefühl. Eine Minute erscheint wie eine Stunde oder eine Stunde wie eine Minute.

Trotz der ungünstigen Verhältnisse entstanden in dieser mit Stalaktiten behangenen Gruft wie in zahlreichen anderen, ähnlichen Höhlen im Umkreis Zeichnungen: Umrisse von Tieren, animiert im Schein flackernder Flämmchen, ockerrote Abdrücke von Händen, vollständig oder fingerlos. Wie war es möglich, all dies in der Düsternis zu erschaffen? Wie viele Personen, Männer, Frauen und Kinder kletterten die Wände hinauf und hinab, wie viele verletzten sich? Und warum überhaupt?

Diese Höhle schmücken nicht nur Stalagmiten und Stalaktiten, sondern auch Kalksteinperlen, die in ihrer Vollkommenheit künstlich anmuten, riesige Scheiben, erschaffen durch Kaskaden kalkhaltigen Wassers, und Ringe, wie vom Meißel eines Bildhauers aus dem Fels gehauen. Die geologischen Formationen geben die Umrisse der Tiere gleichsam vor, laden dazu ein, ihnen diese Gestalt zu geben, jener Spur zu folgen, hier einen Punkt zu setzen, dort entlang Linien zu ziehen. Die Zeichnungen heben sich plastisch von der Oberfläche ab. Die Übung, die Erfahrung, wird zur Lehrmeisterin des Lebens, zu der des Linienziehens. Marcus Tullius hatte Recht, nur die Praxis ist es, die uns zu leben lehrt. Diese Felsen haben zur Nutzung eingeladen, dazu aufgerufen, ihnen diese Zeichen aufzuprägen. Nehmen wir die Einladung an, die sich auch an uns richtet, und betrachten wir sie von Nahem.

Um Antwort wird gebeten

In Pech Merle fällt dreierlei auf. Erstens tauchen menschliche Figuren, die sich in anderen Höhlen rarmachen, hier in beharrlicher Präsenz auf: zahlreiche Profile von Frauen, überlappend über Wisenten dargestellt, in einem Doppel, das eine Geschichte zu suggerieren scheint: die vom Wisent besessene, die vom Wisent beschützte Frau. Einer ähnlichen Kombination begegnet man in der Chauvet-Höhle, in Hunderten Kilometern Entfernung, entstanden in einem zeitlichen Abstand von Tausenden von Jahren. Ein echtes Mysterium. Wie kann angesichts einer derartigen Ähnlichkeit eine Geschichte über eine so große zeitliche und räumliche Distanz hinweg überliefert worden sein?

Das Zweite sind die abstrakten Zeichen. In einer Galerie taucht an einer Stelle die schematische Figur eines verletzten Mannes auf, durchbohrt von drei oder vier Pfeilen, mit geneigtem Kopf, eine Art heiliger Sebastian des Gravettien, und ganz in Rot. Über seinem Kopf prangen drei geometrische, sogenannte aviforme Zeichen, also solche in Gestalt eines Vogels, wenn auch stark stilisiert *(Tafel 3)*. Abstrakte Zeichen finden sich in dieser Höhle massenhaft: gleich rund sechshundert. Sie verdienen eine gesonderte Erörterung, die auch die in anderen Höhlen einbezieht.

Das Verblüffendste aber taucht gegen Ende des Besuchs, also genau in der Mitte der zentralen Galerie der Höhle auf: ein roter, rund 1,4 Meter langer Fisch, kaum zu erkennen, weil er von den Silhouetten zweier riesiger schwarzer Pferde überlagert wird, die mit einem gepunkteten Fell wie dem von Leoparden in entgegengesetzten Richtungen zueinander stehen. Um ihre verschwimmenden Konturen eingehend zu betrachten, trete ich so nahe an sie heran, dass ich sie beinahe berühren kann. Der Fisch stellt klar erkennbar einen Stör dar. Die Punkte des Fells der Pferde sind kein

Fantasiegebilde des Zeichners, keine Symbole, sondern die getreue Darstellung einer inzwischen ausgestorbenen gesprenkelten Pferdeart. Wer sie hier abgebildet hat, zeichnete nach der Natur. Das Gleiche gilt für den Fisch, eine genaue, höchst getreue, realitätsnahe Darstellung *(Tafel 4)*.

Inmitten der Pferde taucht eine weitere realistische Darstellung auf, sechs Handnegative, alle in derselben Größe, mit Fingern, die vom aufgesprühten schwarzen Manganoxid umrissen werden. Eine Hypothese besagt, dass hier ein einziger Urheber wiederholt seine Signatur hinterlassen habe. Würde sie denn stimmen, hätten wir damit eine klare Antwort auf die Frage, was die Handabdrücke zu bedeuten haben. Aber anderswo waren die Abdrücke offenbar keine Signaturen, also bleibt das Rätsel ungelöst: Was tun sie da?

Blicken Sie nun genau nach rechts. Nein, noch weiter nach rechts, an den Rand der Felswand: Die Zeichnung des Pferdekopfes ist winzig, einbeschrieben in eine bogenförmige Verlängerung, die – unglaublich – die Form eines Pferdekopfs in Lebensgröße hat. Ein Pferdekopf aus Kalkstein mit einem gezeichneten Pferdekopf darauf, eine paläolithische *Mise en abyme*, ein Bild im Bild. Offenbar hat der Zeichner die Einladung des Felsens angenommen, während wir, im Abstand von neunundzwanzigtausend Jahren, auch mit allergrößten Mühen nicht nachvollziehen können, zu welcher Art Fest da geladen wurde.

Wir können Hypothesen vorbringen, uns paläolithische Kathedralen, Schamanen und Felswände mit einem Durchlass ins Jenseits vorstellen. Aber dies sind nur Hypothesen. Die Atmosphäre hautnah zu erleben, hilft uns dabei, überspannte Deutungen zu widerlegen, Möglichkeiten näher in Betracht zu ziehen oder sie auszuschließen, aber es taugt sicher nicht dazu, endgültige Antworten zu finden. Im Gegenteil, es weiten sich die Horizonte, auch im Dunkeln, in der Enge zwischen den Wänden einer Höhle. Dies ist wohl das Schöne, wenn man Dinge mit Händen berührt: Wir spüren sie, nehmen sie mit allen Sinnen wahr, bleiben aber in einer Schwebe, die zu keiner vernünftigen Antwort führt. Für uns ist die Einladung, so verlockend sie auch sein mag, mit einer fast unmöglich zu erfüllenden Bitte um Antwort verbunden.

Chauvet-Höhle, Frankreich

«Sie waren da!»

Wissenschaftliche Entdeckungen erfolgen häufig durch Zufall: Jedes Labor ist ein Terrain zum Ausprobieren, Nachprüfen, Experimentieren und Erkunden. Und ebenso unser Planet. Wie eine Entdeckung im Labor kam die Höhle von Lascaux 1940 durch reinen Zufall zum Vorschein, dank einer Gruppe Jungen und vor allem ihres Hundes Robot. Auf die Höhle Pech Merle waren dagegen 1922 drei unerschrockene Heranwachsende gestoßen, die auf der Suche nach bemalten Höhlen ihrem Gespür gefolgt waren, ermutigt von ihrem Gemeindepfarrer Pater Amédée Lemozi, dem Entdecker weiterer Höhlen in der Region. Die geringste Rolle spielte der Zufall dagegen bei der Entdeckung der Chauvet-Höhle: Die Region war gezielt nach Hohlräumen im Fels erkundet worden, bewaffnet mit tauglichen Leuchtmitteln und Räucherwerk gegen Mücken.

Die Geschichte der Entdeckung der Chauvet-Höhle klingt sehr sympathisch. Drei Höhlenforscher – nach einem wurde die Höhle später benannt – brachten jedes Wochenende im Ardèche-Tal in Frankreich in einer Zone zu, in der es vor Karsthöhlen und Abris nur so wimmelt. Die Geschichte spielt am Ende des vergangenen Jahrhunderts, genauer Ende Dezember 1994. Dass hier eine noch unentdeckte Höhle zum Vorschein kommen könnte, lag fast schon auf der Hand. Wie Pilzsucher, die in die Luft schnuppern und erschnüffeln, von wo ein Hauch heranzieht, hatten die Speläologen ein Gespür für verborgene Erdspalten und Öffnungen entwickelt.

Mit Stirnlampen am Kopf lassen sie sich in Hohlräume und geheime Winkel hinab, schieben sich weiter nach unten und zwängen sich mitunter durch engste Öffnungen, um ganz ins Innere zu gelangen. Mückenspiralen sind ständige Begleiter. Der Rauch soll ihnen verraten, ob es Luftströmungen gibt, ob es irgendwo zieht und ob weit hinten in einer Felsöffnung ein großer Hohlraum verborgen liegt. Dabei ist der Sauerstoff knapp und die Sicht gleich null. Sich freiwillig in solche Öffnungen hineinzuzwängen, ist mitnichten ein Vergnügen und verlangt einen unerschütterlichen Mut. Und diese beklemmenden Erfahrungen sind mit erheblichen Risiken behaftet.

Als sie sich am besagten Tag nahe dem Felsbogen in ein schmales Loch hinablassen, öffnet sich unter ihren Füßen sogleich ein Raum, worauf sich die Höhle zu einem Saal, einer Galerie weitet. Auf den ersten Blick birgt der große Hohlraum keine Überraschung. Keine Malerei, keine Figur kommt zum Vorschein. Das Areal ist weit, die Decke hoch. Im Dunkeln taucht herabhängender Tropfstein auf, der in unregelmäßigen Formationen die Wände bedeckt. Aber sie erleben es fast als einen Reinfall: Wo sind die Felsmalereien? Gibt es hier überhaupt welche?

Als sie dann um eine Ecke biegen, tauchen zwei vereinzelte ockerfarbene Flecken auf. Diese länglichen Striche wirken fast wie natürlich, wie von der Geologie und nicht von Menschenhand gezeichnet. Aber das sind sie nicht.

«Ils sont venus.»

«Sie waren da!», ruft Éliette Brunel aus und meint unsere Vorfahren. Sie ist eine der drei Glücklichen und die erste Frau, die diese Schwelle überschritten und die beiden roten Zeichen nach fast vierzigtausend Jahren erstmals wieder erblickt hat.

Die Entdeckung der Chauvet-Höhle kam nicht unerwartet in einer Region, in der es von Höhlen wimmelt, unter einer Felsbrücke, die geradezu zu rufen scheint: «Natürlich waren wir da, komm her und schau nach, was darunter verborgen liegt.» Trotzdem war niemand auf der Welt, nicht einmal die erfahrensten Höhlensucher, darauf gefasst, was die Jahrtausende, die Schichten der Zeit und die abgründige Stille diesen drei Speläologen exklusiv preisgeben würden, an diesem Dezembertag vor Weihnachten, am Ende des Jahres, am Ende dieses «kurzen Jahrhunderts».

Urknall

Kurz sind auch die Striche der Hunderte von Profilbildern, gezogen mit Hämatit oder Holzkohle. Rasche, flink aufgetragene, wiederholte und schattierte Striche. Uns interessiert die Kraft der Linie, das *Warum* dieser Profilbilder.

Zunächst allerdings eine kleine technische Erklärung, damit wir uns keine allzu unwissenschaftliche Darstellung vorwerfen lassen müssen. Wir reden von der Datierung. Die Chauvet-Höhle birgt die ältesten Malereien dieser Art, die jemals entdeckt wurden. Die Periode ihrer Entstehung ist das «Aurignacien», benannt nach der Gemeinde Aurignac, dem paläolithischen Referenzfundort für eine Zeitspanne, die sich ungefähr von zweiundvierzigtausend bis zu einunddreißigtausend Jahre vor heute erstreckt. Es ist eine wichtige Periode, was die paläolithische Industrie, die Herstellung von Werkzeugen wie kleinen Spitzen, Stichel, Spatel und anderen Steinutensilien angeht. Wichtig ist sie auch wegen der Anfänge der Entwicklung von Ornamenten und dekorierten Objekten, von Bestattungsriten, aber vor allem wegen dem, was wir gleich sehen werden: vom abstrahierenden, symbolischen und komplexen Denken, das «Kunst» genannt wird.

Bis 1994 wurden die Anfänge dieses Denkens, wie wir es auch definieren, den nachfolgenden Perioden, dem «Gravettien» von Pech Merle und dem «Magdalénien» von Altamira, also einer Zeit Jahrtausende später zugeordnet. Sogar zwanzigtausend Jahre *später*.

Die Entdeckung der Chauvet-Höhle an der natürlichen Felsbrücke wird zum Bumerang. Sie verändert alles, stellt ursprüngliche Vorstellungen auf den Kopf und wirft das Konzept der einzelnen Entwicklungsstufen hin zur Komplexität der figürlichen Zeichnung, zur Idee des Bildes über den Haufen. Mit dem Satz Éliette Brunels, dem Akt, als sie sich durch einen verborgenen engen unterirdischen Durchschlupf in die Tiefe zwängt, schlägt die Anschauung, wie sich das symbolische Denken entwickelt hat, eine unerwartete Bahn ein.

Die Entdeckung wird zu einem *Big Bang*.

Für die Paläontologen kam die Entdeckung dieser Höhle wie ein Geschenk, das, hübsch eingeschlagen und mit einer Schleife verziert, nur noch ausgepackt werden musste. Bis dahin hatte das Aurignacien nichts anderes als schematische Formen zu bieten gehabt, Ansätze figürlicher Umrisse, angedeutete Tierdarstellungen, elementare Zeichen. Ein unspektakulärer, gedämpfter Anfang, aber genau das, was wir erwarten würden: Große Dinge beginnen fast immer im Kleinen. Aber die Chauvet-Höhle gibt sich nicht mit Kleinigkeiten ab.

Sind Sie bereit? Wohl kaum, denn was Sie erwartet, ist nicht die Beschreibung eines ethnografischen Provinzmuseums mit ein paar Tonscherben und anderen Exponaten, kein Sonntagsspaziergang durch die französische Landschaft. Chauvet ist keine *normale* Fundstätte. Ich komme zur Sache: Die Höhle raubt einem den Atem wie ein Schlag in die Magengrube. Machen Sie sich darauf gefasst.

Ziemlich am Ende der Höhle, zwischen dem Schädelsaal (benannt nach einem Bärenschädel, der auf einem Stalagmiten wie auf einem Altar liegt) und der Riesenhirschgalerie, machen wir Halt: Schauen Sie nach oben, knipsen Sie die Taschenlampe an und treten ein Stück weit, aber nicht allzu nahe an die Felswand vor Ihnen heran. Oben rechts finden sich Kratzspuren eines Höhlenbären, leicht zu übersehen, denn was hier ins Auge sticht, sind drei Auerochsen, ausgerottete Urrinder. Wir zählen drei, aber ich bin mir nicht sicher, sie sind riesig und blicken nach links, unbeeindruckt davon, was sich rechts abspielt *(Tafel 5)*.

Neben ihnen stehen kleine Nashörner, alle nach links blickend, und auch sie gleichgültig gegenüber dem übrigen Geschehen. Rechts dagegen ein Höllenspektakel, zwei Rhinozerosse, die, im Profil abgebildet, mit Hörnern aufeinander losgehen. Und oben ein elegantes, aber lautstarkes Defilee, von dem wir fast das Getrampel zu hören meinen, eine Kavalkade aus vier Pferden, von denen wir nur wie übereinandergestapelte Löffel die Schnauzen und Mähnen sehen. Sich verdichtende Kohlestriche zeichnen ihr pechschwarzes Fell.

Es wirkt wie auf einer Rennbahn, wie ein wilder Galopp im Wettkampf – und wie Chaos, denn die Zeichnungen sind nicht zeitgleich entstanden, so wie sie sich teilweise überschneiden. Aber da ist kein Chaos. Da ist Bewegung, Furor, Lebendigkeit, Regsamkeit und tierischer Überlebenskampf, Muskelspannung vor dem Angriff, vor allem wenn wir die Szenerie im Schein einer flackernden Flamme betrachten.

Dachten Sie nicht auch an *Guernica*, wo sämtliche Figuren auf der Leinwand laut schreiend abgebildet sind? Auch auf diesem Gemälde tauchen das Rind, das Pferd, die angespannten Mäuler, das Schwarz, die Kohle und der Lärm auf. Dabei ist Picasso zwanzig Jahre vor Entdeckung der Chauvet-Höhle gestorben und hat diese Tierdarstellungen niemals zu Gesicht bekommen. Gerade ihm, der da glaubte, wir hätten nie Neues erfunden, war ihre Wiedererschaffung gelungen.

Exquisite Leiche

Aber wir müssen tiefer gehen, wir wollen mehr sehen als nur bewegte Szenen. Machen wir uns auf die Suche nach den echten, tiefgründigen Empfindungen, die solche Darstellungen in uns auslösen können. Von hier, von der Mitte der Höhle aus müssen wir noch einen ziemlich schmalen Durchgang passieren und noch tiefer hinabsteigen.

Der eigentliche Höhepunkt empfängt uns hier, im verborgensten Winkel, dem unwegsamsten Durchgang im gesamten Höhlenlabyrinth, in dem nicht einmal die Taschenlampe alles gut zum Vorschein bringt. Die saloppe Ausdrucksweise sei mir verziehen, aber hier, ganz unten, haben sie wirklich dick aufgetragen, anders als Picasso: Hier empfangen einen nicht nur Bilder, sondern Philosophie, Psychologie, Anatomie und nicht zuletzt ein Feuerwerk aus unerklärlichen Effekten.

Als lese man diese kryptischen Philosophen des 20. Jahrhunderts, dechiffriere die Poesien der anrüchigen, im Absinthrausch schwelgenden Dichter oder lausche den legendären modernen Barden, die JFK, Chaucer und Blake zu Songs zusammenmixen. Als trete man in die Metaphysik des Paläolithikums ein. Kurz gesagt, man versteht rein gar nichts, aber welch ein fantastisches «Nichts». Um die Sterne zu sehen, muss man wohl immer erst an den Tiefpunkt gelangen. Und genau auf den bewegen wir uns jetzt zu, hinein in die «Salle de Fonds».

Beim Hinabsteigen taucht auf der rechten Seite sogleich das Profilbild eines Löwen auf, oder zumindest erscheint es als eines. Es ist in Kohle entstanden, mit einer mit dem Finger gezogenen Umrisslinie. Trotz ihrer Feinheit bildet sie eine scharfe Kontur.

Und diese Linie ist nicht allein, ein kurzes Stück über ihr wurde sie nochmals gezogen, wie in einer Überlagerung, aber diesmal in Rot. Und über dieser parallel gezogenen Linie verläuft eine weitere schwarze. Auch wenn es auf den ersten Blick nicht auffällt, verlaufen hier drei Linien in wechselnden Farben übereinander. Ich schaue sie mir genau an: Bei der erstmaligen Betrachtung habe ich sie nicht verstanden. Auch wenn für Nietzsche «Gott tot ist», steckt er, nach der englischen Redewendung, hier *in the details*.

Chauvet-Höhle, Frankreich

Und die offenbaren, dass hier nicht nur ein Löwe abgebildet ist, sondern dass gleich drei Löwen im Rudel nebeneinander herlaufen. Eine Linie genügt, um uns einen Plural anzugeben. Vor sechsunddreißigtausend Jahren, ich wiederhole, haben Menschen eine einzelne Linie zu einer Trinität vervielfältigt. *Wir* haben eine Trinität erschaffen, mit einem Finger, mit Farbe und der Wucht einer Idee. Und auch wenn diesen Löwen die Mähne fehlt (es sind wilde Löwen der Eiszeit), sind sie jedenfalls aus der Verdreifachung einer Linienführung hervorgegangen. In einer Art Dreifachsprung der Vorstellungskraft.

Weit hinten findet sich das Hauptthema der Chauvet-Höhle, das Nashorn, wiederholt, umgedeutet, in mehrfacher Ausführung. Die Hörner sind die eigentlichen Protagonisten, aneinandergereiht, spitz, symmetrisch und mit den verwischten, kohlegezeichneten Konturen, die sie in ihrer Dynamik aufleben lassen. Es sind futuristische Hörner. Hätte Giacomo Balla Nashörner gezeichnet, hätte er sie in dieser Manier dargestellt, so wie seine windschnittigen Autos, Flugzeuge und Hunde. Angesichts dieser gekrümmten Linien, dieser in den Raum hineinwuchernden Geometrien meint man, wie in einem Echo das Gebrüll dieser Tiere zu hören.

Dann tauchen Mammuts und Wisente auf, sowie ein Pferd, eingezwängt in einer nur ihm reservierten Nische unten – fast schon ein Witz, derart Schönes so weit unten zu verstecken – mit schwarzer Schnauze und borstiger Mähne, gezeichnet in einer feinen, scharfen und zugleich weichen Linienführung. Auf einem weiteren Bildfeld kommen sich überlappende Löwen zum Vorschein, auch sie offenbar in rasantem Lauf, auch wenn wir nur die muskulösen, gedrungenen Schnauzen wie in der Luft schweben sehen. Eine Löwenparade, eine echte *pride of lions* (Tafel 6).

Aber ich habe Sie nicht hier heruntergeführt, um Ihnen nur ein prähistorisches Bestiarium vorzuführen oder die meisterhaften paläolithischen Maltechniken zu zeigen, sondern wegen zweier abschließender Darstellungen. Die erste sitzt auf einem von der Decke herabhängenden Kalksteinhöcker, einem dickwandigen Stalaktiten, auch er entstanden über Hunderttausende von Jahren durch herabrinnende Tropfen, die seine vertikale und längliche, stark ausbauchende, aber nach unten spitz zulaufende Form erschufen.

Nach dem Exzess an Tieren, diesem Aufmarsch an Katzenschnauzen, Pferden und Bären erblicken wir auf diesem Höcker etwas völlig anderes *(Tafel 7)*. Den Schamhügel einer Frau. Gut sichtbar platziert, ergänzt durch angedeutete Beine, kurvige weiche Schenkel, die das Dreieck des Kalksteins nachzeichnen. Eine spindelförmige Frau, mitten in die Raubtiere hineingesetzt. Ohne gezeichnete Füße wirkt sie wie eingeklemmt in diesem Winkel, als sei ihr jedes Entrinnen aus diesem steinernen Kegel verwehrt. Ganz Beine und Schamhügel, fehlt ihr ein Gesicht. Aber sie ist nicht allein. Rechts schleicht sich ein Mischwesen aus Mensch und Wisent buchstäblich in die Zeichnung ein und ergreift von ihr Besitz. Er wurde auf den Namen «der Zauberer» und sie auf den der «Venus» getauft. Der Zauberer wurde offenbar erst später und in bewusster Absicht in die Linien der Frau hineingezeichnet.

Dies ist eine der seltenen gezeichneten weiblichen Abbildungen. Tonfigurinen entstanden in dieser Periode zuhauf, schon sehr früh wie die Venus vom Hohlen Fels oder die berühmte, aus etwas späterer Zeit stammende Venus von Willendorf. Darstellungen von Frauen waren durchaus präsent und lebendig und wurden keineswegs vernachlässigt. In Zeichnungen dagegen schon. Diese weibliche Figur hat sich gleichsam klammheimlich ins Bild geschlichen. Wer sie auch gezeichnet hat, ob Mann oder Frau, verschaffte dem weiblichen Teil der Menschheit erstmals Raum, Sichtbarkeit und Bedeutung. Und jemand anders, ein Er oder eine Sie, verarbeitete diese Frau dann zu einem Mythos, einer Erzählung, handelnd von einem Wisentmann, der sie mit seiner Körpermasse zustellt, sich ihrer Linien, ihrer Gestalt bemächtigt und mit ihr eins wird. Inmitten von Raubkatzen, Mammuts und einem kleinen Auerochsen.

Ich fühlte mich hier an das im Surrealismus entwickelte Gruppenspiel *Cadavre exquis* («exquisite Leiche») erinnert, bei dem mit Papier und Bleistift ein Bild, ein Gedicht oder eine Erzählung dadurch entsteht, dass die einzelnen Teilnehmer abwechselnd Beiträge leisten, jeweils ausgehend vom letzten Wort oder Bild, ohne den Rest zu kennen. So werden Kopf, Torso, Beine oder Füße in einzelnen Schritten von unterschiedlichen Personen gezeichnet. Auf die Art erschaffen sie Monstren oder fantasievolle Geschichten.

Schrittweise entsteht so ein Geschehen, erklärt in wenigen Einzelbildern, ein Film, in dem der tiergestaltige Zauberer eine Frau oder aber eine Zauberin einen tiergestaltigen Mann behexen will. Wir wissen nicht, wie es ausgeht, wer Opfer und wer Henker ist, wer liebt oder hasst, aber das ist auch gleichgültig. Mit diesem Filmausschnitt geht in der Geschichte des Geschichtenerzählens erstmals der Vorhang hoch: für den ersten Mythos.

Verlassen wir die Chauvet-Höhle nach einem Blick auf eine letzte Darstellung, die eher wie das Werk eines Dichters als wie das eines Zeichners wirkt: Ein weiteres Pferd, wieder an verborgener Stelle platziert, taucht hinter einer Auswölbung der Felswand auf. Die Vorderbeine in der Luft, steht es gewiss nicht still. Im Gegenteil, bäumt es sich hoch erhobenen Hauptes auf: Anstatt sich schüchtern klein machen zu wollen, schreitet es einher, drängt in den Vordergrund, auch wenn es in dieser Höhle, inmitten der stolzen Pracht, einer Orgie aus Ausrufezeichen nur wie ein Komma, ein kleines Detail wirkt. Dieses Komma, dieses halbversteckte Pferd zeigt uns die wahre Größe der Chauvet-Höhle *(Tafel 8)*.

In der Art dieses Pferdes bäumt sich hier die unerwartete, jähe Sturzwelle der Schöpferkraft auf. Nennen Sie es, wie Sie mögen, vielleicht auch Kunst. Die Zeichnungen der Chauvet-Höhle fallen wie eine Reiterschar aus dem Nichts in die Frühzeit der Menschheit ein. Und was dabei galoppiert, ist der menschliche Geist, der wie dieses Wildpferd ungestüm auf die Bühne der Imagination stürmt: Imagination von Lateinisch *imago*, «das Bildnis». Verzeihen Sie mir, verzeih mir Shakespeare, aber angesichts dieses Ansturms der Zeichnungen fällt einem nur eines ein: *We are such stuff as images are made on*. Wir bestehen eben nicht aus Träumen, wie er im Originalwortlaut sagt, sondern aus unerwarteten, vorausdeutenden und bahnbrechenden spielerischen Erzeugnissen der Vorstellungskraft.

Spielverderber

Lassen wir die Dichtung einen Moment lang beiseite und reden kurzzeitig Ernst. Sie haben sich sicher eine grundlegende Frage gestellt, die auch ich mir vor langer Zeit gestellt habe: Wie ist es möglich, dass die Chauvet-

Höhle trotz der galoppierenden Entwicklung, trotz dieser Invasion, eine derartige Revolution darstellt, die sich sonst nirgendwo angedeutet hat? Wie also ist es möglich, dass diese auf eine so frühe Zeit zurückgeht? Kann man ernsthaft davon ausgehen, dass diese Zeichnungen über dreißigtausend Jahre alt sind und wie aus dem Nichts auftauchten? Wie sind wir zu ihrer Datierung gelangt?

Die Chauvet-Höhle birgt über vierhundertfünfzig Zeichnungen. Nicht alle sind um dieselbe Zeit entstanden, die schwarzen aus Holzkohle sind älter als die aus Hämatit oder rotem Ocker. Wegen des Stils und der Technik wurden sie während der ersten Untersuchungen zunächst auf das spätere Jungpaläolithikum, das sogenannte Gravettien oder den Beginn des Magdalénien datiert, also auf deutlich späte Perioden, auf die Zeit fünfundzwanzig- bis zwanzigtausend Jahre vor heute. Die tatsächliche, nicht anhand von Stilmerkmalen ermittelte Entstehungszeit der Chauvet-Zeichnungen ist dagegen eine andere: Spuren von Holzkohle, datiert mithilfe der Radiokarbonmethode, verweisen auf das Aurignacien. Sie entstanden also vor sechsunddreißigtausend Jahren. Der Unterschied ist beachtlich. Aber nicht nur das. Wenn diese Datierung zuverlässig ist, wären diese Darstellungen die ältesten europäischen überhaupt. Legen wir dafür unsere Hand ins Feuer?

Natürlich nicht. In der wissenschaftlichen Arena ist gesunde Skepsis angebracht. Auf jedem zünftigen Fest taucht zwangsläufig auch ein Spielverderber auf, der alle gute Stimmung zunichtemachen kann. In diesem Fall schon wegen der objektiv merkwürdigen Verhältnisse. Die Fundstücke aus dieser Höhle führten zu über zweihundertfünfzig verschiedenen Datierungen, erstellt von einer Reihe von Laboratorien. Dabei betreffen allerdings nur zehn davon die Zeichnungen, während die übrigen anhand von Proben verstreuter Holzkohle aus dem Boden erstellt wurden. Ich weiß nicht, wie es Ihnen geht, aber ich halte Vorbehalte für den besseren Weg und melde Zweifel an.

Ich greife die eklatantesten auf, um Ihnen deutlich zu machen, wie dünn das Eis dieser Datierungen ist. Ich gehe nicht allzu sehr in die Details, die folgenden werden Ihnen genügen.

An der entscheidenden Datierung der Zeichnungen war anscheinend nur ein einziges Labor beteiligt, weshalb manche Archäologen die Nase

Chauvet-Höhle, Frankreich

rümpften. Als erster Schritt einer Überprüfung müsste eine Diversifizierung der Instrumente durch unabhängige Forschungsstätten erfolgen.

Die gesamte Ardèche-Region, in der die Chauvet-Höhle liegt, hat keine so frühen Daten erbracht, für keine andere Höhle, mit oder ohne Malereien.

Aus der Aurignac-Zeit ist keine spektakuläre «Kunst» erhalten geblieben. Beispiele aus La Ferrassie in der Dordogne oder aus Fumane im Veneto halten einem Vergleich mit der Chauvet-Höhle nicht im Entferntesten stand. Hier beschränkt sich das Niveau auf rein schematische Darstellungen von Figuren. Was die Entwicklung angeht, ist die Chauvet-Höhle dagegen der Ferrari auf der Überholspur.

Und tatsächlich verweisen uns zahlreiche Aspekte der dortigen Zeichnungen auf später aufgetauchte Stile. Einige sind abstrakte Zeichen, die uns am Ende dieses Kapitels in anderen Höhlen wiederbegegnen. Äußerst seltsam, dass wir sie schon hier entdecken.

Auch gibt es methodische Probleme bei den Datierungen, die (wegen der Kontaminierung von Proben etc.) nicht ganz astrein sind, aber diese Debatte sei den Experten überlassen. Ich äußere mich dazu nicht. Dafür sage ich Ihnen, dass uns die *Art mobilier*, also Kleinkunst wie Elfenbeinfiguren, Venusfigurinen aus Kalzit und allen anderen wundervollen Objekten aus dem Aurignacien, längst gewohnheitsmäßig vor Augen geführt hatte, welche Möglichkeiten dem menschlichen Einfallsreichtum offenstanden und wie weit der kreative Geist seine Horizonte schon spannte.

Um uns davon zu überzeugen, genügt ein Blick auf den Löwenmenschen vom Hohlenstein-Stadel, der im baden-württembergischen Alb-Donau-Kreis zum Vorschein kam. Diese einunddreißig Zentimeter hohe Figur mit einem Löwenkopf und einem Menschenkörper stammt zweifelsfrei aus dem Aurignacien und lässt sich auf eine Zeit zwischen zweiunddreißigtausenddreihundert und einunddreißigtausendsechshundert Jahre vor heute datieren. Die dargestellte Verschmelzung von Löwe und Mensch spricht mit der gleichen Stimme zu uns wie die Löwen oder der Wisentmensch in der Chauvet-Höhle. Wenn sich die Daten nicht decken, und das tun sie offenbar nicht, haben wir ein Problem. Es geht nicht um wenige Jahre, sondern um Jahrtausende einer kulturellen Entwicklung, in denen deren Getrieberädchen weiterliefen, sich beschleunigten und gleichsam davongaloppierten wie die in den Höhlen abgebildeten Tiere. Den Zeitpunkt, an dem die Entwicklung Fahrt aufnahm, falsch anzusetzen, ist keine lässliche Sünde, sondern fast schon ein Verbrechen. Die Spielverderber liegen schon auf der Lauer, aber gerade ihr kritischer Geist leistet gute Dienste, und sie haben fast immer auch Recht: Nur unerbittliches Nachprüfen macht Datierungen zu Wissen.

Lascaux, Frankreich

Parasiten

Tatsächlich hat eine weitere Höhle, wohl noch bekannter als die nach Jean-Marie Chauvet benannte, ein gewisses Maß an Skepsis geweckt, ebenfalls aus gutem Grund: Sie war eine der ersten entdeckten. Als sie zum Vorschein kam, entfachte sie eine gewaltige Reaktion: Bis dahin war schlichtweg unvorstellbar gewesen, dass Menschen der Eiszeit so raffiniert ausgestaltete Bilder hätten erschaffen können. Wir reden von Lascaux, der berühmtesten paläolithischen Höhle der Welt, und erwähnen sie vor allem wegen der geometrischen und abstrakten Zeichen, die wir bislang nur am Rand gestreift haben, obwohl sie überall, in der gesamten altsteinzeitlichen Welt auftauchen. Sie wurden auf die gleiche Weise, in identischen Zusammenstellungen und mit gleichen Elementen in Höhlen rund um den Globus immer wieder auf die Wände gezeichnet. Über Tausende von Jahren. Wir haben ihnen auch einen Namen gegeben: idiomorphe Zeichen. Aber warum wurden sie erfunden?

Diese Zeichen wurden von der Forschung bislang eindeutig vernachlässigt. Die gegenständlichen Bilder, die etwas Erkennbares und Identifizierbares mit klarem Bezug darstellen, fanden dagegen deutlich mehr Beachtung. Die in Hülle und Fülle auftretenden Nashörner, Löwen und Pferde, raffiniert in Bewegung dargestellt, faszinierten uns stärker als die einfachen statischen, schematischen und abstrakten Objekte, die uns

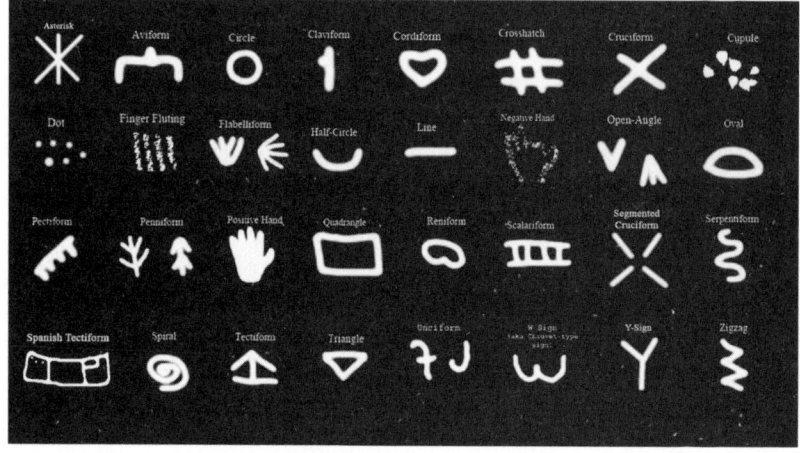

Abbildung 1: Geometrische und schematische Zeichen, erfasst von Genevieve von Petzinger in paläontologischen Höhlen auf der ganzen Welt

keine sofortige objektive Deutung nahelegen: wiederholte Pünktchen, Kreise, Ovale, Kreuzschraffuren, Spiralen sowie kreuzförmige, rektiforme (dachförmige), penniforme (federförmige), serpentiforme (schlangenförmige) und klaviforme (klumpenförmige) Zeichen *(Abbildung 1)*.

Sie finden sich überall, in sämtlichen Höhlen, nicht nur in Europa, Frankreich oder Lascaux. Und abstrakte Zeichen tauchen unglaublicherweise zahlenmäßig doppelt so häufig auf wie Tierdarstellungen. Damit waren geometrische Linien, Kreise, Spiralen usf. klar vorherrschend, wurden also in der Zeit zwischen vierzig- und zehntausend Jahre vor heute am häufigsten gezeichnet. Wir reden von Tausenden. Also versuchen wir anhand der Höhle von Lascaux, aber auch anderer beispielhaft nachzuvollziehen, was hinter ihnen steckt.

Seit Anbeginn der Paläoanthropologie, mitbegründet vom französischen Gelehrten Henri Breuil, hatten diese abstrakten Zeichen wenig Ruhm erworben, als unnützes Beiwerk gegolten, noch störender als die «parasitären» Linien, die den glanzvollen Umrissen der prachtvollen Tierdarstellungen in die Quere kamen. Zu Beginn des 20. Jahrhunderts bildeten allein die Zeichnungen oder Malereien, die Kunst, oder wie auch immer man sie nennen mag, den Gegenstand ernsthafter Forschung. Diese unverständlichen hingekritzelten Strichzeichnungen, bestehend aus einfachen und sich (zuweilen obsessiv) wiederholenden Linien, hatten doch sicher keine besondere Bedeutung gehabt, weder heuristisch noch künstlerisch. Und selbst wenn sie eine gehabt hätten, wie wäre sie zu ermitteln gewesen? Was konnten sie uns schon mitteilen?

In den Sechzigerjahren des 20. Jahrhunderts gewannen sie indes dank der Forschungen André Leroi-Gourhands allmählich einigen Wert als Untersuchungsobjekt, worauf sie schließlich Aufmerksamkeit und methodische Beachtung erhielten. Allerdings war dies die Glanzzeit des «philosophischen» Strukturalismus, in dem Gegensatzpaare – kalt/warm, Kultur/Natur, Mann/Frau – alle in ihren Bann zogen, sodass die strukturalistischen Interpreten dann auch leicht in die Falle tappten: Pferde seien männlich, Wisente weiblich, eckige und spitze Zeichen männlich, runde und pralle weiblich.

Ob sie nun als parasitär oder als nicht deutbar galten – diese Zeichen fanden einfach keinen Eingang in die Forschungen von Wissenschaftlern des Paläolithikums, die besonders gewissenhaft und mit guten Analysemethoden arbeiteten – jedenfalls bis in jüngste Zeit.

Die junge Archäologin Genevieve von Petzinger, eine der Ersten, die mit Computer und Daten arbeitete, machte sich an eine sorgfältige Auswertung und Kategorisierung der Zeichen und untersuchte ihre Kontexte in fast hundertfünfzig Höhlen auf der ganzen Welt. Als eine der Ersten wandte sie eine streng wissenschaftliche Methode an. Und sie erkannte gemeinsame Muster, entdeckte, dass viele dieser Zeichen, genau genommen zweiunddreißig, identisch sind; sie sind auf allen Kontinenten aufgetaucht, auf denen man Höhlen und paläolithische Figuren entdeckte. Zu diesen zweiunddreißig zählen auch die bereits erörterten Handabdrücke, ob als Positiv (hergestellt mit einer mit Farbe bestrichenen Hand) oder als Negativ (im Schablonenverfahren mit aufgesprühtem Pigment). Genevieve nahm sie in ihren Katalog mit auf, weil es sich ihrer Meinung nach nicht einfach um gegenständliche, sondern um symbolische Bilder handelt.

Diese Zeichen sind die ältesten Zeugnisse unseres Kommunikationssystems. Es sind die frühesten «Codes», die uns vorliegen. Und sie finden sich überall, nur ähnlich oder gleich, auch an weit voneinander entfernten Orten. Sie bilden die Ursprünge unseres Bestrebens, eine Botschaft zu übermitteln, seit den uralten Zeiten unserer Wanderung von Afrika nach Europa und unserer Ausbreitung auf Wegen, die über unberührten und unbekannten Boden führten, bis nach Australien. Zigtausende von Jahren der Symbole, die der Mensch auf seinen Routen überallhin mit sich schleppte.

Aber kehren wir zur Höhle von Lascaux zurück, wo wir viele dieser Zeichen vorfinden – ein Viereck und eine Reihe dicker schwarzer Punkte, platziert unter einem ebenfalls pechschwarzen Megaceros, einem ausgestorbenen Riesenhirsch, hier dargestellt mit einem gewaltigen, dicht verzweigten Geweih auf dem Kopf. Alle Geometrien der Elemente dieser Darstellung sind rätselhaft. Dieses übertrieben groß abgebildete Geweih, ein Phantasieprodukt, stellt in seiner Komplexität alle anderen, ebenfalls stark verzweigten Geweihe von Artgenossen in diesem Höhlenlabyrinth in den Schatten. Wir finden es im axialen Seitengang, hinter dem weltberühmten großen Saal der Stiere. Ebenfalls hier, wie auf einem Gobelin, Pferde und zwei einander zugewandte Steinböcke. Zwischen ihnen, in der Mitte, ist ein rotes rechteckiges Gitter abgebildet. Ein zweites Gitter, allerdings mit einem fehlenden unteren horizontalen Segment, das fast einer Tierfalle gleicht, ist über einem weiteren Pferd ins Bild gesetzt *(Tafel 9)*.

Was tun diese abstrakten, abstrusen Zeichen hier? Was wollen sie uns sagen?

Laut Genevieve sind sie womöglich erst in einer Weiterentwicklung ursprünglich gegenständlicher und erkennbarer Darstellungen abstrakt *geworden*; schrittweise haben sie ihre klaren Merkmale verloren, die zeichenhaft auf diese oder jene Bedeutung verwiesen. Und obwohl sie überall auf der Welt entdeckt wurden, sind manche dieser Zeichen mit ganz bestimmten Kontexten verbunden. So kam zum Beispiel das relativ junge (aus der Zeit zwölf- bis zehntausend Jahre vor heute stammende) tektiforme Zeichen praktisch ausschließlich in der Dordogne in Frankreich zum Vorschein. Offenbar handelt es sich um eine lokale Erfindung, die vielleicht auf eine bestimmte Sippe verweist; dabei wimmelt es in diesem Landesteil allerdings von bemalten paläolithischen Höhlen. Das Gleiche gilt womöglich auch für das penniforme Zeichen, selbst wenn es älter ist. Wir finden es ebenfalls in Lascaux.

Kurzum, jedes Zeichen hat seine Geschichte, die verfolgt, nachgezeichnet und mit sämtlichen anderen Geschichten und Zeichen in Verbindung gebracht werden muss. Aber bevor wir nachsehen, ob dies der rote Faden ist, mit dem sich alle Zeichen miteinander verbinden lassen, bleiben wir weiter in Lascaux und suchen nach den Konturen des rarsten Geschöpfs in der paläolithischen Kunst.

Entmenscht

Sie haben es geahnt: Ich rede vom Menschen. Von ihm finden sich paläolithische Darstellungen so selten, dass sein sporadisches Auftauchen nicht wenige Fragen aufwirft. Deswegen habe ich Sie nach Lascaux geführt, weil wir hier, in einer kleinen Kammer, auf ein kleines Wunder stoßen.

Verlassen wir den axialen Seitengang. Lascaux ist eine so komplexe Höhle, dass sie als ein ganzes Netzwerk aus Höhlen – Plural! – gelten kann. Um nach dort zu gelangen, wohin ich Sie führen möchte, durchquert man den Gang zur Apsis, einem halbrunden, fünf Meter tief ins Gestein hineinführenden Saal, der über tausend Ritzzeichnungen birgt. Von hier aus erreicht man den von unten, von einer Felsauskragung aus zu besichtigenden «Schacht» *(puits)*. Könnten wir uns dort hineinbegeben, verlören wir in der stickigen, sauerstoffarmen Luft und der Düsternis leicht die Orientierung und würden auch ohne echte Klaustrophobie von Beklemmungen überwältigt. Hier, wo sich leicht Sinnestäuschungen einstellen konnten, erwartet uns die rätselhafteste aller paläolithischen Darstellungen *(Tafel 10)*.

Ein ithyphallischer (also mit erigiertem Penis abgebildeter) Mann mit Vogelkopf scheint wie kurz vor dem Fall in der Luft zu schweben, mit einem Wisent mit herausquellenden Eingeweiden vor sich, während weiter links ein Rhinozeros davontrabt (es gehört vielleicht nicht zum selben «Gemälde»). Links unter dem Mann ragt ein längliches, lanzenartiges Objekt in die Höhe, auf dem wie aufgespießt ein Vogel sitzt. Diese Bilder sind an absurd anmutender Stelle platziert, im entlegensten, unzugänglichsten und verborgensten Winkel des gesamten Höhlensystems. Und sie sind die bizarrsten der gesamten Höhle von Lascaux.

Man fühlt sich, als sei man in eine Gruft eingetreten, als habe man eine Schwelle zu einem Ort des Grauens überschritten angesichts dieser alles andere als bukolischen Szene. Dabei ist sie nicht einmal blutrünstig, trotz eines Pfeils, der gut sichtbar den Leib des Wisents durchbohrt hat, weil alle Elemente bis zur Karikatur stilisiert und schematisiert dargestellt sind. Eine bizarre, surreale Szene, in der eines der wenigen menschlichen Wesen, die in paläolithischen Malereien auftauchen, stark entmenscht abgebildet ist. Als das entfleischte Wesen eines Menschen. Wieso gibt eine so vollständige, fast epische blutige Jagdszene mit seltsamen ornithologisch-phallischen Symbolen Anlass dazu, die physischen Merkmale des menschlichen Körpers auszulöschen?

Das ist das Seltsame. Dieses Bildfeld stellt eine Geschichte dar, ist eine der frühesten Erzählungen der Welt, von denen wir Kenntnis haben. Ein «Mythogramm», wie man sagen könnte, in dem der Wisent ein böses Ende nimmt und das auch für das Strichmännchen ziemlich übel ausgeht. Alles ist perfekt darauf angelegt, eine Reihe von Ereignissen und deren *Raison d'être* zu erzählen, wobei aber die generelle Schematisierung und insbesondere das Strichmännchen verblüffen. Es ist offenbar eine spannende Geschichte, aber hastig oder fast absichtlich in groben Zügen erzählt. Eine Geschichte, der die Luft zum Atmen, der Sauerstoff ausgeht. Und sie kontrastiert mit den übrigen Darstellungen in der Höhle.

Auch in dieser Szene gibt es idiomorphe Zeichen. Zwischen dem Männchen und dem Nashorn stechen drei Paare schwarzer Punkte hervor, fast wie echte Punktierungen, die etwas unterstreichen sollen, während unter dem Männchen und dem Wisent ein penniformes Zeichen steht, wie es auch anderswo in der Höhle auftaucht. Unter anderem ähnelt es Zeichen, die auf einer löffelförmigen Lampe aus rosa Sandstein entdeckt wurden, die noch heute so glattpoliert ist, als sei sie erst gestern gefertigt worden.

Gut vorstellbar, dass sich an einem Ort wie diesem, in der sauerstoffarmen Luft, im schwachen Licht und der Orientierungslosigkeit tief unten im Fels Sinnestäuschungen, irgendwelche Halluzinationen einstellten, mit der Erscheinung von Doppelbildern, *Mouches volantes* oder entopischen Punkten und geometrischen Formen, die bei den Vertretern der Theorie von der schamanischen Trance so beliebt sind. Benommen und unserer Sinne beraubt, reagieren wir am Ende alle gleich: Unser Gehirn projiziert auf unsere Netzhaut Kreise, Punkte, Gitter und weitere einfache Formen, vergleichbar mit diesen kleinen Zeichen, die wir überall auf den Wänden bemalter Höhlen sehen: diesen zweiunddreißig abstrakten Zeichen, die Genevieve von Petzinger katalogisiert hat. Für die Vertreter dieser Theorie würde unser kognitives System die universelle Erklärung für ihr Vorkommen liefern, in Indien wie in Australien, in einer Höhle mit einer bizarren Szenerie wie in dieser Höhle in der Dordogne. Das sich stets gleichbleibende menschliche Gehirn reagiere auf die gleichen Sinnesreize mehr oder weniger auf identische Weise.

Obwohl so universalistisch, überzeugt die Schamanentheorie nicht alle. Und zum Glück herrscht auch hier eine gesunde Skepsis. Die geometrischen und abstrakten Formen können auch das Ergebnis eines komprimierenden Abstraktionsprozesses sein. Ikone verlieren im Verlauf ihrer Weiterentwicklung allmählich ihre unmittelbare Erkennbarkeit, werden immer stärker zu Schemen und Linien reduziert, wobei sie ihren Körper, nicht aber ihre Essenz verlieren. Vielleicht bildeten Ikone mit klaren konkreten und materiellen Bezügen den Anfang von allem. Vielleicht war das penniforme Zeichen noch als Waffe und das tektiforme noch als Hütte usf. erkennbar. Doch mit der Zeit wird alles an ihnen vereinfacht, verschwinden überflüssige Details, bleibt allein das Wesentliche zurück, als eine ausschließliche Bezeichnung für dieses oder jenes, die anschließend in ein gemeinsames, geteiltes und akzeptiertes Repertoire eingeht.

Kurzum, das Zeichen wird für seine Nutzer zum *Standard*. Dann jedoch könnte die Darstellung dieser abstrakten Symbole auf eine sogar noch frühere Zeit zurückgehen. Sie könnte uns zum Ausgangspunkt von allem führen, nach Afrika, in eine Zeit lange, sehr lange vor dem Magdalénien der Höhle von Lascaux. Dorthin begeben wir uns in Kürze, rückwärts durch die Zeit, zurück auf dem Entwicklungsweg, den das symbolische Denken genommen hat. Aber nicht, bevor wir gemeinsam etwas Überraschendes und höchst Unerwartetes gesehen haben: eine echte Falle.

Lascaux, Frankreich

La Pasiega, Spanien

Die Falle der Buchstaben

In Spanien findet sich eine dichte Ansammlung aus hochinteressanten Höhlen, die alle in den Hängen des Monte Castillo in Kantabrien verborgen liegen: die Cuevas El Castillo, Las Chimeneas, La Flecha, La Monedas und La Pasiega. Mit Letztgenannter befassen wir uns aus zwei Gründen.

Erstens sorgten die Funde in La Pasiega, die vornehmlich aus dem Oberen Solutréen und dem Unteren Magdalénien (also zweiundzwanzig- bis siebzehntausend Jahre vor heute) stammen, in jüngerer Zeit für eine große Überraschung. 2018 wurde mithilfe der Uran-Thorium-Datierung (U-Th) das Alter eines Symbols in Leiterform bestimmt. Mit dieser bereits erwähnten Methode, bei der die radioaktiven Isotope von Thorium (^{230}TH) und Uran (^{234}U) gemessen werden, lassen sich Materialien wie Korallen oder Knochen, aber auch die Ausfällungen von Calciumcarbonat von Stalagmiten ziemlich genau datieren. In der Höhle wurde das Alter von Kalkstein gemessen, der sich über den Zeichnungen abgelagert hatte.

Von fünfzig Proben, die an fünfundzwanzig Stellen aus dem Calciumcarbonat an den Wänden entnommen wurden, erbrachte eine ein Alter von vierundsechzigtausend Jahren. Die Schicht aus kohlensaurem Kalk hatte sich also in einer Zeit vor Eintreffen des *Homo sapiens* in Europa gebildet. Mit anderen Worten: Das leiterförmige Zeichen im Bildfeld 78 des Saals XI in der Galerie C der Höhle von La Pasiega ist das Werk eines Neandertalers.

Diese Entdeckung bildet eine Sternstunde der Paläoanthropologie. Auch deswegen, weil wir von einem idiomorphen Zeichen reden, also einem, das keinen präzisen gegenständlichen Bezug hat, wie es beispielsweise bei den grob vereinfachten Darstellungen eines Pferdes oder Wisents der Fall ist. Damit müssen wir mit der irrigen (so muss man sie nennen) Vorstellung aufräumen, dass unsere ausgestorbenen Vettern zur Abstraktion und zum symbolischen Denken nicht in der Lage gewesen seien. Was dieses Zeichen auch bedeutet, hinter ihm verbirgt sich eine Logik, eine

Abbildung 2: links: «La Trampa», rechts: «Die Inschrift», schematisierte Darstellungen, Cueva de la Pasiega, Spanien

Überlegung, eine abstrakte Übertragung, etwas Sinnvolles, das sich auf etwas *bezieht*. Dieses Zeichen ist keine Kritzelei, kein Pigmentauftrag, der zufällig, unüberlegt und ohne eine Bestimmung entstanden ist. Unbestimmt ist allenfalls seine «Deutung», weil wir nicht wissen können, *worauf* es sich bezieht, *was* es angibt und *in welchem Kontext* es entstanden ist. Aber das ist leider nur unser Problem.

Zweitens sind inmitten all dieser zahlreichen abstrakten Zeichen (von denen es in La Pasiega wimmelt) – punktförmigen, linearen, klumpenförmigen (klaviformen), polygonalen (rechteckigen, fünf- und sechseckigen), aber auch dreieckigen und vor allem vielen, sogar sehr vielen tektiformen Zeichen – Systeme erkennbar. Unter «System» verstehe ich Abfolgen idiomorpher Zeichen, die offenbar eine kohärente Einheit bilden. Nennen wir sie mit Vorbehalten *Inschriften*, auch wenn der Begriff nicht *buchstäblich* zu verstehen ist, weil man ihn allzu schnell mit Buchstaben, Schriftzeichen und Schriften im eigentlichen Sinn verbindet.

Wir entdecken zwei solcher Systeme.

Das erste, *La trampa* – «die Falle» – genannt, findet sich in Galerie C (*Abbildung 2 links*).

Es besteht aus zwei kleinen roten stilisierten Tierfiguren – oben das Hinterteil eines Wisents mit den Hinterbeinen und unten das Vorderteil (Kopf, Beine) eines Hirschs –, die beide wie in der Mitte durchtrennt erscheinen. Und diese sitzen in der Falle eines rechteckigen tektiformen Zeichens, dessen Linien offenbar später mit Kohle gezogen wurden. Diese rechteckige «Falle» ist anscheinend absichtsvoll eingezeichnet worden, um die halbierten Tiere in einen Zaun einzubeschreiben, innerhalb eines Codierungssystems. Die Darstellung ist kurzum als eine zusammenhängende Botschaft erkennbar, auch wenn sich ihre Bedeutung nicht unmittelbar erschließt, ähnlich wie bei Damien Hirsts sezierten und in Formaldehyd eingelegten Kühen. Wir erkennen eine einheitliche, konsequente und vielleicht logische Botschaft, die über das abstrakte Zeichen als seinem Rahmen übermittelt wird.

Das zweite System transportiert seine Botschaft auf spektakulärste Weise *(Abbildung 2 rechts)*. In Galerie B sehen wir ein wahrhaftig komplexes, ausgefeiltes und völlig unentschlüsselbares System aus schematischen Zeichen, die sich in einer Abfolge aneinanderreihen. Nicht zufällig wird diese Abfolge seit 1913, als Henri Breuil sie untersuchte, völlig bedenkenlos als «die Inschrift» bezeichnet: Breuil mutmaßte eine verschlüsselte Botschaft für Eingeweihte von religiösen Riten, die in dieser Höhle stattgefunden haben sollen. Später wollte Leroi-Gourhan in ihnen weibliche Symbole erkennen, aber mit dem üblichen strukturalistischen Ansatz: Anderes war nicht zu erwarten. Jedenfalls hat sich seither der Name «die Inschrift» herauskristallisiert und ist bis heute in Gebrauch geblieben.

Aber schauen wir uns diese Zeichen aufmerksam an und versuchen, ihnen nach Möglichkeit auf den Grund zu gehen.

Selbst wenn sich die Sequenz nicht eindeutig in einzelne Zeicheneinheiten zerlegen lässt, erkennen wir drei Abschnitte, von denen der erste wohl aus fünf Zeichen besteht und einige wiederholt auftreten: übereinander angeordnete Halbkreise mit vertikalen Linien an der Seite. Ein Abschnitt in der Mitte besteht aus zwei besonderen Formen: Sie sehen wie stilisierte Füße mit Zehen aus. Und ein weiteres Zeichen etwas entfernt erinnert an ein großes E.

Was wollen uns diese Zeichen sagen?

Protoetwas

Sie werfen einige gewichtige Fragen auf.

Könnten diese geometrischen und elementaren Zeichen ohne einen klar erkennbaren materiellen Bezug eine Form von Schrift sein? Oder sind sie nur eine Art rudimentärer Protocode, der Uranfang, der Ausgangspunkt einer Entwicklung, die zur Aufzeichnung sprachlicher Botschaften hinführt, aber längst noch nicht an ihr Ziel gelangt ist?

Die Antwort auf die erste Frage fällt lautstark und nachdrücklich negativ aus. Henri Breuil hat sich hier wohl zu einer etwas arglosen Deutung hinreißen lassen. Die Definition von Schrift setzt ein abgeschlossenes, begrenztes System mit klaren Bezugspunkten zur gesprochenen Sprache voraus, ob zu einzelnen Lauten oder bestimmten Wörtern. Die Zeichensequenzen von La Pasiega sind trügerisch und führen uns leicht hinters Licht. Wir gehen ihnen *deshalb* leicht auf den Leim und fassen sie als die *Buchstaben* eines Alphabets auf, weil sie ganz offensichtlich abstrakt sind. Sie erinnern nur zu sehr an die Art Zeichen, die Sie gerade lesen, an nichtssagende Buchstaben wie *a, b* und *c*. Wir versuchen ihre Gestalt zu erkennen, uns einen Reim auf ihre Form zu machen und ihnen einen Sinn zu entnehmen.

Diese Zeichen sind nicht ikonisch, nicht identifizierbar, sie stellen nichts Erkennbares dar (außer vielleicht die kleinen Füße). Es liegt an uns, wenn wir Formen erkennen, wo keine sind – ein Phänomen, das so häufig vorkommt, dass es eine Bezeichnung erhalten hat: *Pareidolie*.[2] Wir gehen Bildern und vor allem an Buchstaben erinnernden Zeichen ziemlich leicht in die Falle. Und dann sitzen wir in ihr wie die entzweigeschnittenen Tiere in *La trampa* fest. Und die Botschaft, die sich hinter diesen abstrakten Zeichen verbirgt, bleibt im Reich des Unentzifferbaren hängen: Die Buchstaben, die wir sehen, sind nur eine Fata Morgana.

---

2 Hier sei an die Dämonenfratzen erinnert, die man gelegentlich in Wolken zu sehen meint. Oder auch an das berühmte «Marsgesicht», eine an menschliche Züge erinnernde Felsformation, die von der Raumsonde Viking I aufgenommen wurde.

Weitaus mehr interessiert uns freilich die zweite Frage, denn auf sie lautet die Antwort: *vielleicht.* Womöglich hier, im Magdalénien, liegen die Ursprünge einer Entwicklung, die in einzelnen Stufen und Schritten, aber in einer geordneten Abfolge zur Entstehung eines Codierungssystems führte. Das erste Aufkeimen eines Verhaltens, das mit Kommunikation über Symbole verbunden ist, wie auch Genevieve von Petzinger es fasst. Das ersehen wir aus einer Reihe von Zutaten: der Wiederholung von Zeichen in einer Abfolge, am Versuch, sie geordnet zusammenzustellen, und an der benachbarten Stellung des einen Zeichens neben dem anderen. Iteration und Assoziation sind zwei Schlüsselbestandteile eines Codes. Sie sind das Wesentliche an ihm: die Zeichen «lesen sich» in einer einheitlichen Kohärenz, sie *gehören,* kurzum, *zusammen.* Und die Botschaft muss für eine klare Kommunikation wiederholt werden. Wie der Refrain eines Liedes, wie Slogans oder das vielfach replizierte Logo: wiederholen und nochmals, um es zu erlernen. Und so entsteht am Ende die Schrift. Aber davon ist erst weiter hinten die Rede.

Im Moment müssen wir uns nur über eines Gedanken machen: Große Sprünge brauchen einen langen, ultralangen Anlauf, bei dem der Springende nach dem Absprung häufig für lange Zeit erst einmal keinen Boden mehr unter den Füßen hat. Eine *Proto*phase ist wie eine knapp bemessene Verabreichung von Pillen, bei denen die Dosis schrittweise gesteigert wird – eine Entwicklung, die sich durch ständige Wiederholung, durch hartnäckige Kontinuität schließlich in den Verästelungen unserer Neuronen festsetzt. Sie wird zur erworbenen Kultur, Teil eines evolutiven Erbes, das in den Jahren und Jahrtausenden assimiliert und von Generation zu Generation weitergereicht wird. Und hinter diesen kreativen Akten des Ausdrucks offenbart und manifestiert sich ein Grundbedürfnis: das nach Kommunikation. Um diesen Mechanismus zu verdeutlichen, blicken wir in einer kleinen Abschweifung noch weiter in die Vergangenheit zurück. Versetzen wir uns in die Welt von vor sechzigtausend Jahren, in eine Höhle tief unten im Süden.

Blombos, Südafrika

Abstraktionen

Wir neigen so sehr zu der Vorstellung, dass die Schrift allein aus der Zeichnung, aus erkennbaren Darstellungen hervorgegangen sei, dass wir es fast schon als gesichertes Wissen annehmen: Die Schrift geht aus der Zeichnung hervor, Punkt. Aber auch wenn ich dies für prinzipiell richtig halte, wird Zeichnung nicht immer zu Schrift. Tatsächlich können wir sicher sagen, dass die Wisente und Pferde in der Chauvet-Höhle keine Form von Schrift sind, auch wenn sie im weitesten Sinn als Vorläufer und zudem als Träger einer echten Botschaft gelten können, in der die Sprache ein struktureller Bestandteil der Gleichung ist.

Natürlich kann Sprache in Überlegungen zu den Höhlenmalereien nicht übergangen werden. An einem bestimmten Punkt müssen wir uns gezielt die Frage stellen, ob diese Jäger und Sammler in ihr eine bestimmte Botschaft vermittels der von ihnen gesprochenen Sprache hinterlassen wollten. Aber zunächst reden wir von Zeichen, von deren grafischer Form: Sind wir wirklich sicher, dass Schrift aus Zeichnungen hervorgeht?

Im Grunde ja, aber nicht ganz.

Wir können sagen, dass die Zeichen der ersten Schriften – ein Großteil des grafischen Bestands – ikonisch ausgestaltet waren, mit bestimmten Kategorien von Objekten oder Darstellungen, die auf Bildern beruhten. Aber richtig ist auch, dass diese Zeichen zu einem nicht unerheblichen Anteil nichtikonisch, abstrakt waren.

Wie kam es dazu? Wie sind diese geometrischen und linearen Zeichen, die uns in den ersten Schriften begegnen, in diese hineingekommen? In China, Mesopotamien, Ägypten und Mittelamerika? Und auf Kreta, der Osterinsel, im Industal und an sämtlichen Orten, an denen die Schrift ein neues, also nicht aus Fremdanleihen bestehendes grafisches Repertoire aufweist?³ Besteht gar eine Beziehung zwischen diesen und den schon aus dem Paläolithikum stammenden Zeichen? Und falls ja, welche? Es ist natürlich schwierig, ein historisches Kontinuum zu rekonstruieren, und für uns wohl auch schon deshalb gar nicht interessant, weil die archäologische Faktenlage lückenhaft ist, weil sich Kulturen und Sprachen ständig verändern und weil ein alles verbindender Faden schlichtweg nicht existiert.

Auf ontologischer Ebene liegt das Kernproblem ganz in unserer visuellen Wahrnehmung. Wir müssen danach fragen, wie unsere Augen Zeichen erfassen. Nicht um universalistische Erklärungen zu erstellen, die als *Generalschlüssel* zur Aufklärung von Zusammenhängen dienen sollen, welche wir gar nicht aufklären können. Aber wenn wir danach fragen, wie die Zeichen (einer Schrift oder auch andere) zu ihren Formen kamen, stoßen wir natürlich auf Zwänge und Beschränkungen, deren Ursachen im menschlichen Gehirn liegen. Unsere neuronale Programmierung und die Art, wie unsere Augen unsere Umwelt erfassen, bilden den entscheidenden Schlüssel zum Verständnis der Art und Weise, wie unser gestalterischer Erfindungsgeist funktioniert. Um diesen entscheidenden Punkt kommen wir nicht herum. Dieses Orakel müssen wir auf der Suche nach Antworten befragen.

Die Schultern des Atlas

Laut den Neurophysiologen bilden die Umrisse der Dinge in der uns umgebenden Welt den ersten Schritt zur Wahrnehmung, zum Erkennen und zu einem Verständnis, was wir vor uns haben. Das Gehirn vermittelt uns keine Gesamtsicht, sondern liefert uns zunächst Pixel von Bildern, die es zerlegt hat und die wir dann wieder – wie die Steinchen eines Mosaiks – zusammensetzen müssen. Mit anderen Worten: Es liefert von dem, was sich vor unseren Augen abspielt, keine gesamtheitliche Projektion wie auf einer Kinoleinwand. Und dabei bilden die Umrisse gewissermaßen die

---

3 Näheres hierzu in meinem Buch *Die große Erfindung*, C.H.Beck: München 2021.

elementarsten Pixel, die kleinsten Elemente oder grundlegenden Mosaiksteinchen der Welt.

Umrisse werden im Gehirn vom Areal V1 wahrgenommen, im *Nucleus geniculatus lateralis* des Thalamus, über Neuronen, die auf die Erfassung von Kontrasten, von Schwarz-Weiß-Unterschieden, spezialisiert sind. Dieser Nukleus oder «Kniehöcker», wie er auch heißt, empfängt seine Reize direkt von der Netzhaut und leitet sie an das Areal V1 weiter. Um das Bild wiederzusammenzusetzen, genügen ihm nur wenige Informationen: Umrisse, Kanten und Schnittpunkte. Allein mit ihnen vermag er die Gestalt von Objekten und deren Kategorie (Werkzeuge, Tiere, Personen) zu erkennen – kein hochkomplexer Verarbeitungsprozess, auch Primaten sind zu ihm befähigt: Wichtig sind dabei nicht nur Umrisse und Kanten, sondern vor allem auch horizontale und vertikale Linien. Und dieser Ablauf ist für ein Verständnis der Formen unserer Zeichen grundlegend.

Über den «ventralen Pfad» des Gehirns (im Occipital- und Temporallappen), auch «What Pathway» genannt, weil er der Erkennung von Formen und der Darstellung der Objekte dient, gelangen die Reize auf eine höhere Stufe, in spezialisierte Areale, die elementare geometrische Motive und nichtkomplexe Gestalten wahrnehmen. In diesen Arealen V2 und V4, weiter auf dem Weg erst im hinteren und dann im vorderen inferotemporalen Cortex, spezialisiert sich das System zunehmend auf die Erkennung komplexerer Gestalten bis hin zu Objekten in all ihren Einzelheiten und schließlich auch zu Gesichtern.

Dabei läuft der Prozess der Wahrnehmung allerdings nicht geradlinig ab, sondern über ein Vor-und-Zurück, da die Neuronen des Areals V4 und des unteren Temporalcortex mit erweiterten rezeptiven Feldern ausgestattet sind und uns dadurch die Gesamtansicht vermitteln, während uns V1 mit seinem kleineren rezeptiven Feld sämtliche Feinheiten der Details erkennen lässt. Wie bei einem Zoomobjektiv, das seinen Gegenstand näher heranholt oder wegrückt, entsteht auf die Art das Gesamtbild.

Grob vereinfacht gesagt, sorgt dieser spezialisierte Prozess für eine immer feinere und detailliertere Wahrnehmungsfähigkeit, die sich aus elementarsten Eingaben speist.

Diese kleine neuropsychologische Abschweifung geht – unglaublich – Hand in Hand mit dem, was uns die Archäologie erzählt: Schon für

Blombos, Südafrika

das Obere Paläolithikum sind Beispiele für die elementare Struktur des Prozesses der Formwahrnehmung belegt – in der Blombos-Höhle für die Zeit von vor sechzigtausend Jahren. An der Südküste des afrikanischen Kontinents, buchstäblich am anderen Ende der Welt gelegen, ist diese Fundstätte ein Füllhorn an Systemen aus komplexen Formen.

Wenden wir uns kurz zwei Funden aus dem Jahr 2002 zu. Bei beiden handelt es sich um Ockerstücke, in die ein feines Muster aus Zickzacklinien eingeritzt wurde, mit parallelen Geraden entlang der Kanten: ein eingezeichnetes Gitter oder, so man will, eine Abfolge von Rhomben *(Tafel 11)*.

Diese Funde sind keineswegs die einzigen Beispiele für eingeritzte geometrische Muster, weder in dieser Höhle (hier tauchten mindestens zehn auf) noch in ihrem Umfeld. In der Diepkloof-Höhle, ebenfalls in Südafrika, wurden fast dreihundert Bruchstücke von Straußeneierschalen mit eingeritzten geometrischen Motiven entdeckt. Wenn auch klein, zeigen auch diese Fragmente lineare, sich wiederholende, überlegt gewählte und vor allem mit großer Sorgfalt ausgeführte Ritzungen. Sie datieren aus der Zeit rund sechzigtausend Jahre vor heute.

Wir können sie ohne Vorbehalt als eine beabsichtigte grafische Gestaltung bezeichnen. Sie entstanden nicht aus einem reflexhaften Impuls heraus. Ob sich hinter ihnen ein Darstellungssystem aus Symbolen verbirgt, mit Vorläufern von Ausdrucksformen, die einer Kommunikationsabsicht dienen, ist freilich eine andere Frage, zu der wir uns nicht äußern können. Dass in diesen Ritzungen auf kognitiver Ebene schon die *Voraussetzungen* für ein komplexes grafisches System enthalten sind, ist dagegen durchaus wahrscheinlich. Und dass hier bereits die kognitiven *Mechanismen* des anatomisch modernen Gehirns in Aktion getreten sind, das mit Formen spielt, mit ihnen experimentiert und aus ihnen die Grundlagen für alles gewinnt, was wir Symbol nennen, das können wir absolut bejahen.

Die Ritzungen folgten den Regeln einer ausgewogenen Aufteilung des verfügbaren Raums auf der Oberfläche, in die sie eingebracht wurden. Aber sie zeigen auch eine gewisse Variation und setzten somit eine individuelle kreative Ausdrucksfähigkeit voraus. Eine Methode umzusetzen, die vorgibt, wie, wo und welche Zeichen eingeritzt werden sollen, und dazu Variationen und Stile zu entwickeln, sind zwei grundverschiedene Fähigkeiten, weil Letzteres komplexere kognitive Abläufe erfordert. Sie setzten ein Gehirnjogging, *Ideen* voraus. Solche spielerischen Experimente fanden in Südafrika schon vor fast hunderttausend Jahren statt, mit Gittern und elementaren Zeichen, die (vielleicht) schon Symbole und das Ergebnis eines Herumexperimentierens mit dem Abstraktionsvermögen waren.

Unglaublich, wie die Archäologie wie in einem Rückblick die Schritte zu dokumentieren scheint, die die Neurowissenschaft mit Blick auf unsere visuelle Wahrnehmung rekonstruiert hat, als sie ihre Mechanismen aufgedeckt und den Apparat seziert hat, dank dessen wir *alle* letztendlich *Zeichen* wahrnehmen. Die Ähnlichkeit zwischen den Zeichenfolgen, die wir eingangs in La Pasiega sahen, und sämtlichen paläolithischen idiomorphen Zeichen einschließlich dieser ersten Zeugnisse ist womöglich keineswegs zufällig. Es sind nicht nur die horizontal und vertikal ausgerichteten Formen, sondern auch die Anschlüsse, die elementarsten Formen, die noch keine Krümmungen aufweisen.

In der Blombos-Höhle finden wir uns gleichsam in der VI-Phase der visuellen Wahrnehmung wieder. Wir erfassen von dem, was uns umgibt, das Wesentliche, das hier als sichtbares Zeichen auf einem Ockerstück hinterlassen wurde.

Das ist keine Dichtung, sondern spiegelt die ursprüngliche Notwendigkeit wider, die Muster, die Schemen der Welt um uns herum zu erkennen, zum einzigen Zweck des Überlebens. Dabei reden wir wohlgemerkt nicht von Inhalt – über ihn können wir nichts aussagen –, sondern einzig von Form im engeren Sinne.

Dass es sich bei diesen Zeichen bereits um Symbole handelt, stößt auf keine ungeteilte Akzeptanz. Es stellt sich die Frage: Falls es tatsächlich Symbole sind, dann für was? Da sie praktisch nicht zu beantworten ist, wollen manche Gelehrte hinter ihnen nur eine «protoästhetische», nicht unbedingt symbolische Absicht, also eine ohne bestimmten Inhalt erkennen. Wer weiß, wer richtigliegt.

Wir reden hier von Zeichen. Von ihren Formen, vom kognitiven Sprung, der ihre Entstehung ermöglicht hat.

Die geometrischen Formen und die Konturen der Zeichnungen – von

Tieren und allem Übrigen sowie der «primitiven» Formen, die wir anderswo in anderen Regionen der Welt aus nachfolgenden Perioden vorfinden – bilden aller Wahrscheinlichkeit nach das Substrat, aus dem sich die Buchstaben, die Zeichen und damit *auch* die Schrift entwickelt haben, in einer für uns nicht nachvollziehbaren kontinuierlichen Entwicklung, die nicht durch direkte Weitergabe, sondern durch einen kognitiven Antrieb erfolgt ist. Sie sind das Fundament, das alles Nachfolgende stützt. Auf ihm hat die kulturelle Entwicklung in einem *harnessing* ihren Lauf genommen, also eine uranfängliche Architektur genutzt und sie ausgebaut: das kognitive Erbe aller Umrisse, Linien, Punkte, Kurven und paläolithischen Formen der Welt.

Diese bilden die Schultern des Atlas, auf denen die greifbare, sichtbare und materielle Welt der Zeichen ruht.

Australien

Furt

Nun tauchen wir die Füße ins Wasser. Der Sprung, der uns erwartet, ist ein Zufallsexperiment, das das Leben auf der Erde mit unserem Gehirn, unserer schöpferischen Fähigkeit unternommen hat. Und wäre es nicht nach dem Serendipitätsprinzip – durch Zufall oder Notwendigkeit – von der Natur unternommen worden, würde es wie ein literarischer Einfall ähnlich dem im Roman *Herr der Fliegen* (von William Golding) erscheinen.

Man nehme eine Musterpopulation der Spezies Sapiens und isoliere sie für zigtausend Jahre. Was werden die Individuen tun? Welche Schöpfungen bringen sie in ihrer vollkommenen Abschottung hervor?

Zumindest nach heutigem Kenntnisstand stammen die vom Ausgangsort am weitesten entfernten Überbleibsel des modernen Menschen, der sich von Ostafrika aus auf den Weg nach Asien gemacht hat, vom Ende seiner Wanderroute: aus Sahul.

Sahul, inzwischen auseinandergebrochen, war einst ein Kontinent, der Australien, Neuguinea und Tasmanien umfasste. Die lange Wanderung bis zu ihm gipfelte in einer Reise über das Meer. Auch wenn die einzelnen Landmassen damals verbunden waren, weil die Meeresspiegel tiefer als heute lagen, musste der Kanal überwunden werden, der Sahul vom heute untergegangenen Subkontinent Sunda (mit Java, Sumatra, Borneo und anderen heutigen Inseln) trennte – mit seinen vielen Kilometern Breite alles andere als eine bequeme Überfahrt. Diese Durchquerung war keine Bagatelle, sondern *nolens volens* die weltweit erste Migration übers Meer, erfolgt aus couragiertem Tatendrang, Unkenntnis oder Notwendigkeit auf Bambusflößen und wer weiß auf welchen seetauglichen Nussschalen. Jedenfalls war bislang noch kein Sapiens dieses Wagnis eingegangen.

Auch wenn die Datenlage unsicher, die Debatte lebhaft und das Problem ziemlich kompliziert ist, tendieren die Experten heute zur Ansicht, dass diese Ankunft schon vor fünfundsechzig- und nicht erst vor fünfzigtausend Jahren erfolgte, was bis vor Kurzem noch weitgehend Konsens war. Dafür sprechen die archäologischen Belege, die zu Tausenden vorliegen. Auch die Genetik bestätigt, dass sich die australischen Aborigines von den alten asiatischen Populationen in einer (ganz) ungefähren Zeit zwischen fünfundsiebzig- und zweiundsechzigtausend Jahren vor heute getrennt haben. Viele Indizien flüstern den Paläoanthropologen ins Ohr, dass ihre Zeittafel zu einem früheren Zeitpunkt ansetzen muss.

Sehen wir uns die archäologischen Belege an: Im Sandstein-Abri von Madjedbebe im Kakadu-Nationalpark bei Jabiru in Nordaustralien tauchten jüngst Mahlsteine für Körner sowie sorgfältig bearbeitete Spitzen in rauen Mengen auf. Der spektakulärste Fund waren gewaltige Massen an Ockerstücken und Fragmenten aus Silikaten, die zweifellos als Vorläufer unserer Pastellfarben dienten: reflektierende Pigmente für leuchtende, brillante Farben zum Zeichnen.

Die Frage drängt sich auf: Haben sich die Neuaustralier der ersten Stunde gleich nach ihrer Ankunft darangemacht, Zeichnungen anzufertigen? Wir wissen es nicht, weil aus dieser Zeit keine Bilder erhalten sind. Aber indirekte Hinweise sprechen dafür, denn die Zutaten für das Rezept waren allesamt schon gebrauchsfertig verfügbar: die Werkzeuge und die technischen Innovationen, um Zeichen zu erschaffen, Bilder zu malen.

Wenn auch nur durch Deduktion, stellt dies die vorangegangene Überzeugung auf den Kopf, wonach es Europa «als Erstes so weit gebracht» habe, während das abgelegene und periphere Australien in seiner völligen Abgeschiedenheit das Schlusslicht, nur ein Nebenschauplatz der Entwicklung gewesen sei. Dagegen waren die Protoaustralier ebenso sehr wie die modernen Menschen anderswo Innovatoren, die kognitive Strategien angehäuft und sich zu eigen gemacht hatten, um praktische Probleme zu lösen und sich ebenfalls durch Symbole auszudrücken. Und dies über Generationen hinweg, seit ihrem Aufbruch zu einem neuen Kontinent und auch nach Erreichen ihres Ziels – und vielleicht in zeitlichen Abläufen und auf Arten ganz ähnlich denen in der Blombos- oder der Diepkloof-Höhle in Südafrika. Und wie an anderen Orten in Australien oder anderswo, die dereinst noch zum Vorschein kommen werden.

Wespennester

In über hunderttausend australischen Fundstätten kamen Zeichen, Zeichnungen, Ritzungen, Handabdrücke, Symbole und Embleme zum Vorschein – das geballte Ergebnis dieses Experiments der kulturellen Segregation, das über Hunderte von Generationen lief.

Dazu zählen Darstellungen des ausgestorbenen Tasmanischen Tigers, die in Malereien auf den Inseln des westaustralischen Dampier-Archipels erhalten blieben.

In Arnhemland, im Norden des Kontinents, haben sich Bildergalerien aus «Maliwawa-Figuren» erhalten, mit Fischen (mit einer Spezies ohne Magen, dem sogenannten *longtom*), Schlangen und zahlreichen Beuteltieren (wunderschönen Kängurus und Wallabys sowie vielen ausgestorbenen Arten).

Große, scharf umrissene Figuren wurden fast mit einem anatomischen oder biologischen Blick und mit chirurgischer Präzision erschaffen, in einem ganz eigenen, noch zu untersuchenden Stil und mit einer Datierung, die erst noch kalibriert werden muss (vielleicht schon vor neuntausend Jahren, wer weiß).

Dazu die Bilder der – zusätzlich auch nach ihrem Entdecker Bradshaw benannten – Gwion-Gwion-Felsmalerei in der Region Kimberley: menschliche, scheinbar in der Luft schwebende Silhouetten, die – laufend, jagend oder tanzend dargestellt – innen voll ausgemalt und keineswegs flüchtig skizziert wurden. Fein gekleidet, elegant und zart gestaltet, stammen sie wohl aus einer Zeit von vor zwölftausend Jahren (wie gesagt, erst noch zu kalibrieren). Malereien mit sogenannten Wondjina, Wolken- und Regengeistern, finden sich in Donkey Ridge und am Barnett River, ebenfalls in Kimberley. Scharenweise Zeichnungen in zahlreichen Farben, manche bis zum Verschwinden ausgebleicht, aber dadurch ätherisch und transparent geworden, andere mit klarer und sicherer Hand skizziert, mit Köpfen, die wie Glorienscheine anmuten, ohne Mund und mit großen angsterfüllten Augen – skelettartige Gespenster. Was fehlt, ist nur noch die Sprechblase mit der lapidaren Ermahnung, der Natur Respekt zu zollen, weil sie die Herrschaft hat, so wie es die heutigen Aborigines sehen, die diesen Darstellungen mit großer Ehrfurcht begegnen *(Tafel 12)*.

Ich breche die Auflistung ab: Köpfe mit Fakten vollzustopfen, vermittelt nicht die richtige Vorstellung. Aber gesagt werden muss, liebes Europa, dass die australischen Figuren dieser langen Periode ein Kulturerbe sind, dessen wir uns allmählich bewusst werden müssen. Wenn die Datierungen nur einfacher wären. Und die Entstehungszeiten sind das eigentliche Problem.

Anstatt von Vermutungen gehen wir also besser von soliden Fakten und vom Anfang aus, also von den ältesten Figuren, die gesichert datiert werden konnten.

Es erscheint fast wie ein Stereotyp, ein wiederkehrender Gag oder ein literarischer Topos, welches Motiv in der ältesten bekannten Zeichnung Australiens verewigt ist – ähnlich wie bei der Surf-Petroglyphe auf den Hawaii-Inseln, von der demnächst die Rede ist. Es mutet wie ein archäologischer oder semiologischer Witz an, und wahrscheinlich ahnen Sie es schon: Das mit einer Bauchtasche ausgestattete flinke Wappentier des Kontinents, das *kangaroo*. Springen wir wie dieses Beuteltier an die Fundstätte, an der wir die älteste Darstellung eines Kängurus mit offiziell bestätigter Datierung betrachten können.

Australien

Die Abris mit den Felsgalerien in der bereits erwähnten Region Kimberley in Ostaustralien sind voll von gemalten Figuren, die über Jahrtausende entstanden. Das Känguru findet sich auf dem stark abgeschrägten Deckenbereich eines Abris in der Nähe des Flusses Drysdale unweit der Nordküste zum Indischen Ozean – im typischen Stil der sogenannten «naturalistischen Periode», mit unregelmäßigen Farbaufträgen im Inneren (daher auch als *Irregular Infill Animal Period* bezeichnet), was in gewisser Hinsicht an die «Maliwawa-Figuren» erinnert. Mit seiner Größe von rund zwei Metern ist unser Protokänguru durchaus kein Jungtier mehr. Im Gegenteil handelt es sich vielmehr um einen Methusalem, mit einem Alter zwischen 17 500 und 17 100 Jahren, sehr wahrscheinlich von 17 300 Jahren.

Bis hierher alles gut. Aber was haben die in der Überschrift dieses Unterkapitels genannten Wespennester damit zu tun? Fachlich ist es ein echter Geniestreich, der da dem Forscher Damien Finch von der Universität Melbourne gelang. Finch waren die Reste einiger Nester von Grabwespen aufgefallen, die über und unter der bemalten Schicht in die Wand eingelagert waren. Und diese Reste ließen sich dank der Radiokarbonmethode datieren und die Malereien damit zeitlich genau einordnen. Grabwespen fangen Beute wie Raupen oder Spinnen und schließen sie zur Brutpflege mit ihren abgelegten Eiern in ihren Nestern ein. Damit lagern sie zwangsläufig und – in unserem Fall zum Glück – auch organisches Material mit ein. Und die Reste dieses Materials sind die Quelle der Datierung. Ein Geniestreich, wie gesagt. Insgesamt datierte die Forschungsgruppe die Reste von siebenundzwanzig Nestern, von denen sie Proben aus sechzehn Malereien entnommen hatten. Kein schlechtes Ergebnis bei «Kunstwespennestern».

Alle australischen Darstellungen bergen allerdings noch ein Wespennest der metaphorischen Art. Je eingehender sie analysiert werden, desto deutlicher wird, wie viel Arbeit noch ansteht, wie viel es zu ergänzen, zu verfeinern, noch zu entdecken, aufzustöbern und zu interpretieren gibt. Wie viele Teile noch fehlen, um die Phasen in einen Zusammenhang zu stellen und Anfänge zu erkennen. Die Darstellung des Kängurus ähnelt ziemlich stark Figuren, die wir auf Sulawesi in Indonesien finden, aus einer Zeit von vor fünfundvierzigtausend Jahren, die ältesten jemals entdeckten der Welt.

Dabei ragen die Figur eines Warzenschweins, einer endemischen Art in Indonesien und auf den Philippinen, und Darstellungen weiterer Tiere wie dem Anoa heraus, dem auf Sulawesi endemischen Büffel, sowie halb menschliche Figuren, von denen eine mit einem Schwanz und eine andere mit einem Vogelkopf versehen ist. Und diese Anoas sind ebenfalls lebensgroß und dominieren in Rot farbenprächtig und lebendig das Geschehen.

Wie das australische Känguru.

Obwohl die Fundstätten weit über tausend Kilometer auseinanderliegen, ähneln sich die Stile dieser beiden Darstellungen rätselhafter- und unerklärlicherweise sehr deutlich: naturalistisch, mit unregelmäßigen Stichen innerhalb der Umrisse der Tiere (*«irregular infill animal»*) und lebensgroß. Ich mag mich täuschen, aber die Vorlieben bei der Linienführung und beim Thema dieser beiden Figuren sprechen eine ganz ähnliche «Sprache».

Es ist ein echtes Wespennest, nachvollziehen zu wollen, wie diese Ähnlichkeit möglich war. Aber die jeweiligen Züge scheinen aus derselben Quelle, der gleichen Vergangenheit und Entwicklung zu stammen. Zu viele Teile fehlen uns, das Puzzle ist voller Lücken. Aber die Ähnlichkeit ist da. Und der Gedanke, dass es gemeinsame Wurzeln gibt, drängt sich unwiderstehlich auf. Wie erklären wir das?

Plus ça change

Vielleicht muss man im Großen denken. Der Weg, den die zu diesen Bildern führende Entwicklung hinter sich gebracht hat, die Richtung, das dahinterstehende geistige Streben ist nicht nur der geografische, der mühsame, langsame und in Etappen erfolgte Durchmarsch durch Asien mit dem abschließenden Sprung über das Meer an die Küste Australiens. Dieser Weg ist zunächst einmal einer der Neuronen.

Die heutige Region Kimberley musste für die zugewanderten Männer und Frauen die erste Anlaufstelle gewesen sein. Wir haben keine Belege dafür, dass sie sofort zu zeichnen begannen, auch wenn alle äußeren Indizien darauf hindeuten, mit dem Gebrumm des Wespennests. Ob gar Australien die Wiege der ersten Bilder des Menschen war, dies zu sagen, steht uns und vor allem mir nicht zu. Aber vielleicht ist diese als neu empfundene Welt weniger neu, als wir meinen.

Die Geschichte des Experiments der kulturellen Segregation lehrt uns vieles. Sie sagt uns, dass unser Gehirn immer dieselben Mechanismen nutzte, um die Welt wahrzunehmen, um auszuwählen, welche bildhaften Zeichen dargestellt werden sollen, um eine bestimmte Art der Kommunikation zu finden und Botschaften auszusenden. Die australischen Bilder, ob uralt oder jüngeren Datums, umfassen ebenfalls Handabdrücke, zeugen auch von einer Vorliebe für die Fauna, fürs Abbilden großer prachtvoller Tiere und stilisierter menschlicher Figuren. Jede Zone der Welt hat ihre Vorlieben, aber die ikonischen Zeichen, die Embleme, die Wiederholungen, die Entwicklung von Codes sind in ihrer lokalen Vielfalt alle Ausdruck des kognitiven Sprungs, der dazu geführt hat, mit einer Erfindung auf einer Fläche, in zwei Dimensionen, etwas abzubilden, das es im Hier und Jetzt, *hic et nunc,* nicht gibt.

Auch in Australien finden sich geometrische Zeichen, allerdings weniger, gemessen an der überbordenden Fülle an bildhaften Darstellungen. Aber der Weg zur Abstraktion ist belegt: von Handnegativèn hin zu Spiralen, Gittern, Kreuzen und Pünktchen.

Unser tätiges Gehirn seit dem Oberen Paläolithikum ist auch für diese isolierte Welt belegt, mit den gleichen Reizreaktionen auf die Gestalten der Objekte vor unseren Augen, mit den gleichen, einfachen oder hochkomplexen Neuronen, die feuernd in Aktion treten. Und die schöpferisch tätig sind. Das sind immer noch wir Menschen, in früherer wie späterer Zeit. Je mehr wir uns verändern, desto mehr bleiben wir uns gleich: Gehirn, Bilder, Zeichen.

Plus ça change, plus on reste le même.

DER SPRUNG NACH VORN

Der Philosoph saß auf der Wiese.
Er sagte:
«Die Zeichen bilden eine Sprache,
aber nicht die,
die du zu kennen glaubst.»
Ich begriff, dass ich mich von
den Bildern
befreien musste, die mir bisher
die gesuchten Dinge angekündigt
hatten.

Italo Calvino, Die unsichtbaren Städte

Zeichen

Lügen

Machen wir uns für einen Augenblick von den Bildern und Malereien frei, werfen wir sie aus dem Haus, auch wenn sie durch die Hintertür schon bald und wieder hereinkommen werden.

Bislang habe ich das Wort «Zeichen» absolut frei für alles gebraucht, was keine Zeichnung ist, beginnend mit den ältesten Darstellungen des Paläolithikums. Jetzt werden die Dinge komplizierter, denn wir verlassen den definierten und umgrenzten Bereich (zumindest nach der Standarddefinition) der Bilder und treten ins Chaos des «Zeichens» ein. Zeichen können alles sein, von Glyphen über Graffiti, Wörter und Zahlen bis zu Malereien und noch sehr viel mehr. Idiomorphe Zeichen, Piktogramme, Embleme, Symbole ... Hier betreten wir Treibsand, weil sich die Bedeutungsbereiche häufig überschneiden und ebenso häufig subjektiv gewählt werden.

Es wird ab jetzt also noch schwieriger, Definitionen zu liefern. Und es steht mir auch nicht zu, eine zu verordnen, denn die Definitionen für Schrift und alles, was sich um sie dreht (abstrakte Zeichen eingeschlossen), sind vermintes Gebiet. Noch schwieriger ist der Umgang mit dem Zeichen, wenn es nicht in seliger Einsamkeit, sondern als Teil eines Systems auftritt, sich also mit seinesgleichen zusammenschließt und mit ihnen verbindet. Gibt es einen kohärenten Sinn? Sind es Codes?

Gute Frage.

Ich möchte nicht mit einem Aufsatz über Semiotik langweilen – das überlasse ich gerne anderen – und beschränke mich auf zwei Hinweise zu dem, was wir in diesem Abschnitt behandeln. Wir werden inmitten von Zeichen schwimmen, die auf die Zeit nach dem Paläolithikum und bis ins Neolithikum hinein datierbar sind, und nehmen dabei ein schönes Bad in der Abstraktion. Wie Augustinus – der wohl erste Lehrmeister der

Semiotik noch vor Entstehung des Begriffs – sagte, sind Zeichen etwas, das auf etwas anderes verweist, etwas, das für etwas anderes «steht». Er unterteilt sie in natürliche und künstliche Zeichen, von denen die Erstgenannten nicht vom Menschen erschaffen worden seien: die Wolke, die für Regen steht, die Flammen, die auf eine Feuersbrunst verweisen, die Pünktchen auf der Haut, die auf Masern hindeuten, und so weiter. Die Zweitgenannten seien dagegen vom Menschen erschaffen und somit durch Absicht entstanden. Worauf es ankommt, ist die Beziehung, die das Zeichen zu dem Objekt hat, für das es steht. In der von Charles Sanders Peirce begründeten modernen Semiotik stellt sich die Problematik komplexer dar. Ein Zeichen kann direkt auf etwas verweisen. So ist zum Beispiel ein Porträt das *Ikon* einer Person oder eines absichtsvoll dargestellten Objekts. Die Beziehung ist somit festgelegt und mitnichten arbiträr. Aber ein Zeichen kann auch mit Blick auf etwas evokativ und relational und damit der *Index* einer konventionellen und vermittelten Beziehung sein (eine Flamme, die für einen Brand, oder ein Fußabdruck, der für einen Fuß steht). Dagegen kann das Zeichen als *Symbol* fungieren, wenn die Beziehung zwischen Zeichen und Objekt völlig arbiträr und auf höchster Stufe über einen Code vermittelt ist (das Stoppschild der Straßenverkehrsordnung, das Ausrufezeichen für «Achtung: Gefahr»). Wenn auch aufs Wesentliche vereinfacht, funktionieren nach diesen Grundprinzipien alle Zeichen.

Manche, wie Umberto Eco, sehen eine Arbitrarität auch in der Definition des Ikons, weil jedes Zeichen mit dem Auge dessen interpretiert werde, der es sieht: Ingres' Gemälde des gekrönten und mit Insignien behangenen Napoleon zum Beispiel wird auf ganz unterschiedliche Weise gedeutet, je nachdem, ob es von mir (Italienerin, Frau, Fortschrittsgesinnte des 21. Jahrhunderts) oder von einem Kritiker des Pariser Salons von 1806 betrachtet wird, der den von Karl dem Großen inspirierten Größenwahn in den Details sehr gut und besser als ich zu erkennen vermochte. Kurzum, jeder betrachtet die Welt mit eigenen Augen, wobei die Hauptrolle der Code spielt, der die Perspektive, den Filter und den Zusammenhang vorgibt. Der Blickpunkt verändert zwangsläufig die Bedeutung des Zeichens.

Zeichen sind Lügner, sie führen uns in die Irre. Die gesamte Semiotik ist – zumindest für Eco – eine einzige Theorie der Lüge. Es ist, als bestünde ein labiles Gleichgewicht zwischen dem Werk (dem Zeichen) und der Initiative seines Interpreten. Alles oszilliert, und diese Oszillation ist nicht nur unauslöschlich, jedes Zeichen verweist uns auch an ein anderes Zeichen, das uns an ein weiteres Zeichen verweist, das uns wieder an ein Zeichen verweist, so wie die Schlagwörter in einem Lexikon, die uns mit Pfeilen endlos zu immer neuen Schlagwörtern führen.

Diese Ketten von Betrachtungen und Deutungen sind schwach, weil sie nicht an solide und festgefügte Fakten, sondern nur an die Oszillationen zwischen Zeichen und deren Bedeutungen gebunden sind. In diesem Treibsand liegt allerdings der besondere Reiz. Wie gerade Eco sagen würde, hat der Mensch die Fähigkeit, sich Dinge auszudenken, die es nicht gibt, «der Absenz Präsenz zu verschaffen»: die Irrealität zu denken, sie sich vorzustellen. Dies rückt unmittelbar, ohne einen Code zu vermuten und auf Deutungen zurückzugreifen, eine einzige Wahrheit ins Licht: Wir besitzen die klare, mächtige und unübertreffliche Fähigkeit, Geschichten zu erschaffen.

Polymorphe

Schauen wir uns also die Geschichten an, die aus den Zeichen des Neolithikums bestehen. Die Fähigkeit, Erzählungen zu kreieren, ist ein wahrhafter Sprung nach vorn: Die Szenen werden komplex, die Zeichen artikulieren sich, werden kombiniert, erweitert, miteinander verbunden und auf neue Art orchestriert, und dies auf weitaus vielfältigere und unterschiedlichere Arten als die Zeichnungen des Paläolithikums, die trotz aller Unterschiede eine deutlich geringere Vielfalt aufweisen.

Vor allem ab 10 000 v. Chr., aber auch schon einige Jahrtausende früher präsentiert sich die Steinzeit in einem deutlich farbigeren Gewand. Wir reisen nach Afrika, mitten in die Sahara und in eine Zeit, als sie noch keine Wüste war. Wir überschreiten ihre Grenzen, um auf die andere Seite, hinter die Sinaihalbinsel, nach Jordanien in einen weiteren Ozean aus Sand zu gelangen. Danach lassen wir die Wüste hinter uns, begeben uns mit einem Satz auf den amerikanischen Kontinent an einen See und segeln daraufhin fröhlich durch den Pazifik zu den Hawaii-Inseln. Und mit einem grandiosen abschließenden Sprung beamen wir uns ins heimische Europa zurück, aufs Festland, um nach den Ursprüngen der Zeichen in Italien zu suchen.

Wir werden auf Piktogramme, Petroglyphen und Embleme aus der Frühzeit des Neolithikums stoßen, dabei aber auch nach den Fäden suchen, die sie mit der vorangegangenen Zeit verbinden.

Wir bewegen uns in Richtung Schrift, streifen sie aber so gut wie gar nicht, weil wir überraschende Orte entdecken, in denen niemals eine Schrift erfunden wurde, jedenfalls nicht von null an, nicht aus dem Nichts. Und doch können die Zeichen, die wir sehen, auch ohne System von den Absenzen erzählen, von denen Umberto Eco spricht. Sie verraten uns, dass Reales dargestellt und Irreales aus dem Nichts heraus erschaffen wurde. Obwohl es sich bei diesen Darstellungen nicht um Schrift handelt, verdienen sie die Bezeichnung Erfindungen. Höchst unterschiedlich und an weit auseinanderliegenden Orten entstanden, wurden sie vom menschlichen Geist kreiert, der sich dabei universeller Mechanismen bediente. Sie sind reine Lügen – na und? –, stecken aber wie alle gelungenen Lügen voller Fantasie.

Ehe wir aufbrechen, einige Hinweise zur Terminologie: Petroglyphen und Piktogramme, Embleme und Ikone sind ganz verschiedene Dinge, bei denen es nicht immer einfach ist, ihre Funktionsweise in direkter Verbindung zueinander nachzuvollziehen. Im Gegenteil.

Petroglyphen sind Zeichen, die durch Ritzen, Schaben oder Schleifen in eine Felsoberfläche eingearbeitet worden sind. Piktogramme entstehen dagegen durch den Auftrag von Pigmenten in verschiedenen Farben. Beide Arten von Zeichen können sowohl gegenständlich als auch geometrisch, mit Blick auf den Betrachter also sowohl ikonisch (die gegenständlichen) als auch idiomorph (die geometrischen) sein.

Unter Emblemen verstehen wir Zeichen, die auf Personen oder Gruppen verweisen. Sie stehen für einen Clan, ein Totem, eine Abstammung oder Ähnliches. Dabei ist wichtig: Auch die Ausschilderung auf Flughäfen und an Straßen oder das Logo einer Marke gehört in die Kategorie «Emblem». Das wesentliche Merkmal dieser Zeichen besteht darin, dass sie nicht von einer bestimmten Sprache abhängen (also für Sprecher jeder Sprache «lesbar» sind) und ihre Funktion begrenzt ist (sie also nur diesem einen und keinem anderen Zweck dienen).

Die Ikone, die Peirce als klar zuordenbare Darstellungen von etwas ansieht, sind dagegen vermintes Gebiet, denn ihre Ausdrucksweise könnte komplizierter sein, als es die Kategorisierung «Ähnlichkeit» nahelegt. Ich muss nur auf die Icons auf dem Computerbildschirm blicken, den ich gerade nutze, um mir selbst deutlich zu machen, in welchen Abstufungen eine grafische Abstraktion erfolgen kann. Ikone können beispielhaft anhand eines Gegenstands auf eine Handlung verweisen (das Icon «Papierkorb» steht für «wegwerfen/löschen»), auf einer höheren Abstraktionsstufe zu einem Symbol werden (das Icon «angebissener Apfel» steht für Apple) und auch total abstrakt und arbiträr gewählt sein (das Apple-Icon ⌘ – möglicherweise eine Anleihe bei einem schwedischen Straßenschild – könnte für ein vierblättriges Kleeblatt oder eine Burg stehen, bezeichnet in diesem Zusammenhang aber die Befehlstaste *command*).

Für uns, die nach den Symbolen auf der Welt suchen, sind diese Verhältnisse keineswegs rosig: Wir tun uns schwer mit ihnen, denn der Bezug zu dem, was bezeichnet werden soll, wurde wie bei den Computer-Icons zu einer bestimmten Zeit arbiträr gewählt und hängt von Entscheidungen ab, über die wir nichts wissen. Die Regeln müssen erlernt werden, weil sie kulturell vermittelt und durch den Filter der Konventionen des Augenblicks, des historischen Zeitpunkts der Erfindung und des Kontextes gegangen sind.

Die Buchstaben des Alphabets sind ein gutes Beispiel für solche extrem schematisch gewordene Ikone, weil sie in ihrer heutigen Gestalt, mit der sie in der Schule erlernt werden, keinerlei Bezug mehr zu dem haben, was sie ursprünglich darstellten. Am Anfang ihrer Entwicklung sahen sie dagegen noch anders aus. Das *a* war ursprünglich der Form eines Stierkopfs, das *b* der eines Hauses nachempfunden. Sie waren Abbildungen von «Dingen». Wüssten wir es nicht, hätten wir ihre Entwicklung nicht hartnäckig über die Jahrtausende zurückverfolgt, kämen wir nicht im Entferntesten auf diesen Gedanken. In diesem *mare magnum* werden wir schwimmen. Doch zunächst gehen wir zu Fuß, aber durch ein Meer, ja einen Ozean aus Sand.

Zeichen

WÜSTEN

Sahara

Wasser

Begeben wir uns an eine Stätte an der Grenze zwischen Algerien und Libyen. Aber nur im übertragenen Sinn, denn sie zählt nicht zu den Touristenzielen und ist eher schwer erreichbar für gewöhnlich Sterbliche, die aus Neugierde auf Ikone die dortigen Sanddünen und Felsen durchwandern wollen. Wir können uns leider nur in der Fantasie in diese Gefilde begeben, und nicht nur das: Obwohl sich diese Wüste über mehr als neun Millionen Quadratmeter ausdehnt und damit die größte Trockenwüste der Welt ist, müssen wir uns hier eine völlig andere Umgebung vorstellen. In unserer Fantasie müssen wir die einförmigen Weiten des goldgelben Sandes durch üppiges Savannengrün ersetzen, das zwischen blauen Seen, Flüssen und Wasserlöchern sprießt.

Das ist ein beachtlicher imaginativer Kraftakt für diejenigen, die an den Rändern dieser Wüste, in besser erschlossenen Zonen für den Tourismus, schon einmal herumgereist sind, womöglich auf dem Rücken eines streng riechenden Kamels, wie es so viele tun: Verloren im Sand und in der Gluthitze, die einem den Atem raubt, die Nasenlöcher verstopft und die Augen tränen lässt, würde man zuallerletzt daran denken, dass sich hier dereinst eine Oase in der Größe eines Kontinents ausgebreitet hat, prall, wasserreich und wimmelnd vor Leben: mit Giraffen, Zebras, Gazellen, Antilopen, Nashörnern, Elefanten, Löwen, Hyänen, Geiern und Schakalen, bestanden von Bäumen wie Baobabs oder Schirmakazien. Und überall Gras: immens und grenzenlos grün. Kein Gegensatz könnte größer sein zu dieser bernsteinfarbenen Ausdehnung, die sich heute bis an den Horizont erstreckt. Um die Sahara grün zu sehen, müssen wir sehr weit in die Vergangenheit zurückspringen, das Filmband der Menschheitsgeschichte um über zehntausend Jahre zurückspulen.

Um die damalige Savanne im Geiste wiedererstehen zu lassen, helfen neben der Fantasie, mit der man sich stets wappnen sollte, die Überbleibsel, die von der feuchten Periode in Afrika erzählen, als die Menschen in der Sahara noch Fische fingen, badeten und Boot fuhren,[1] jagten und sammelten sowie Rinder und Ziegen hüteten.

Belegt ist dieses ganze Leben am Wasser durch geologische Ablagerungen, ausgetrocknete Flussläufe (sogenannten «Wadis»), manche Ortsnamen wie Tassili n'Ajjer («Hochebene der Flüsse») – auf diese kommen wir später noch –, zahlreiche Artefakte, die, wie lanzenförmige Harpunen, dem Fischfang dienten, sowie durch Töpferware, die mit Wellenlinien verziert ist (die sogenannte *Wavy-Line-Keramik*). Das Leben der Sahara-Bewohner war eng mit großen Seen, Flüssen und Sümpfen verbunden. Mit Wasser.

Vieles erzählt uns von der feuchten Periode Afrikas, von ihren komplexen kulturellen Verhältnissen, vom sogenannten Aqualithikum (entsprechend zu «Neolithikum» gebildet). Aber kein Reiseführer gibt über diese Ära sachkundiger Auskunft als die Tausende von Bildern, die in die Felsen zwischen diesen Dünen eingraviert sind. Dank ihrer können wir die klimatischen Veränderungen, das erdgeschichtliche Leben rekonstruieren, von den ausgestorbenen bis zu den dort später aufgetauchten Tierarten. Sie dienen uns als Wegbegleiter: die Petroglyphen und die Piktogramme.

Büffel

Nun, da wir uns von diesem sattgrünen Paradiesgarten eine erste Vorstellung gemacht haben, besuchen wir der Würze halber die ersten Personen aus der Zeit von vor zwölftausend Jahren. Sie sind durchweg in Petroglyphen verewigt, mit Einritzungen, die inzwischen durch Oxidation und

---

[1] Eines der ältesten jemals entdeckten Boote, ein Kanu, datiert auf die Zeit von vor achttausendfünfhundert Jahren, tauchte im Hinterland Nigerias in fünf Metern Tiefe in einem ausgetrockneten Flussbett auf.

Verwitterung stark nachgedunkelt sind. Schon ihre Färbungen geben uns Anhaltspunkte für ihre Datierung (je dunkler, desto älter), die allerdings gar nicht so einfach ist. Die zeitliche Einordnung ist Gegenstand erbitterter Streitigkeiten und gestaltet sich entschieden kompliziert. Sie beruht auf verschiedenen Faktoren und Strategien wie dem Stil und den dargestellten Motiven, der glänzenden Patina, die sich im Freien auf der Felsoberfläche und in den Ritzungen absetzt, der Überlagerung von Zeichen und, soweit möglich, auch auf rein naturwissenschaftlichen Methoden: auf der Optisch Stimulierten Lumineszenz-Datierung (OLS), die uns verrät, wie viel Zeit vergangen ist, seitdem ein Sediment zum letzten Mal der Sonne ausgesetzt war, oder der Beschleuniger-Massenspektrometrie (AMS). Aber vertiefen wir uns nicht zu sehr in die fachlichen Details, sonst verirren wir uns noch.

Der Punkt ist, dass die Datierungen mit besonderer Vorsicht zu behandeln sind und dass sich unsere Sicht von diesen langen Zeiträumen zusehends verändert. Dies verdeutlichen zum Beispiel einige Figuren in Qurta in Ägypten, unweit des Nils (aber noch in der Sahara), die kürzlich auf ein Alter von rund fünfzehntausend Jahren umdatiert wurden. Dies gilt nun als ihr Mindestalter, was bedeutet, dass wir den Zeitpunkt ihrer Entstehung möglicherweise um weitere drei- oder viertausend Jahre rückverlegen müssen.

Diese wunderschönen Figuren sind die (bislang) ältesten Nordafrikas: ein ungeordnetes Nebeneinander von vier Meter langen Auerochsen, eingraviert von sicherer Hand. Sie erinnern an die Tieraufmärsche in den Höhlen des Magdalénien in Frankreich. Dass so alte Figuren auch in Afrika und nicht nur in Europa auftauchen, überrascht nicht. Aber die Datierungen dieser Petroglyphen präsentieren sich in einem Durcheinander wie die Auerochsen von Qurta, sodass es hier einer systematischen Verfeinerung bedarf, um dieser göttlichen Entdeckung einen würdigen Platz in der Chronologie zuzuweisen. Ich wage zu behaupten, dass die Entstehungszeiten nicht nur unsystematisch erstellt wurden, sondern auch, zumindest in einigen Fällen, zu spät angesetzt sind. Je öfter ich diese Bilder betrachte, desto mehr mache ich mich auf Überraschungen gefasst.

Reisen wir weiter nach Westen. Wir befinden uns in einer Zone der

Sahara im Grenzbereich zwischen dem heutigen Algerien und Libyen, dem erwähnten Nationalpark Tassili n'Ajjer. Allein hier sind fünfzehntausend Felsbilder konzentriert – und diese Zahl nenne ich im Wissen, dass die Dünen, während ich dies schreibe, weitere verbergen, die der Wind dereinst zum Vorschein bringen wird.

Bis zu den Sechzigerjahren des vergangenen Jahrhunderts lagen in den felsigen Schlupfwinkeln dieses Parks neolithische Objekte in Hülle und Fülle verborgen, Keramiken, steinerne Pfeilspitzen, Perlen, Schmuck und Behälter jeder Art. Heute wartet dort ein einsamer Canyon mit einer Vielfalt an gezeichneten Tieren auf, die von den Felsen herabschauen, als wüssten sie, dass sie beobachtet werden.

Im nördlichen Teil von Tassili, in Oued Djerat, empfangen uns auf dreißig Quadratkilometern Elefanten, Nashörner, Flusspferde, Giraffen und zahlreiche Darstellungen aus der «Bubaluszeit», einer Periode, die nach *Bubalus antiquus* benannt ist, einer ausgestorbenen Büffelart mit riesigen, nach unten gebogenen halbmondförmigen Hörnern *(Tafel 13)*. Diese Art Wasserbüffel war größer als die heutigen Büffel und überlebte gerade lange genug, um vor dem Aussterben noch in Fels verewigt zu werden. Wir sehen auch zahlreiche abstrakte Zeichen, viele Spiralen, die das Fell dieser gewaltigen prähistorischen Tiere überziehen, als besiegelten sie – in einer Ehrung oder Verdammung – deren Ende.

Figuren dieser archaischen Zeit sind sehr naturgetreu dargestellt, beginnend mit den herrlichen Felsgravuren von Dabous im nordöstlichen Niger, die wohl aus der Zeit von vor acht- oder neuntausend Jahren stammen *(Tafel 14)*. Auch bei ihnen erweist sich eine präzise Datierung als schwierig, aber der Stil verweist auf die Bubaluszeit, mit seinen tiefen und fein gravierten Linien, den Flecken der Giraffen, die, wie große Mosaiksteine wirkend, mit Liebe zum Detail in ihr Fell eingraviert sind.

Die größere der beiden Giraffen ist 5,4 Meter hoch und nur von einem erhöhten Standort aus in voller Gestalt gut sichtbar. Beeindruckend, wenn man bedenkt, dass alle diese gelungenen Details aus unmittelbarer Nähe und ohne die Möglichkeit eingearbeitet wurden, sich mühelos einen Blick auf die Gesamtkomposition zu verschaffen. Im Umfeld finden sich achthundert sehr kleine, zierliche Figuren, hauptsächlich von Tieren, wenige von Menschen, und einige Tifinagh-Inschriften, die in späterer Zeit hinzukamen.²

Alle kleinen Figuren im Umfeld der Giraffen sind für uns aufschlussreich, bilden sie doch die kognitive Grundwürze, die Basis jeder Entwicklung eines Codierungssystems. In Wiederholung auftauchend, symbolhaft und häufig (aber nicht immer) abstrakt, begleiten sie die großen, hoch aufragenden Figuren, die wie ikonische Zeichen wirken. Hinter den beiden Giraffen steht kurzum ein multimodales, mehrschichtiges Kommunikationssystem, das in einzelnen Stufen entstanden ist. Eine Erzählung in einer Zeitkapsel.

Davon ist weiter hinten noch die Rede. Kehren wir für den Augenblick zu den Bildern zurück. Wenn Menschen in diesen Ritzzeichnungen auftauchen, sind sie gewöhnlich klein und zumeist mit Waffen oder Werkzeugen für die Jagd oder zur Verteidigung dargestellt. Aber es sind nicht einfach Jagdszenen, die das *mors tua mea vita* abbilden. Häufig wirken diese Darstellungen wie ein Tanz zwischen Mensch und Tier, in einer seltsam spirituellen Atmosphäre, mit Jägern, die gehörnte oder hundsköpfige Masken tragen wie der sogenannte «Garamantische Apoll»,³ der in der Libyschen Wüste im Wadi Tilizzaghen entdeckt wurde, mit zwei entsprechend gewandeten und maskierten Männern, die einem abgemagerten Rind nachstellen.

Auch wenn ich das abgenutzte Wort «Religion» – fast schon ein Tabu – nicht überbeanspruchen möchte, scheinen hier Tanz und Jagd miteinander zu verschmelzen, und was hier als würdig befunden wurde, in Stein verewigt zu werden, war nicht diese Notwendigkeit fürs Überleben,

---

2 Tifinagh, auch «Lybisch-berberische Schrift» genannt, ist ein in Nordafrika heute noch gebräuchliches Schriftsystem. Es geht natürlich nicht auf eine so frühe Zeit wie die neolithischen Gravuren zurück. Die ältesten Tifinagh-Inschriften stammen aus dem 3. Jahrhundert v. Chr., während die letzten im 3. Jahrhundert n. Chr. entstanden. Eine «Neo-Variante» wird bis heute zur Verschriftung der Tuareg-Sprachen verwendet.
3 Nach Herodot waren die Garamanten Bewohner Ostlibyens. Die Bezeichnung «Garamantischer Appoll» stammt von dem deutschen Afrikaforscher Heinrich Barth aus dem 19. Jahrhundert.

sondern vielmehr die erhabene, höhere Bedeutung dieser Beziehung. Ohne andeuten zu wollen, dass hier eine historische Kontinuität besteht, unterscheidet sich dieser Geist, diese erzählerische Atmosphäre gar nicht so sehr von den verklärenden Bildern in den paläolithischen Höhlen in Frankreich oder im spanischen Kantabrien, vom «Zauberer» und der «Venus» der Chauvet-Höhle oder dem stilisierten Männchen in der Höhle von Lascaux. Es ist das gleiche Fundament, das gleiche kulturelle Gepäck, prall gefüllt mit Geschichten von Magie, mit Übertragungen und Überlagerungen. Und auch die Auerochsen von Qurta oder die Tiergestalten in der Höhle Pech Merle sind gleichsam die Fäden und Umrisse, welche die Bilder unserer Phantasie miteinander verbinden, selbst wenn sie aus unglaublich verschiedenen Völkern, Lebensräumen und Ideenwelten stammen. Nochmals: Es handelt sich, und hier bemühe ich wirklich einen gewichtigen Ausdruck, um *Mythen*. Vielleicht sind sie eher das Ergebnis wiederholbarer Intuitionen als abgewogene und überlegte Konstruktionen, aber trotzdem immer noch Mythen.

Tränen

Manche Mythen brauchen dagegen keine Deutung. Sie werden von Mund zu Mund überliefert, bleiben von Generation zu Generation mit einer gewissen Beständigkeit lebendig und hinterlassen zuweilen auch sichtbare Zeichen ihrer Geschichte. Es kommt äußerst selten vor, dass über eine Zeichnung eine Geschichte erzählt wird, ohne dass diese erst im Nachhinein in sie hineingelesen und in Umlauf gebracht wurde. In diesem Fall wollen wir an das Märchen allerdings glauben. Es ist so bewegend und modern, dass man es ohne große Mühe für bare Münze nehmen kann.

Es war also *einmal* ein Mythos in Tassili n'Ajjer, der die Geschichte einer Rinderherde erzählt, die von ihrem Hirten auf der Suche nach einer Tränke übers Land geführt wird. Die Rinder und ihr Hirte finden keinen Tropfen Wasser, das ganze Nass ist verschwunden, in der Hitze verdampft. Also erzählt der Hirte, dass seine Rinder in ihrer Verzweiflung in Tränen ausbrechen. Bevor sie verdursten, weinen sie noch.

Dieses Märchen ist achttausend Jahre alt. Dies wissen wir deshalb, weil von ihm ein Zeichen in Form von Figuren zurückgeblieben ist, die der betreffende Hirte oder ein Erzähler zur damaligen Zeit in eine Felswand im Süden von Tassili, in Djanet, eingraviert hat. So besagt es der Mythos, und wir glauben ihm *(Tafel 15)*.

Djanet gehört mit Sicherheit zu den Orten, die man aufgesucht haben sollte, bevor man stirbt, zumindest wenn die Reise etwas einfacher wäre. Hier ragen inmitten des Nichts der flachen orangefarbenen Wüste diese Felstürme mit Darstellungen auf, die aus dem Stein herauszuspringen scheinen, obwohl sie eingraviert, im *Inneren* eingesperrt sind. Die Umrisse der Rinder sind mit Augenmaß und sicherer Hand eingearbeitet, mit so dicken und tiefen Einkerbungen, dass sie anstatt wie ein Flachrelief wie eine Skulptur erscheinen mit ihren dreidimensional hervortretenden Zügen. Allein wegen ihrer wunderschönen endlos langen schlanken Hörner und ihrer herzzerreißenden Tränen lohnen sie einen Abstecher.

Aber der Mythos drückt sich nicht nur in effektvoller Ästhetik, sondern auch in der Liebe zum Detail aus: In Erwartung des Wassers und im Wissen, dass es ausbleiben wird, neigen die Rinder ihre Köpfe und vergießen tatsächlich Tränen – große herabfallende Tropfen, die unter ihren Rinderaugen eingraviert sind. Drei weinende Rinder, eines mit einer Riesenträne, die von ihm herabrollt. Wie in einem modernen Zeichentrickfilm, wie vor Kurzem eingraviert, mit diesen Tieren, die an ihrem Unglück verzweifeln.

Aber stattdessen sind sie achttausend Jahre alt, aus einer Zeit, da sich das Wasser der Flüsse und Seen wahrscheinlich schon zurückzog, da erste Kamele an die Stelle der Büffel, Elefanten und Krokodile traten und die Savanne bald nur noch Erinnerung sein würde. Man kann sich unschwer vorstellen, dass an dieser Stelle eine Quelle, eine Viehtränke gelegen haben könnte, an die der kunstschaffende Hirte seine Rinder täglich führte, etwa im Morgengrauen, wenn die Sonne noch milder herabbrannte. Bei Regen soll sich der Fuß des Felsens noch heute mit Wasser füllen, worauf sich die starr in den Fels eingebetteten Köpfe der Rinder zum Trinken herabzubeugen scheinen.

Scheinen. Alles an dieser Geschichte *erscheint*. Einzig gesichert ist, dass Mythen, mit oder ohne Wahrheitsgehalt, das Beständigste auf der Welt sind (und dies stimmt zweifellos).

Marsmenschen

Ab 9500 v. Chr. (immer ungefähr) tauchen in der damaligen Sahara neben dem Grün explosionsartig neue Farben auf. Wir treten in die Felsbildperiode der sogenannten «Rundkopfzeit» ein. Wieder herrscht bei den Daten Wirrwarr, denn die Bubaluszeit überschneidet sich mit der der Rundköpfe und macht uns das Leben ziemlich schwer. Aber der Stil ist extrem gut erkennbar: Die Bilder sind fast alle gezeichnet und nicht graviert, sie zeigen unsere üblichen Wildtiere, vor allem Schafe und Antilopen, wobei als die eigentlichen Protagonisten allerdings Männer und Frauen in den Vordergrund treten.

Dabei wirken diese Wesen nicht menschlich, sondern wie Marsbewohner mit ihren vollkommen runden anstatt ovalen Köpfen ohne Gesichter und den unförmigen Leibern. Profilbilder mehren sich, das Farbenspiel leuchtet in Rottönen, Granat, verbrannter Erde, Mahagoni und Merlot auf. Rein zufällig erinnern auch die Farben an den roten Planeten *(Tafel 16)*.

Die Figuren schweben im Raum, schwimmen in der Luft. Fast zwangsläufig hat sich in der Volkskultur die übliche Erzählung breitgemacht: «Das ist der Beweis, dass Außerirdische vor Jahrtausenden die Erde kolonisiert haben, dies sind die Hinterlassenschaften der Astronauten, die den Fortschritt in unsere irdischen Geschicke hineingetragen haben.» Leider glauben so manche tatsächlich an diese beliebten Vorstellungen. Quellenangaben zu ihnen finden Sie in meinem Literaturverzeichnis trotzdem keine, auch wenn die Hypothese, wonach diese Felsbilder Außerirdische darstellten, ausgerechnet von dem (im Verzeichnis aufgeführten) Entdecker von Tassili, von Henri Lhote, einem umstrittenen Ethnografen, stammt. Nach ihm ist auch die lokale Eidechsenart *Philochortus lhotei* benannt.

Anstatt auf abstruse Theorien mit Aliens zurückzugreifen, nähern wir uns diesen Bildern mit der Feinwaage und Demut. Denn obwohl chaotisch, sprechen die Daten für eine Aufeinanderfolge vieler Generationen, die *ihre* Traditionen pflegten, und diese haben sich mit der Zeit so verändert wie die Menschen, die diese Rundköpfe malten. Es sind *ihre* Glaubensformen, nicht die, die wir in sie hineinlesen wollen mit unseren

Augen, die an reißerische TV-Serien gewöhnt sind (Rundköpfe = Marsmenschen). Vergessen wir nicht, dass auch sie schon vor Jahrtausenden eine Jahrtausende währende Entwicklung hinter sich gebracht hatten. Die langen vergangenen Zeiträume gemahnen zu Vorsicht und nüchterner Zurückhaltung angesichts der Deutung dessen, was wir sehen.

Und was sehen wir noch? Begeben wir uns, um eine Vorstellung zu gewinnen, nach Jabbaren, eine Station von Tassili n'Ajjer. Jabbaren bedeutet in der Sprache der Tuareg «Riesen», aber das eigentlich Verblüffende dort ist dieser absolute *Horror Vacui*: Felswände, die fast vollständig von Figuren bedeckt sind, als sei es Sünde, irgendwo ein Fleckchen unbesetzt zu lassen: auf sechshundert Quadratmetern, also einer Fläche größer als das von Michelangelo ausgemalte Gewölbe der Sixtinischen Kapelle. Als (einigermaßen) ernsthafte Menschen verzichten wir allerdings darauf, Jabbaren als «die Sixtinische Kapelle von Tassili» zu bezeichnen.

Kaum ernst zu nehmen sind dagegen die Namensgebungen der gemalten Figuren. «Der große Gott Mars», «Antinea», «Die Peul-Mädchen». Ein großes Potpourri aus Fiktion, späterem lokalem Mythos (Antinea, Königin von Atlantis) und kleinteiliger Ethnografie (die «Peul» oder «Fulbe» sind eine afrikanische nomadische Ethnie). Manche Figuren sind gigantisch groß (eben die Riesen), mit Astronautenhelmen gleichenden Köpfen, und wirken wahrhaftig wie Tim Burtons Film *Mars Attacks!* entsprungen. Bei all diesen «impressionistischen» Namen ist freilich Vorsicht geboten.

In der Station Sefar, ebenfalls in Tassili, stoßen wir auf den «großen Gott der Oranten», eine drei Meter hohe zentrale Figur, umgeben von weiblichen Figuren mit erhobenen Händen, die ihn anzurufen und anzubeten scheinen. Rechts trägt eine gewaltige Antilope eine Frau auf dem Rücken, flachliegend und mit erhobenen Händen, ob in einem Akt der Ergebung oder bei der Niederkunft ist völlig unklar. Die gesamte Szenerie mutet surreal an *(Tafel 17)*.

Der «Gott» hat kein Gesicht, nur zwei gut erkennbare Hörner, auch er in der Pose der Anrufung, mit hoch erhobenen Händen, deren fünf Finger klar erkennbar sind, und mit Armbeugen, aus denen jeweils ein Wulst heraussticht. Er ist nur durch eine Umrisslinie dargestellt. Die Szene strahlt etwas Märchenhaftes, aber auch Bedrohliches aus. Der «Gott» ähnelt ganz dem Luzifer in einem Fresko der Basilica di San Petronio in Bologna, dem Teufel, der, obwohl erst 1400 entstanden, eine ähnlich eindringliche Wirkung entfaltet. Durch Dantes *Göttliche Komödie* inspiriert, zeigt ihn die Darstellung, wie er hemmungslos und ohne Unterlass Sünder auffrisst. Vielleicht überinterpretiere ich, aber mir erscheint der «Gott» der Sahara keineswegs von sanfterem Gemüt. Auch ohne Blut, Gemetzel oder satanische Bankette strahlt die Szene eine Intensität aus, der man sich nicht entziehen kann. In der Atmosphäre liegt etwas Verstörendes und Wildes, auch wenn es eher verhalten zum Ausdruck kommt. Darin hatte Henri Lhote Recht: Auch ohne Außerirdische darzustellen, wirken sie auf uns sicherlich befremdlich.

Pseudo-, proto-, pre-

Die nachfolgenden Perioden der Felsfiguren der Sahara sind nach den tierischen Spezies benannt, die diese Lebensräume im Anschluss an die Bubaluszeit eroberten, die vom 6. bis zum 1. Jahrhundert v. Chr. den Rest des Neolithikums abdeckt, mit grandiosen Szenen mit Rinderherden und menschlichen Figuren, Wildschafen, Löwen, Antilopen sowie verschiedenen anderen Vierbeinern.

Es folgt die «Pferdezeit» (kein Witz), in der Karren und Galopprennen auftauchen, worauf die historische Epoche der «Kamelzeit» (alles wirklich so) folgt, auch wenn eher unklar ist, wann das Wüstenschiff die Sanddünen tatsächlich erobert hat. Interessant ist freilich eine Betrachtung der gesellschaftlichen und klimatischen Entwicklung, die sich in der Themenwahl dieser Malereien widerspiegelt.

Dies ist auch die Zeit, in der das Tifinagh zu den Bildern hinzukommt, womit die «echte» Schrift auch in die Welt der Zeichnungen einzieht. Und wo eine «echte» Schrift ist, gibt es zwangsläufig auch eine «unechte», deren Legende mit dem Fallbeil der Garaus gemacht werden muss. Neben dem Mythos der weinenden Rinder (mit Wahrheitskern, wie wir hoffen) und dem der Marsmenschen (irrig) haben wir es dabei mit einem weiteren (noch irriger) Mythos zu tun.

Ziemlich gewagt, besagt dieser, dass die erste Schrift in Afrika in die-

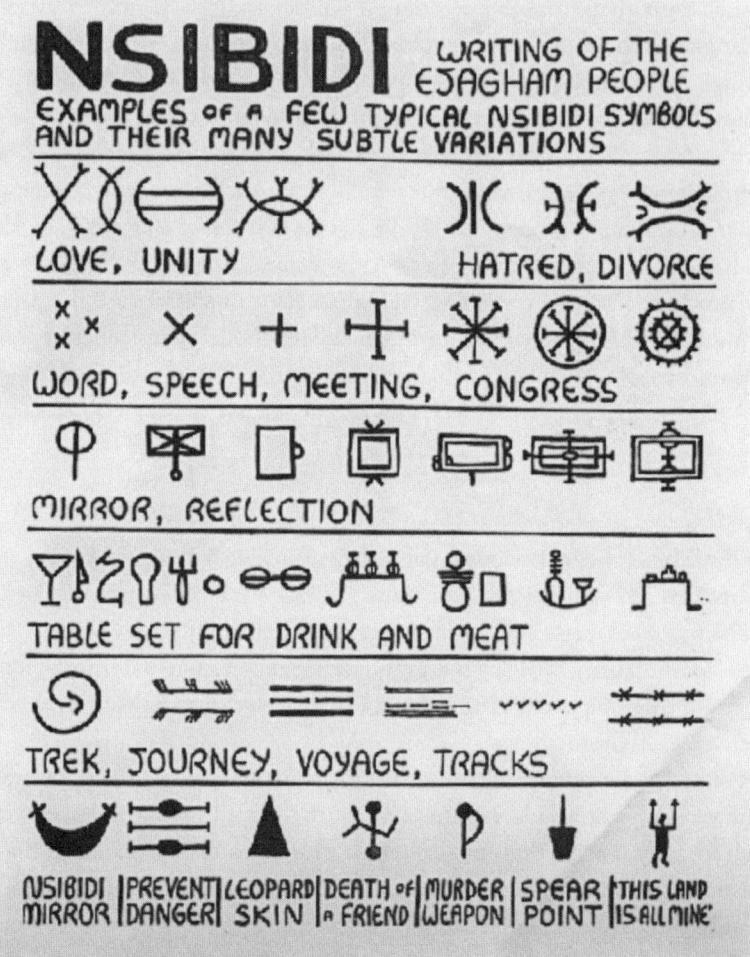

Abbildung 3: Beispiel für die Nsibidi-Schrift

ser Gegend aus dem Nichts entstanden sei. Entsprechende Behauptungen sind ebenfalls ohne wissenschaftliches Fundament, schweben aber wie der große Gott von Sefar im Äther.

Das betreffende System wird verschiedentlich als protosaharische Schrift bezeichnet und häufig mit der tatsächlich existierenden «Nsibidi-

Schrift» in Verbindung gebracht, deren Datierungen aber durchweg falsch sind. Manche legen ihre Anfänge auf die Zeit um 2000 v. Chr., andere ins 4. Jahrhundert n. Chr., und wieder andere behaupten, sie sei das älteste System der Welt, entstanden noch vor den ägyptischen Hieroglyphen, die um 3000 v. Chr. in Gebrauch kamen. Die Nsibidi-Schrift ist eine Gesamtheit aus Hunderten von Zeichen, die logografisch (jeweils für ein Wort stehend) zu funktionieren scheint, auch wenn sie aus grafischer Sicht formal abstrakt sind. Sie diente zur Verzierung von Haut (Tätowierungen), flaschenförmigen Kürbissen (Kalebassen), Stoffen und Kleidung. Offenbar hatte sie esoterische Ursprünge und war von einer Geheimgesellschaft in Nigeria erfunden worden, aber sie als echtes Schriftsystem einzustufen ist problematisch. Und noch schwieriger ist, ihre Ursprünge in die frühe Vergangenheit, ins Neolithikum zu verlegen. Zumindest, wenn wir uns auf belastbare und unvoreingenommen erstellte Daten stützen wollen *(Abbildung 3)*.

Dagegen existieren seit mindestens 5000 v. Chr. Zeichen, die wir als «Embleme» bestimmen können, weil sie als Marken für Keramik genutzt wurden, aber auch für sie sind die Daten unsolide. Ohne wissenschaftliche Untersuchungen müssen wir hier auf Sicht fahren. Was wir sagen wollen: Auch wenn wir die Augen weit offenhalten, findet sich in dieser Region keine Schrift, die früher erfunden worden wäre als die in Ägypten. Gegenüber allen anderslautenden Behauptungen ist Misstrauen angesagt, weil es für sie keine soliden wissenschaftlichen Beweise gibt.

Nach diesem apodiktischen *Dementi* stellen wir noch ein paar Überlegungen an, bevor wir uns im Ostteil der Sahara weitere interessante Darstellungen anschauen. Sowohl in der Bubaluszeit der Zeichnungen von Großwild als auch in der Rundkopfzeit wurden die Details der Figuren mit großer Sorgfalt herausgearbeitet. Zuweilen sind sie von unglaublicher Realitätsnähe; wie bei den beiden Dabous-Giraffen scheinen umliegende Bildelemente, untergeordnet und kleiner, zu einem Schema, einer Erzählung beizutragen. Mit Wiederholungen, Ordnung, Sequenzialität.

Die Entstehung der Schrift beruht auf den gleichen Prinzipien, auch wenn man nicht behaupten kann, dass sie hier das Licht der Welt erblickt hat. Aber die Methode, das Grundgerüst, ist schon in so früher Zeit im Aufbau begriffen, die Zutaten fürs Tortenrezept liegen bereits alle bereit. Die Grundlagen sind gelegt. Unser Gehirn bereitet sich vor, die sich entwickelnde Kultur sammelt Informationen, schichtet sie auf, fügt sie in die Bilder ein: Sie errichtet, mit einem Wort, eine *Ordnung* und gibt den Dingen, die sie zeichnet, einen *Namen* oder zeichnet vielleicht Dinge, die schon einen Namen tragen. Auch in den ikonischen, identifizierbaren, erkennbaren Figuren liegt ein Keim von Schrift verborgen. Im weiten Sinne, also immer mit Blick auf das Fundament und die Basis.

Und nicht überraschend stoßen wir auch hier auf geometrische, schematische Zeichen, stets in Verbindung mit «rationalen» Figuren, Kreise, Kreuze, Punkte, Linien. Quantitativ sind sie wohl nicht so stark vertreten wie in der paläolithischen Periode, aber das «einfache» und nicht gegenständliche Zeichen ist von jeher und für immer Teil unseres kommunikativen Erbes. Das «Symbol», um es mit Peirce auszudrücken, ist mit der Gabe der Allgegenwärtigkeit ausgestattet.

Ägypten

Perlen

Wenn ich Sie nicht davon überzeugt habe, dass hier schon Grundlagen erkennbar sind, die in Richtung der Erfindung der Schrift deuten, versuchen wir es mit einer anderen, eher schrittweisen Strategie: Wir begeben uns in die Wüste im Grenzbereich zwischen Libyen und Südägypten. Lassen wir es langsam angehen, wie in der ersten Szene von *Der englische Patient,* diesem romanhaft erzählten und verträumten Film mit seinem fesselnden Auftakt, einem Pinsel, einer rosa Wand in einer Höhle und einer Skizze, die aus einer einzigen, nachgezogenen, wiederholten und sich verzweigenden Linie allmählich die Gestalt der Füße, Beine, des Torsos, der erhobenen Arme und schließlich des Kopfs eines im Nichts schwebenden Menschen annimmt. Gehen wir langsam wie im Film vor. Üben wir uns in Geduld.

Zerzura, die «Oase der kleinen Vögel», ist nicht mehr als ein Mythos. In mittelalterlichen arabischen Schriften wie dem für Schatzsucher geschriebenen *Buch der verborgenen Perlen (Kitab al Kanuz)* heißt es, sie liege inmitten der Wüste, mit einer Stadt, weiß wie eine Taube, voller Gold und mit einer schlafenden Königin darin. Ein einziger tapferer Mann, so geht die Erzählung weiter, habe den Mut aufgebracht, in die Stadt einzudringen und die Königin mit einem Kuss zu erwecken.

Eine solche Erzählung konnte die Entdeckungsreisenden und Kartografen, die diese Region aufnahmen, unmöglich kaltlassen. Zu den vielen, die jahrelang tapfer nach der Oase suchten, zählt der ungarische Graf Lázlo Almásy. 1933 hatte er sich in diese Geschichte und in die Dünen der Libyschen Wüste verliebt und war auf Expedition gegangen, um nach unbesiedelten und unentdeckten Tälern wie das von Zerzura zu fahnden, einer Perle unter Perlen, verborgen inmitten von Sand.

Er sollte diese Perle niemals finden, aber was er entdeckte, hat – zumindest für uns – einen größeren Wert als alle Fiktionen der Hollywood-Filme oder mittelalterlichen Legenden: eine Höhle voller neolithischer Malereien, mit ätherischen Kreaturen, die auf der Felswand wie in einer Schwebe dahinzutreiben scheinen. Wir befinden uns im Wadi Sura, auf dem Basalt-Hochplateau Gilf el-Kebir, in der «Höhle der Schwimmer». Deren Malereien stammen aus der Zeit von vor rund achttausend Jahren. Durch den oben erwähnten Film hat es diese Fundstätte zu weltweiter Berühmtheit gebracht, auch wegen der Geschichte um den schwärmerischen Grafen und seine entdeckerische Leistung, wobei die Bezeichnung der Höhle allerdings ziemlich unpassend ist *(Tafel 18)*.

In einem Kapitel seines Buchs *Unbekannte Sahara (Az Ismeretlen Szahara)* redet der Graf als Erster in klaren Worten von der «feuchten Sahara», in der man noch schwimmen gehen konnte. 1934, beim Erscheinen der Originalversion, bargen derlei Behauptungen noch Sprengstoff, weil die Wüste seit längster Zeit eine der trockensten Zonen der Welt war. Aber er hatte Recht. Ob die Figuren tatsächlich schwimmend abgebildet sind oder ob sie die Geister Verstorbener darstellen, ist dabei eher nebensächlich. Zweifelsfrei steht immerhin fest, dass sie wie in Watte gepackt in einer verträumten und andächtigen Schwebe erscheinen. Nicht zufällig spielt sich die herzzerreißendste Szene des berühmten Films (alles erfunden, reine Fiktion) gerade hier in der Dunkelheit bei diesen Figuren ab, die wie die zwischen Leben und Tod schwebende Protagonistin ebenfalls wie in einem Zwischenreich treibend erscheinen.

Ägypten

Über der Szene liegt eine Atmosphäre geduldigen Wartens. Die sich wiederholenden Posen der dahintreibenden Körper erzählen uns von einem Ereignis, das in seinem Erzählfluss hautnah beschrieben wird, und wer weiß, ob die aufgereihten Schwimmer sich irgendwohin bewegen oder lieber im Nichts verharren, um uns vor ein Rätsel zu stellen.

Auch hierin, in diesem scheinbaren oder erzwungenen Zaudern, liegt ein überraschendes Moment. Das Neolithikum setzt ein Ausrufezeichen, das die modernen Semiologen (vor Begeisterung oder Frustration) ganz verrückt machen kann, wenn sie die Ikone dieser Körper zu deuten versuchen: Ganz aus Bauch und Beinen bestehend, scheinen sie Freistil, brust- oder rückenzuschwimmen, eingetaucht in eine Welt, die längst untergegangen ist.

Sequenzen

Diese Überraschungsmomente und diese Spannung treten allerdings anderswo noch intensiver und eindringlicher in Erscheinung. In Gilf el-Kebir finden wir weitere verborgene Perlen. Zehn Kilometer von der Höhle der Schwimmer entfernt, treten wir in die Höhle Wadi Sura II ein, die «der Bestien», von Kreaturen ohne Kopf. Genau genommen ist die Bezeichnung Höhle nicht ganz korrekt, da sich die Felswände nach oben hin öffnen und im Freien liegen, auch wenn manche Bereiche vollständig überdeckt sind. Der Fachbegriff Abri (englisch *shelter*) erscheint angemessener. Hier erwarten uns achttausend gemalte Figuren, angeordnet auf einer Länge von fast zwanzig Metern bei sieben Metern Höhe. Diese in neuerer Zeit entdeckte Stätte lässt die Höhle der Schwimmer, falls dies möglich ist, geradezu blass erscheinen. Sie wirkt wie ein bebilderter Gobelin auf Stein, mit einer eindrucksvollen Anzahl an sich überlappenden und überlagernden Figuren, die sich hier wild zusammenballen. Ihre Datierung ist höchst schwierig, auch weil die Übermalungen auf eine zeitliche Staffelung hindeuten: eine weitere Zeitkapsel, wahrscheinlich aus einer Periode von vor über siebentausend Jahren.

Menschliche Figuren treten in großer Zahl auf, sie scheinen zu Darstellungen von täglichen Lebensabläufen organisiert: jagen, fischen, tanzen, sich an der Hand halten. Sieben Männer stehen wie Zinnsoldaten kerzengerade in Reih und Glied, mit Händen, deren lange Finger klar gezeichnet sind; andere, in eleganter Pose wie Statuen, scheinen Kniebeugen auszuführen. Es folgt das übliche Getier: Gazellen, Hunde, Löwen und Giraffen. Dann nehmen die Szenen bedrohlichere Züge an, mit einem Ungetüm, einem elefantenähnlichen Monstrum, das trotz des fehlenden Kopfes den Eindruck erweckt, die Menschen in seinem Umfeld verschlingen zu wollen. Ein weiteres Ungeheuer, ebenfalls ohne Kopf, scheint, wie eingefangen und unschädlich gemacht, in einem goldenen Netz festzusitzen: Der Mythos vom Minotaurus in neolithisch-afrikanischer Version. Wir deuten natürlich, aber vielleicht nicht einmal übertrieben.

Inmitten all dieser Bilder, dieser Geschichten und jener Darstellungen, die Leroi-Gourhan übereinandergelegte «Mythogramme» nannte, finden wir einen alten Bekannten wieder, das Zeichen *par excellence*, das erste echte Symbol, das auch hier in Hülle und Fülle immer wieder auftaucht: das Handnegativ, der Liebling der europäischen paläolithischen Höhlen, wohl auch hier als Ausdruck der archetypischen Verschmelzung zwischen Mensch und Natur. Aber eine Vielzahl von Handnegativen allein ist noch keine Perle, und schon gar keine schwarze, wie sie nur ganz wenige Austern hergeben. Und Wadi Sura II ist so eine Auster.

Negativabdrücke tauchen von Händen, Armen, Beinen, Scheiben und kleinen Holzstücken auf – in einer unglaublichen Fülle. Tausend davon stammen allein von Händen. Und von diesen geben dreizehn Rätsel auf.

Es sind winzige Händchen, selbst zu klein, um von einem Kind zu stammen. Zu winzig für die eines Menschen. Und auf die Handabdrücke Erwachsener aufgesprüht, wirken sie noch winziger. Von wem stammen sie? 2016 kam die Antwort, und zwar eine wissenschaftliche, nicht aus der Luft gegriffene: Die Hände sind keine Hände, sondern Abdrücke der Vorderfüße einer Echse, wahrscheinlich des sogenannten Wüstenwarans *(Varanus grisus)*. Stellen Sie sich Jäger von vor siebentausend Jahren und früher vor, wie sie einem lokal beheimateten Reptil die Pfote abtrennen, um sie an eine Felswand zu drücken und rotes Ockerpulver über sie zu sprühen.

Hier verbindet sich Symbolik mit Ritus und Mythos und lässt einen erahnen, dass es hier um eine wahrhafte Verschmelzung zwischen Mensch

Ägypten

und Tier geht, mit von der Fantasie erschaffenen und realen Kreaturen, durch den Menschen, der eine Botschaft der Vereinigung übermitteln will. Aber führen wir die Interpretation nicht weiter: Die Bedeutung dieses «Gobelins» bleibt hinter der zeitlichen Schichtung seiner sämtlichen Figuren verborgen, mit ihren Geschichten, an denen auf Anhieb nichts erkennbar, aber alles übermittelt ist. Das Symbol hat die Herrschaft inne und will nicht entziffert werden.

Was mir dagegen auffällt, ist die Möglichkeit, an manchen Stellen eine Sequenzialität, eine Aufeinanderfolge und Rationalität in der Gestaltung zu erkennen, eine Zusammengehörigkeit von Bildern, die offenbar zur gleichen Zeit entstanden: die immer wieder auftauchenden Hände, die in enger Abfolge oder um 180 Grad gedreht, mit nach unten zeigenden Fingern eine kontinuierliche Linie bilden; ebenso die menschlichen und tierischen Figuren, die sich aneinanderreihen, so wie die Buchstaben der Zeilen, die Sie vor sich haben und die Sie nur deshalb lesen und verstehen können, weil sie einer sequenziellen und regelmäßigen Ordnung gehorchen und auf festgelegte Weise aufeinanderfolgen.

Mit einem Wort: Erkennbar ist das, was uns als Menschen kognitiv befähigt, eine Botschaft zu erstellen und zu übermitteln: Ordnung.

Natürlich ist die Ordnung in der Bilderwelt von Wadi Sura II nicht die eines Textes, organisiert aus einzelnen Zeichen, Buchstaben, Wörtern und Sätzen, die absichtsvoll zu einem Gesamtsinn zusammengestellt wurden. Sie ist eine «ikonische» Ordnung, die indes fast schon *alphabetisiert* erscheint. Aber um Sie nicht in die Irre zu führen: Hier gibt es noch kein Alphabet, keine Silbe, kein Logogramm oder Ideogramm. Es gibt nur eine primordiale Ordnung, eine sequenzielle Linie, fraglos die einer «Protophase», die in Richtung der Erfindung deutet, die wir heute als Schrift bezeichnen.

Jordanien

Schluckauf

Unsere Geschichte endet natürlich nicht in Ägypten. Wir reisen an den Ostrand der Sahara, überqueren den Nil und die Sinaihalbinsel und streifen am Toten Meer entlang bis nach Jordanien. Wir erreichen Wadi Musa, schauen uns Petra an, weil das ein Muss ist, ziehen dann aber weiter nach Süden ins Wadi Rum und anschließend nach Norden in die Schwarze Wüste.

Unser Ziel sind die Petroglyphen.

Die beiden Regionen, die wir besuchen, stellen allerdings zwei verschiedene Welten dar: Beide sind Wüsten, aber ganz unterschiedliche. Die Schwarze Wüste bildet auf der Nordostseite eine Einheit mit der Syrischen Wüste und dem israelischen Negev und wird als Gesamtregion als Badia-Wüste bezeichnet. Sie präsentiert sich ganz anders als das goldorangefarbene Sandmeer, dessen gleißendes Licht das Gesichtsfeld mit *Mouches volantes* erfüllt. Hier wechseln sich Wadis mit weiten und unregelmäßig gestalteten Ebenen, sogenannten *Playas*, ab, entstanden durch Schlammablagerungen während der seltenen Regenzeiten. Wenn man in diese öde Landschaft blickt, verschlägt es einem erst einmal die Sprache.

Die Petroglyphen der Badia, das muss gesagt werden, sind keine herausragenden Schönheiten, und das fällt auch meinen sehr genau beobachtenden pragmatischen Reisegefährten auf, die ein jordanisches Pendant zum Stein von Rosette erwartet haben. Aber mich interessieren diese Petroglyphen weitaus mehr als Petra, weshalb ich sie zum Mitkommen genötigt habe. Es sind die ersten Tage des Januar 2020, und wir ahnen nicht im Entferntesten, wie sehr sich unser Leben bald verändern wird. Irgendwie liegt eine Art Vorkriegsstimmung in der Luft, und mein Instinkt sagt mir, dass wir jetzt noch schnell möglichst viel sehen müssen. In meiner Wissenswut, die uns eine ziemliche Odyssee beschert, schleppe ich Freunde auf einer krampfhaften Suche nach ein paar bemerkenswerten Petroglyphen mit mir herum, die sie gar nicht interessieren.

Mit «Schwarz» bezeichnet ist diese Wüste deshalb, weil sie aus Basalt besteht. Aus der Nähe betrachtet, gleicht sie der Oberfläche eines fremden Planeten, mit überall herumliegenden großen schwarzen Steinbrocken, ohne eine Menschenseele, einen Strauch oder ein Büschel Gras: eine fremdartige Landschaft, in der die Sonne auch im Januar gnadenlos brennt und in der sich Fahrzeuge rund ums Jahr so holprig vorwärtsbewegen, als hätten sie Schluckauf. Nicht zufällig wurde diese Wüste vor einem Jahrhundert als archäologisches «Vermutungsgebiet» ausgemacht, mit vielen Fragezeichen, zuallererst dazu, wie man es hier überhaupt aushalten soll.

Ein verbotener, öder Ort, der wie mit dem Beil zerhackt erscheint. Und so einen Hieb gab es tatsächlich. Eine moderne Legende erzählt, dass der unnatürlich wirkende Verlauf der Grenze zu Saudi-Arabien in diesem Landesteil – ein Dreieck scheint wie herausgeschnitten – durch einen Schluckauf Winston Churchills zustande gekommen sei. Dieser habe 1921 als Staatssekretär für die Kolonien nach einem sonntäglichen *Liquid lunch*[4] die Karte dessen gezeichnet, was zum englischen Protektorat Transjordanien werden sollte, und sei dabei mit seiner Feder ausgerutscht. Aber wann immer Engländer Landkarten erstellen und Grenzen ziehen, steckt hinter einer solchen Operation stets mehr strategische Überlegung, als es uns die Legende weismachen will. Das besagte Gebiet ist die Region um das Wadi Sirhan, eine wichtige Handelsroute für Arabien, dem damaligen Sultanat Nadschd.

Dieses Gebiet ist die Harrat al-Sham, eine Vulkanebene, die sich vom Süden Syriens bis auf die Arabische Halbinsel erstreckt. Und im enthaltenen Dreieck findet sich ein angesammelter Schatz aus neolithischen Formen: Kreise, Räder und sogar Figuren in Gestalt von Flugdrachen. Ja, genau die.

---

4 Ein Mittagsmahl ohne feste Kost, aber mit viel hochprozentiger Flüssignahrung.

1 Abdrücke von verstümmelten Händen in der Cosquer-Höhle, Frankreich

2 Figurine von Berekhat Ram, Israel

3 Bild des «Verletzten» mit einer schematischen «aviformen» Figur, Höhle von Pech Merle, Frankreich

4 Zwei «gesprenkelte» Pferde, Höhle von Pech Merle, Frankreich

5 Darstellungen von Nashörnern, Chauvet-Höhle, Frankreich

6 Reihen von Höhlenlöwen, Chauvet-Höhle, Frankreich

7 Rätselhafte Darstellung mit «Venus und Zauberer», Chauvet-Höhle, Frankreich

8 Das halbversteckte Pferd, Chauvet-Höhle, Frankreich

9 Pferd mit roten geometrischen Zeichen, Höhle von Lascaux, Frankreich

10 Szene im sogenannten «Schacht», Höhle von Lascaux, Frankreich

11 Ockerbrocken mit gitterförmigen Einritzungen, Blombos, Südafrika

12 Wondjina-Figuren, Region Kimberley, Australien

13 Eingravierte Figur eines Rindes aus der Bubaluszeit, Tassili n'Ajjer, Algerien

14 Die beiden eingravierten Dabous-Giraffen, nördlicher Niger

15 Die weinenden Rinder, Djanet, Algerien

16 Bilder aus der «Rundkopfzeit», Algerien

17 Der «Gott» von Sefar, Tassili n'Ajjer, Algerien

18 «Höhle der Schwimmer», Wadi Sura, Ägypten

19 Petroglyphen der Khazali-Schlucht, Jordanien

20 Petroglyphen des Winnemucca Lake, Nevada, Vereinigte Staaten

21 Geometrische Zeichen (Embleme?), Grotta dei Cervi, Italien

22 Kreisanlage von Göbekli Tepe, Türkei

23 Wildtier im Relief auf einem T-Pfeiler, Göbekli Tepe, Türkei

24 T-Pfeiler, Göbekli Tepe, Türkei

25 Urfa-Mann, Museum von Şanlıurfa, Türkei

26 Der sogenannte «Skinhead», Museum von Şanlıurfa, Türkei

27 Statuette einer Schlafenden, Hypogäum von Ħal-Saflieni, Malta

28 Reihe schematischer Figuren, Xagħra-Steinkreis, Gozo

Wüstendrachen

In der Gegend um die Wisad Pools und Wadi Quattfi hat das Oriental Institute der Universität Chicago in einem archäologischen Projekt über vierhundert Petroglyphen dokumentiert, alle anscheinend aus neolithischer Zeit. Wie gesagt, in ästhetischer Hinsicht sind sie nicht überwältigend, aber für Feldarchäologen und diejenigen, die nach Symbolen suchen, von besonderem Interesse. Zudem bietet die Schwarze Wüste ein seltenes Beispiel für die Verbindung von beidem: Geoglyphen und Petroglyphen. Hier gehen sie anscheinend Hand in Hand miteinander, als fänden sie sich, anstatt verschiedene Sprachen zu sprechen. In der Schwarzen Wüste, in der scheinbar nur Stille herrscht, reden die Funde miteinander und verständigen sich. Sehen wir, wie.

Wenn wir von oben auf sie herabschauen, haben wir eine privilegierte Sicht. In neolithischer Zeit wurden auf den Playas Häuser aus großen aufeinandergeschichteten Kieselsteinen errichtet. Sie dienten als Vorposten, um Jagd auf Wildtiere (hauptsächlich Gazellen) zu machen, die mit einer raffinierten Strategie gefangen und erlegt wurden.

Dazu konstruierten die Jäger eine riesige, fast kreisrunde Falle aus aufgeschütteten Basaltbrocken mit einem langen Zugang aus zwei parallel verlaufenden flachen Mauern, durch die sie die Tiere hineintrieben und dann mit Pfeilspitzen (wie zahlreiche entsprechende Funde in diesen Umfriedungen zeigten) töteten. Von hoch oben, aus der richtigen Entfernung betrachtet, wirkten diese Pferche wie große Papierdrachen mit ihrem bauchigen Körper und langen Schwanz – wie harmlose poetische Geoglyphen oder große pulsierende Quallen.

Und diese *desert kites* finden sich ausschließlich in der Schwarzen Wüste.

Von den Wüstendrachen gibt es über zweitausend, deren Errichtung mit Sicherheit eine gewaltige kollektive Kraftanstrengung mit viel sozialer Abstimmung erfordert hat. Um diese Fallen für solche Gemetzel an Wildtieren aufzubauen, brauchte es ein hohes Maß an Organisation und Strategie. Und hier ist der überraschende Brückenschlag zu den Petroglyphen. Denn die Wüstendrachen wurden bei den Bewohnern der Schwarzen Wüste zu einem beliebten Motiv der Darstellung, einem so beliebten, dass sie es zu einem Symbol erhoben. Unter den Hunderten in den Basaltfels gravierten Bildern finden sich zahlreiche Darstellungen von Steinböcken, Kudus und Oryxantilopen. Viele sind eher schlecht oder, falls überhaupt, nur anhand der Proportionen ihrer Köpfe, Rümpfe und Beine zu erkennen (eben nicht das Gelbe vom Ei, wie gesagt).

Menschliche Figuren, die wie in den paläolithischen Höhlen in Frankreich nur selten auftauchen, muten mit ihrer unansehnlichen und alles andere als herausragenden Darstellungsweise wie Zahnstocher an. Anders die geometrischen Formen ... wir sehen gewundene Formen, übereinandergelegte Wellen (versuchen Sie einmal, so etwas in Basalt zu gravieren), alle konzentriert auf eine bestimmte Stelle am Ende des Wadis. Andere Formen sind weder als gegenständlich noch als geometrisch, sondern als strukturell katalogisiert. Und welche Struktur könnte in diesem Umfeld «petroglyphiert» worden sein, wenn nicht die Form des Drachens?

Diese Form findet sich dort – mit dem langen Schwanz und dem bauchigen Leib – in einer fast fotografisch genauen Darstellung wieder, die keinen Zweifel daran lässt, dass sie tatsächlich diese riesigen gewaltigen Pferche für die Gazellen abbilden – buchstäblich «primitiver» Realismus. An manchen Stellen, auf einigen Felsen, werden Geschichten erzählt: Die Drachenform taucht auch zusammen mit Darstellungen von Menschen und gefangenen Tieren auf. Anderswo treten die Felsen geradezu in einen Dialog miteinander ein, mit einem Felsen, in den ein Drache eingraviert ist, der mit einem benachbarten mit Tierdarstellungen über Jagd und Eroberung, Taktik und Beute zu sprechen scheint. Dabei decken die abgebildeten Tiere nicht das gesamte Spektrum der Jagdbeute ab. Unglaublicherweise fehlt das wichtigste Motiv, die Gazelle, obwohl hauptsächlich sie bejagt wurde. Warum sie fehlt, ist bislang ungeklärt.

Beim Drachen musste es sich um ein magisches, günstig stimmendes kraftvolles Symbol gehandelt haben. Vielleicht hätte die Gazelle mit ihrem unmittelbaren Bezug das Symbol zu stark in den Bereich der Lesbarkeit gerückt, um dargestellt zu werden. So suggestiv die Metapher des *desert kite* auch ist, sie hinterlässt bei unseren neolithischen Symbolen auch einen bitteren Nachgeschmack.

Während sich die uns bekannten Drachen in die Lüfte erheben und dem Wind trotzen, scheint hier die drückende Hitze jeden Aufstieg vom Boden unmöglich zu machen. Auch wenn die Temperaturen im Neolithikum gemäßigter und die Böden noch nicht völlig ausgedörrt waren, prägte der Vulkanfels schon seit Jahrmillionen das Landschaftsbild – wie prädestiniert dazu, mit einer Drachenmetapher markiert zu werden, die nicht von Höhenflügen, sondern von der Jagd auf Gazellen kündet, die ausgerottet und keiner gedenkenden Darstellung für würdig befunden wurden.

Räder

Die Schwarze Wüste birgt weitere Geheimnisse, neben den Wüstendrachen andere Geoglyphen, diesmal in Form von Rädern *(wheels)*. Auch sie sind nur von großer Höhe aus sichtbar. Sie ähneln ein wenig den Nazca-Linien in Peru, sind aber weitaus älter und datieren mit Ausnahme einiger jüngerer tatsächlich aus einer Zeit von vor rund achttausendfünfhundert Jahren. Die Bewohner vor Ort sagen, es seien Werke von Männern aus alten Zeiten, *the works of old men*. Mit einem Durchmesser von bis zu siebzig Metern sind sie über die gesamte Wüstenregion verteilt, von Syrien bis nach Saudi-Arabien. Es sind Tausende. Wozu sie dienten, bleibt ein Rätsel.

Von oben betrachtet, fällt ihre präzise Geometrie auf, mit vollkommen geraden Radspeichen, obwohl die äußere Umrisslinie regelmäßig oder unregelmäßig verlaufen kann. Während die Gesamtsicht aus der Höhe beeindruckt, zeigt sich aus der unteren Perspektive nichts anderes als ein völlig gleichförmiges Panorama, das den Besucher mit einem Einerlei aus spitzen Felsbrocken vor einem reglosen, fast eintönigen Horizont empfängt.

Denken wir daran: Vor achttausendfünfhundert Jahren erschufen Menschen Monumente aus geometrischen Figuren wie der in Radform, ausgeführt mit großer Genauigkeit, was einen brillanten überlegten und intentionalen kognitiven Akt voraussetzt, ein Nachdenken über (irgendeine) Funktionalität und Struktur, über Form und Raum. Riesige komplexe Kreise zu entwerfen und zu errichten, spiegelt eine großartige kognitive Leistung wider. Ich sage es nochmals, weil es in meinen Augen staunenswert ist: Das bewusste Denken hat sich hier, wo sich Jahrtausende später die Wüste ausbreiten und alles auffressen sollte, wie ein geöltes Rad rasant um geometrische Formen gedreht.

Meteore

Mysterien gibt es in dieser Region zuhauf, und nicht nur mit Blick auf die Petroglyphen und Geoglyphen. Weitere Glyphen, die menschliche Konturen und Züge zeigen, mit Dunkelzonen und unentzifferbaren Aspekten, sind noch rätselhafter und überraschender.

Jetzt sind wir angekommen, nach einer holprigen Talfahrt im Auto und einer Strecke weiter nach Süden am Toten Meer entlang bis an den Randbereich des riesigen Wüstengebiets, das sich von Afrika bis hierher erstreckt. Die Wüste im Süden von Jordanien ist gleichsam eine Fortsetzung der afrikanischen Sahara, doch hier breiten sich keine uferlosen Dünen aus. Der Sand präsentiert sich in Rotgold, überragt von Steintürmen, den Wänden von Canyons und Felsbögen, an denen sich die Erosion zu schaffen macht. Diese Architekturen werfen die Frage auf, wie sie sich auf den Beinen halten können. Verglichen mit der nur wenige Kilometer entfernten Landschaft der Schwarzen Wüste im Norden Jordaniens fühlt man sich hier wie auf einem anderen Planeten.

Wir klettern in einen Jeep, um uns die Zeichen im Wadi Rum anzuschauen.

Die Petroglyphen dieser Zone sind nicht die Hauptfiguren dieser Geschichte, sondern eher unfreiwillige Komparsen. Diese «Meteore», wie wir sie bezeichnen könnten, versuchen erst gar nicht, dem absoluten Haupthelden, dem wahren König dieser Wüste, irgendwie den Rang abzulaufen.

An diese Person, die überall herumgeistert, gemahnen sperrige Spuren, die wir während unserer Durchfahrt immer wieder hinter uns sehen. Und sie scheint uns aus jeder Kurve zu beäugen, wie ein hinter Tamarisken verborgener Spion, den die Engländer zu unserer Überwachung entsandt haben – ein ein Doppelspiel treibender Held, Krieger, Archäologe und Sprachwissenschaftler, verehrt und verfemt, ebenso umstritten wie idealistisch. Ein Enigma, noch rätselhafter als eine Petroglyphe.

Das Zeichen, das er einst hier hinterließ, ist eine entgleiste Lokomotive, an einer Stelle, an der man sich ihn gut vorstellen kann, wie er mit Sprengladungen zündelt, als seien es Silvesterknaller, und wie er Züge in die Luft jagt. Die Hedschasbahn war zu Beginn des 20. Jahrhunderts gebaut worden, um Pilger von Damaskus nach Medina zu bringen – ein strategisches Instrument, um den arabischen Aufstand gegen die Osmanen zu befördern. An genau diesem Punkt wurde der Zug überfallen. Und eben in dem Moment, als ich die überfallene Lokomotive betrachte, erinnere ich mich an seine Worte: *Then the heat of Arabia came out like a drawn sword und struck us speechless* («Da kam Arabiens Glut gleich einem gezückten Schwert über uns und machte uns stumm»). Man ist beeindruckt und sprachlos, auch wenn man die Schmalspurbahn mit Getöse durch die Wüste eilen sieht. Hier ist er durchgekommen, hier hat er Schüsse abgefeuert und ein Volk befreit. Er geht einem einfach nicht aus dem Sinn: Thomas Edward Lawrence, Lawrence von Arabien.

Weiter weg (die Wüste kennt keine Richtung) ragt ein Felsen auf, steht die Ruine eines Hauses, das die Beduinen «das Haus von Lawrence» nennen: Es heißt, die Nabatäer hätten es gebaut, aber alles ist ausgelöscht und nur eine bröckelnde Fassade übrig, ohne irgendein konkretes Zeichen von Oberst Lawrence. Was bleibt, ist die Legende, die sich wie hartnäckiger Staub niederschlägt, auch ohne echte Spuren zu hinterlassen. Echte Spuren sind dagegen die Benennungen, die ein mächtiger Mythos um einen einzelnen Mann der Landschaft aufgeprägt hat: die Felsformation «Die sieben Säulen der Weisheit», benannt nach Lawrences Buch, die ebenfalls perfekt zusammengestellten sechs Wachtürme und die nach ihm benannte schlichte und mit Graffiti versehene Quelle. Es sind Spuren, die nicht einmal die Wanderdünen so einfach auslöschen können.

Dagegen sind unsere «petroglyphischen Meteore» deutlich konkreter. Inmitten des Wadi Rums finden sich zwanzigtausend von ihnen. Und sie sind Geschichte, echte Historie, denn diese Petroglyphen sind nicht nur ein Buch, sondern eine ganze Bibliothek an kultureller Entwicklung, mit Regalen, deren Bestände vom Neolithikum bis in die jüngste Zeit reichen. Sie sprechen in verschiedenen Sprachen mit unterschiedlichen Schriftsystemen zu uns, vom talmudischen Aramäisch über das Nabatäische bis zum modernen Arabisch. Auf der Oberfläche eines einzigen Felsens findet man ganze Schichten an Botschaften, alle in geballter Zusammenstellung mit Petroglyphen.

Sie zeigen uns auch die Entwicklung der Zivilisation in dieser Gegend auf, von der Viehhirtengesellschaft zur Landwirtschaft bis zu den Aktivitäten der heute hier lebenden Beduinengruppen, die sie mit Technologie und viel Liebe zu erhalten versuchen. Manche Petroglyphen stammen aus neolithischer Zeit rund 5000 v. Chr. Wie in Afrika erzählen sie uns von hier verschwundenen Arten, Straußen, Oryxantilopen, Steinböcken oder Hyänen. Wadi Rum bietet Petroglyphen aus sämtlichen Perioden und in allen Farben.

Die Khazali-Schlucht: Wir treten in einen sehr schmalen Canyon mit rutschigem Untergrund ein, leicht ansteigend zwischen zwei sich anblickenden Felsen. Die Erosion hat hier eine natürliche Passage geschaffen, aber auch einen leicht auskragenden Überhang, durch den sich der Canyon fast über unseren Köpfen schließt und sich die Felswände ganz hinten zum Kuss vereinigen. Es ist ein Siq, eine Felsschlucht ähnlich der, die nach Petra hineinführt, aber sehr viel enger.

Wir bewegen uns im Gänsemarsch voran, einer von uns sucht an den Giebeln der Felswände Halt, eine andere geht in die Hocke, und ein Dritter rutscht aus. Ebenfalls im Gänsemarsch laufen die Petroglyphen auf der gegenüberliegenden Seite über die Felswand, wie in einer Museumsgalerie mit einer Reihe von Gemälden, die keine Bildtitel tragen, weil die Namen der porträtierten Damen und Herren niemand mehr kennt und außer den Experten auch keinen mehr interessieren.

Ich stelle mir vor, dass es vielen Betrachtern so ergeht. Es sind ja nur Figuren. Mir sagen diese Petroglyphen dagegen, dass an unerwarteten Stellen Überraschungen warten, hinter der nächsten Ecke, wo man sich wie zwischen Hammer und Amboss eingeklemmt wiederfindet, zwischen zwei nichts Gutes verheißenden Riesenbrocken, die einen scheinbar zermalmen wollen. Aber dann kommen sie endlich zum Vorschein.

Erstmals erkenne ich deutlich die Körper von Menschen, perfekt eckige Silhouetten, einen Mann, bekleidet mit einem langen Obergewand, und ein weiterer, oder ist es eine Frau? Sie halten sich bei der

Hand, vielleicht auch nicht. Sind sich die Hände nur nahe? Die Finger zeigen leicht ausgespreizt und perfekt zu erkennen nach unten. Was ist das für eine Pose? Tanzen sie? Beten sie? Ist es ein Ehepaar? Jede Deutung ist fragwürdig, aber ein solches Augenmerk für die menschliche Figur, so viel Liebe zum Detail habe ich noch nie gesehen. Weiter unten ist ein Paar Füße abgebildet. Zwei symmetrische Füße, größer als die menschlichen Figuren, fein graviert mit prallen runden Zehen. Obwohl sie wie echte Fußabdrücke aussehen, sind es Petroglyphen *(Tafel 19)*.

Menschliche Figuren in dieser Pose des «Macarena-Tanzes» tauchen in großer Zahl auf. Bei einer vereinzelten, etwas größeren, sind die perfekt ausgestalteten Finger auch von weitem bestens zu erkennen. Und wieder Fußabdrücke. Ein Steinbock. Es heißt, die Szenen stammten aus dem Neolithikum, aber dieses Konglomerat aus Figuren ist in einem sehr weiten Zeitfenster entstanden, sodass Vorsicht geboten ist. Inschriften in Nabatäisch aus historischer Zeit und kufische Inschriften (aus islamischer Periode) tauchen ebenso auf wie eine Reihe schematisch dargestellter Kamele, Pferde und verschiedener Ziegen. Nach hundert Metern durch den Siq stößt man am Ende auf einen Brunnenschacht.

Wie erzählt wird, soll die Schlucht Al Khazali nach dem Verbrecher Khazal benannt sein, der sich auf der Flucht vor seinen Verfolgern von der Spitze des Felsens in die Tiefe gestürzt habe. Er sei den Bachlauf entlanggerutscht und gesund und wohlbehalten gelandet, ein wenig wie Road Runner und Wile E. Coyote, aber mit mehr Glück. Gut davongekommen sind auch die Petroglyphen, weil sie hier vor der Witterung geschützt sind. Andere anderswo sind Sonne und Regen ausgeliefert.

Was an diesen und weiteren Zeichen in dieser Wüste, in Anfashieh unweit der Khazali-Schlucht, vor allem auffällt, ist ihre Konzentration an bestimmten Stellen. Als hätte eine erstmals eingravierte Petroglyphe wie ein Hinweisschild, eine Aufforderung gewirkt, hier weitere anzubringen. Dabei zogen manche Felsen Zeichen geradezu magnetisch an, während andere kahl blieben. Und mit dem Auftauchen erster Schrift, zunächst mit dem Nabatäischen, gesellte sich diese sogleich zu den Figuren. Um mehr zu verkünden, offensichtlich um Götter anzurufen und später Mohammed zu lobpreisen. Diese Ergänzung, diese Verbindung zwischen Figuren und verschrifteter Sprache zeugt von den Schichten unserer Codes, die aneinander erinnern und sich wechselseitig evozieren. Eine Botschaft zu hinterlassen, bedeutet mehr als nur den Inhalt dieser einzelnen Botschaft. Sie ist selbst *Substanz*.

In seinen *Sieben Säulen der Weisheit* sagt Lawrence, die Abstraktheit des Wüstenpanoramas habe ihn geläutert. Mich dagegen hat gerade die Abstraktheit dieser Zeichen, die wie Meteore am Himmel erscheinen, im Geiste getroffen – meteorische Zeichen, die eingraviert auf denselben Fels durch die Schichten der Zeit hindurch Konstellationen von Symbolen, Schichtungen von Substanz erschaffen haben. Und dies ist nicht der einzige Ort auf der Welt, an dem Petroglyphen wie magnetisch weitere Petroglyphen angezogen haben.[5]

Wer weiß, warum der menschliche Geist wie die physikalische Schwerkraft alles auf einen Punkt im Raum konzentrieren muss. Es begann im Neolithikum und setzt sich noch heute fort, an denselben Stellen, nach den gleichen Regeln. «Meteore», die zusammenstreben, anstatt auseinanderzufliegen. Bei aller Undurchschaubarkeit hat der Mensch auch etwas Vorhersehbares: Er neigt von Natur dazu, die Nähe zu seinesgleichen zu suchen. Das gilt für ihn selbst wie für die von ihm geschaffenen Zeichen.

---

[5] Die Oberfläche des «Newspaper Rock» in Utah, USA, ist mit einer der größten Ansammlungen an Petroglyphen überzogen und sieht deswegen tatsächlich wie eine Zeitungsseite aus. Auch wenn die Gravuren deutlich später (ab 2000 v. Chr.) und denkbar weit von der jordanischen Wüste entfernt entstanden, atmen sie denselben Geist: Die über sechshundert Felsbilder, die auf engstem Raum konzentriert sind, stammen von so verschiedenen Kulturen und Völkern wie den Ansazi, Fremont, Navajo, Anglo und Pueblo. Der Bibelspruch «Wer hat, dem wird gegeben» gilt hier im buchstäblichen Sinn.

GEWÄSSER

Wechseln wir den Kontinent, wechseln wir das Element. Auf der Weltreise, die wir auf den nachfolgenden Seiten unternehmen, springen wir von einem Erdteil zum nächsten. Verlassen wir die Wüste, die wilden Farben des Nahen Ostens, befreien wir uns vom gleißenden Licht des Sands und begeben uns in die Neue Welt, ans Wasser, an einen (inzwischen allerdings ausgetrockneten) See, der viele Überraschungen birgt, und dann zu legendären Petroglyphen auf einem Archipel im Pazifik. Und mit einem letzten Sprung – einem dritten, aber ohne Salto mortale – kehren wir ins heimische Italien zurück, wo wir uns abschließend noch in ein natürliches Schwimmbad stürzen.

Amerika

Geometrien

Der US-Bundesstaat Nevada ist als Drehort der Filmkomödie *Hangover* und für seine Blitzhochzeiten berühmt. Seine Geschichte beginnt für die westliche Welt erst im Jahr 1770, als der Franziskanermissionar Francisco Garcés aus Spanien hier eintraf. Das Kolonialreich hatte sich Nevada wie ein Tortenstück einverleibt und es seinem Vizekönigreich Neuspanien angegliedert. Aber die Geschichtsschreibung kratzt tendenziell nur an der Oberfläche: Unter ihr liegt eine ältere, deutlich frühere Historie verborgen, von der zahlreiche Zeugnisse in einem See zum Vorschein kamen.

Der Winnemucca Lake, 35 Kilometer von Reno entfernt, ist heute nur noch ein imaginärer See und sein Wasser reine Erinnerung. Einst mit dem Pyramid Lake verbunden, hatte er eine Geschichte, die sich mit seinen schwankenden Pegelständen veränderte. Stand das Wasser hoch, blieben seine uralten Schätze unsichtbar. Garcés, ein neugieriger Erkundungsreisender, hat sie womöglich knapp verpasst, obwohl der See schon zu seiner

Zeit ausgetrocknet war. Heute liegen sie frei, *en plein air*: die ältesten Petroglyphen Nordamerikas *(Tafel 20)*.

Dass sie die ältesten sind, wissen wir dank der Radiokarbonmethode und den sich abwechselnden Phasen von Austrocknung und Überflutung, also auch dank der Natur. Auf den unter Wasser liegenden Teilen der Felsen hat sich gelöstes Carbonat abgesetzt und die Ritzzeichnungen dabei mit einer Schicht aus weißem Kalkstein überzogen. In den Trockenphasen tauchten die Petroglyphen – mitsamt ihrer Kruste – wie der Phönix aus der Asche auf. Und dieses Carbonat ist für Forschende von gewaltigem Wert: Es ist datierbar. Zudem verraten uns Analysen der Sedimente des Pyramid Lake viel über zurückliegende Pegelschwankungen. Diese Elemente ermöglichen trotz aller Ungenauigkeit eine gute zeitliche Eingrenzung der Entstehung dieser Petroglyphen.

Im Jahr 2013 wurde es dann enthüllt: Die Petroglyphen sind höchstens vierzehntausendachthundert und mindestens zehntausendfünfhundert Jahre alt. Dass sie aus sehr früher Zeit stammten, war in etwa bekannt gewesen, aber eine so frühe Entstehung verblüffte dann doch. Sich eine Vorstellung davon zu machen, welche Verhältnisse in der Region damals herrschten, wer dort lebte und wie, das bleibt allerdings schwierig. Wir wissen wenig, sehr wenig, und dieses Wenige ruht nicht auf solider Grundlage.

Der Mensch traf am Ende der letzten Eiszeit in Amerika ein, im Zeitraum zwischen fünfunddreißig- und zweiunddreißigtausend Jahren vor heute (was unter Genetikern, Linguisten und Archäologen immer noch diskutiert wird). Archäologische Funde, die seine Anwesenheit belegen, sind auf eine Zeit von vor über zwanzigtausend Jahren datierbar. Dabei ist ziemlich unklar, ob nicht schon früher, vor mindestens vierzigtausend Jahren, Menschen von Asien aus über die Beringstraße eingewandert waren. Diese verband damals als eine Landbrücke beide Kontinente miteinander. Wenn die Petroglyphen tatsächlich so alt sind (ich sehe keinen Anlass, daran zu zweifeln), dann waren die Ururgroßeltern der Urgroßeltern der Großeltern der amerikanischen indigenen Bevölkerung in der Entwicklung schon weiter vorangeschritten als die Menschen in Europa (ich warne schon hier vor den üblichen Einteilungen in das «Zuerst» und das «Danach»).

Das widerspricht dem Bild vom unkultivierten Amerika, diesem gewagten Eurozentrismus, wonach die Alte Welt dem übrigen Globus mit Erfindungen weit voraus gewesen sei. Man schaue sich diese Petroglyphen genau an. Wirken sie wie Kritzeleien? Man muss genauer hinschauen. Zwar entstanden zur gleichen Zeit in den Höhlen im heutigen Frankreich Felszeichnungen von Bären, Wisenten und Löwen mit akribischer Genauigkeit, aber auf diesen amerikanischen Kalksteinfelsen wurde schon mit abstrakten Formen experimentiert, mit Geometrien, und zwar im großen Stil. Die Gravuren sind meisterhaft ausgeführt, mit komplexen Zeichnungen aus Punkten und tief eingeschnittenen Linien.

Sie senden eine Art visuelles Alarmsignal aus, das schon aus weiter Entfernung sichtbar ist, ähnlich einer monumentalen Skulptur, die sich nicht in Details verliert, weil sie in der Gesamtsicht wirken soll. Als ein Blickfang. Zudem taucht in ihnen erstmals Landschaft auf, eine Flora, die in den europäischen Felsbildern auffälligerweise fehlt. Dort geht der Trend generell zur Darstellung seltener und begehrter Tiere, während man nach einem Himmel, einer Blüte oder einem Panorama vergebens sucht. Hier wachsen die Bäume dagegen geradezu in den Himmel: Und diese Bilder sind keine Skizzen, sondern Darstellungen von Bäumen, an denen sogar die Äderungen von Blättern erkennbar sind. Abgebildet ist auch eine Reihe von Rhomben, die wie eingefasste Edelsteine wirken. Manche Gelehrte sehen in diesen Petroglyphen meteorologische Symbole: Blitze und Wolken. Vielleicht sind es auch nur suggestive Täuschungen. Wie mehrfach erwähnt, neigen wir dazu, in Formen «Dinge» hineinzulesen, die gar nicht da sind.

Die Petroglyphen des Winnemucca Lake sind nicht allein auf weiter Flur. Konzentriert tauchen Zeichen zum Beispiel auch im kalifornischen Great Basin auf, selbst wenn sie weniger beeindrucken und insgesamt eher gewöhnlich sind: Zeichnungen von Tieren, Menschen oder Händen. An keiner anderen Stätte in Amerika, an der sich Petroglyphen finden, ist ein klarer Trend zu geometrischen Formen erkennbar.

Hüten wir uns beim Betrachten dieser Formen vor dem groben Fehler, sie für etwas Schlichtes zu halten. Der Glaube, geometrische Formen seien elementarer, primitiver oder einfacher, täuscht. Gerade wegen ihrer Geometrie sind diese Petroglyphen komplexe kulturelle Objekte, die uns etwas lehren, obwohl wir nicht die blasseste Ahnung haben, was sie bedeuten. Und hier sei nochmals gewarnt: Diese Zeichen lehren uns, dass wir die Brille der Werturteile absetzen und diese Symbole ohne die vorgefasste Idee eines «Zuerst» und eines «Danach» betrachten müssen, die Vorstellung, dass etwas zuerst zu tun oder zu schaffen auch einen Vorrang bedeutet gegenüber denjenigen, die angeblich später kommen. In unserer kulturellen Entwicklung gibt es keinen Determinismus und keine lineare Progression.

Es gibt keine höhere oder niederere Kultur, keine Vorhut und keine Nachzügler. Es gibt nur verschiedene Kontexte, Präferenzen, Traditionen und Symbole, die ihre besondere Bedeutung haben und in der Entwicklung ihrer eigenen Bahn folgen, von äußeren Bedingungen begünstigt oder auch nicht. Wo es um Schöpfungen und Erfindungen auf der langen Zeitachse geht, schaden solche Klassifikationen.

Versteckspiel

Aber ich möchte auf eine Schöpfung eingehen, die tatsächlich einzigartig ist. Machen wir einen Ausflug nach Hawaii, genauer auf die Insel O'ahu. Vor wenigen Jahren wurden an der Küste von Wai'anae im Westen der Insel siebzehn riesige Petroglyphen entdeckt. Sie sind nicht so alt wie die anderen – wir machen also einen Ausflug in eindeutig historische Zeiten –, interessieren uns aber deshalb für sie, weil sie in der Prä-Cook-Ära entstanden sind. Diese Periode bezeichnet die Zeit vor Ankunft der Europäer auf den Inseln, mit der Landung von Captain James Cook 1778. Sie sind also mindestens vierhundert Jahre alt und womöglich älter. Und das ist nicht bedeutungslos.

Auf die Hawaii-Inseln reist man zum Surfen und um Vulkane zu bestaunen, aber eigentlich sind sie Museen mit Schaukästen, in denen Tausende und Abertausende hawaiianische Petroglyphen (auf Hawaiianisch «*kii pohaku*») ausgestellt sind. Wir machen bei diesen siebzehn kurz halt, weil sich ihre Felsen als einzige am Kalksteinstrand in gerader Reihe am Wasser entlangziehen. Sie fielen 2016 einem texanischen Ehepaar auf, und nur deshalb, weil sie gerade in dem Augenblick von der untergehenden

Sonne angestrahlt wurden, als eine Welle den Sand über ihnen fortgespült hatte. Diese Zeichen sind den Launen des Meeres ausgeliefert, das sie immer wieder mit Sand zudeckt und vor den Augen der Menschen versteckt, ähnlich wie einst das Wasser des Winnemucca Lake, das die dortigen Schätze über Jahrtausende abwechselnd versteckte und zum Vorschein brachte. Die hawaiianischen Petroglyphen tauchen bei diesem Versteckspiel allerdings nur selten auf. Aber wenn sie ans Licht kommen, offenbaren sie vieles.

Es sind aneinandergereihte menschliche Figuren mit einer Größe von bis zu eineinhalb Metern, einige mit präzise gravierten Händen mit fünf Fingern. Manche Figuren sind anscheinend beim Surfen dargestellt, mit einem Brett unter den Füßen. Aber wenn man diesen Eindruck auf seine Richtigkeit überprüfen will, macht einem das Versteckspiel der Wellen einen Strich durch die Rechnung. Für eine Bestätigung müssen wir uns nach Big Island begeben, die gleichnamige Hauptinsel Hawaiis. Entlang der South Kohala Coast, im Puako Petroglyph Preserve, sind hier über dreitausend Petroglyphen in den Vulkanfels graviert. In Pu'u Loa, ebenfalls auf Big Island, sind sogar über dreiundzwanzigtausend sichtbar. Falls die geringste Chance besteht, Petroglyphen mit Surfer-Motiv zu entdecken, müssten sie uns rein statistisch in diesen beiden Parks aus Lava begegnen.

Aber Vorsicht. Dies sind keine Orte für gedankenlose Vergnügungen, sondern heilige Stätten. Pu'u Loa bedeutet «Hügel des langen Lebens». Für die Hawaiianer, die sie in den Fels gravierten, hatten die Petroglyphen eine rituelle Bedeutung und dienten als symbolträchtige Schreine, in denen die Nabelschnüre Neugeborener verwahrt wurden. In einer Zeremonie mit genau festgelegtem Ablauf wurden diese in die Vertiefung der Petroglyphe gelegt und mit Felsbrocken bedeckt, um dem Säugling ein langes Leben zu sichern. Der Ort markiert einen *Piko*, einen Nabel oder ein Zentrum, in dem ein Leben seinen Anfang genommen hat.

Den Surfer zu suchen heißt, mit einer lokalen, auch spirituellen Tradition in Verbindung zu treten. Ob das Surfen ursprünglich tatsächlich aus der hawaiianischen Kultur stammt oder anderswo in Polynesien erfunden wurde, ist nicht bekannt. Gesichert ist, dass diese Sportart hier, auf den Wellen und im Wind vor diesen Inseln, ihre erste Blütezeit erlebte.

Amerika

Das Wellenreiten vor den Hawaii-Inseln war eine gesellschaftliche Aktivität, eine Kunst und ein Glaube, beides zusammen und noch mehr. Es war insofern von einem demokratischen Hauch beseelt, als Männer, Frauen und Kinder sämtlicher Schichten an ihm teilhatten. Ein lokaler Mythos erzählt, Kelea, die Prinzessin von Maui, habe eine einzige große Liebe gehabt: das Wellenreiten. Sie litt unter *hōpūpū*, dem Surffieber. Vollständig hieß sie Keleanohoana'api'api, aber wir müssen uns das Leben nicht unnötig schwer machen. Kelea war eine der geschicktesten Surferinnen der Insel. Dem Mythos zufolge (von dem es indes verschiedene Versionen gibt) soll sie bei einem ihrer Ritte auf dem geliebten Brett inmitten der Wellen dem König Lo-Lale aufgefallen sein. Er habe sie entführt und nach Oʻahu gebracht. Die Namen stimmen, ich schwör's.

Die Geschichte unterscheidet sich gar nicht so sehr von der der Helena von Troja, aber mit einer unerwarteten Wendung: Kelea verließ Lo-Lale (eine hawaiianische Scheidung). Sie hatte einen triftigen Grund: Surfen war nicht seine Leidenschaft. Kelea begnügte sich mit dem weniger bedeutenden König Kalamakua: Er war kein Snob (hawaiianische Demokratie) und kam mit dem Wellenreiten einigermaßen zurecht. Offenbar lebten sie lange glücklich und zufrieden.

Ein Mythos hilft uns immer. Die Zeichen, die er in diesem Fall hinterließ, geben keinen Anlass zum Zweifeln. Unter den Tausenden von Felsbildern, den Figuren von Seeschildkröten und schematisch dargestellten Menschen finden wir die Bestätigung, nach der wir suchten: die Petroglyphe eines Bewohners dieser Insel aus der Prä-Cook-Ära, der zweifelsfrei und auf den ersten Blick erkennbar beim Surfen dargestellt ist.

Poesie und Umfeld, Italien

Hirsche

Machen wir uns auf, fahren wir in Urlaub. Springen wir blitzschnell auf die andere Seite des Globus, Jetlag garantiert. Wechseln wir die Zeitzone, als gebe es kein Morgen, auch wenn dort, von wo wir herkommen, eigentlich schon gestern ist. Nach Hawaii ist es Zeit, ins heimatliche Italien zurückzukehren.

Der Salento – Italiens Stiefelabsatz – zeigt sich in der Urlaubszeit in leuchtenden Tönen von Blau, dem des Himmels, des Meeres, der Sonnenschirme und der Fischschuppen. Das Weiß der Türme, der Bögen, der Einbuchtungen und Auswölbungen einer Kalksteinküste bildet dazu einen blendenden Kontrast. Ich lasse mich allerdings von anderen Dingen blenden: Ich gehöre zu dem – winzigen oder vielleicht auch nicht – Prozentsatz der Bevölkerung, die es einfach nicht lassen können: Bei Ferienaufenthalten bin auch ich immer auf der Suche nach *Lesestoff*. Und dabei rede ich nicht von Büchern.

Die Suche nach diesem *Lesestoff* ist eine Sucht, die wir «Semiotitis» nennen könnten, würde die Bezeichnung nicht andere Erkrankungen vermuten lassen. Bei Leuten wie mir ist das eine chronische Störung, bei der Anfälle überall möglich sind, sogar wenn ich nur einen Film mit Untertiteln anschaue. Die akutesten Symptome treten unterwegs auf Reisen auf: vor Wegweisern inmitten nichtssagender Landschaften, vor Schildern am Straßenrand oder vor Informationsblättern in einem Zug. Ich richte meinen Aufmerksamkeitsradar auf die Buchstaben, Ikone und Linien und blende alles andere aus. Meine Augen scannen die ganze Umgebung ab, *nur* auf der Suche nach Zeichen. Und dabei beschränken sie sich nicht darauf, sie (sofern möglich) zu lesen, sondern *machen regelrecht Jagd* auf sie. Dieser Antrieb, der für die Symptome sorgt, übernimmt in der Planungsphase bei der Auswahl der Reiseziele die Regie. Der Imperativ lautet, Stätten zu besichtigen, an denen Zeichen vorkommen. Unverständliche, wenn möglich.

Auf einer Reise durch Apulien, die einfach nur (mit dem von der Begleitung auferlegten Mantra: «Bloß keine Arbeit») zur Erholung gedacht gewesen war, hat mich meine Sucht zu Besuchen verschiedener Stätten angetrieben, weil es dort Zeichen zu sehen gab, natürlich nur zufällig in der Nähe liegende und ohne dass ich Handbücher der neolithischen Archäologie zur Hand gehabt hätte, die mir mein Jagdrevier aufgezeigt hätten.

Die erste, die Grotta dei Cervi in Porto Badisco, liegt nahe an der Südspitze Apuliens.[6] Die Reise dorthin führt endlos und ununterbrochen durch Olivenhaine. Um uns die Verhältnisse vorzustellen, die zu den uns interessierenden Entstehungszeiten der Zeichen herrschten, müssen wir an eine Aufeinanderfolge aus Eichenwäldern und mediterranem Buschwald denken. Seither sind rund siebentausend Jahre vergangen. Die ursprüngliche Vegetation ist komplett der genannten eintönigen Monokultur gewichen.

Und die erstreckt sich bis zu dem kleinen, wunderschönen Strand von Porto Badisco und zur Höhle, die mehr als zwanzig Meter unter dem Meeresspiegel liegt. Sie ist über zweitausend Meter lang. Um hineinzugelangen, muss man sich durch einen langen matschigen Stollen zwängen. Aber um sich dann von den Strapazen zu erholen, genügt ein Blick nach oben, und schon kommen die ockerfarbenen Zeichen in Sicht, Darstellungen von Männern und Frauen, erstellt mit wenigen Strichen, aus einzelnen Segmenten, spindeldürr und extrem stilisiert (wenn auch mit deutlich erkennbarem Geschlechtsunterschied). Die kantigen Züge dieser menschlichen Zeichen stehen in klarem Kontrast zu den Kalksteinwänden, die in gewundenen und plastischen Wellen verlaufen wie die anbrandenden Wogen des Meeres draußen am Strand.

Über dreitausend Zeichen verteilen sich über die ganze Höhle; sie weist damit die höchste Konzentration an neolithischen Zeichen (von rund 5000 v. Chr.) in ganz Europa auf. Ein Saal wartet mit einer Fülle schwarzer Zeichen auf, mit Bögen schulternden und Hirsche jagenden Männern. Die Hirsche sind bis auf die Knochen abgemagert und so stark

---

6 Diese «Hirschhöhle» ist nur mit Sondergenehmigung zugänglich.

stilisiert, dass es eine preisverdächtige Leistung darstellt, sie auf Anhieb als Hirsche zu erkennen.

Um sie herum verteilt sich eine Konstellation aus abstrakten Zeichen, bei denen es sich aber nicht um die üblichen, schlichten idiomorphen Zeichen handelt, die wir aus den französischen paläolithischen Höhlen kennen. Sie sind das Beste, was uns die Protosalentiner zu bieten haben.

Labyrinthartige Spiralen, komplexe, sich überschneidende Schnörkel wie Trauben, Schraubenlinien oder Zeichen in Form des Malteserkreuzes. Anthropomorphe, aus Schlangen- und Zickzacklinien bestehende Figuren scheinen sich zu regen, zu tanzen, mit Gliedmaßen aus Spiralen, mit Armen in Bewegung. Sie scheinen zu schweben oder zu springen. Alles scheint in dieser neolithischen Höhle mit ihren hochkomplexen Zeichen möglich oder unmöglich zu sein, mit gleicher hypothetischer Aussagekraft. Unfehlbar tauchen positive Handabdrücke (aus schwarzem Pigment) auf, klein wie die von Kindern, es hat den Anschein, als seien sie das Ergebnis von Initiationsriten. Es ist, als seien wir in die Chauvet-Höhle zurückgekehrt.

Bevor wir die Tüpfelchen auf zwei i setzen, erwähnen wir noch ein sympathisches Detail und stellen eine Überlegung an.

Die schwarzen Figuren sind auffällig pechschwarz, dunkler als das Schwarz von Ruß. Für ihre Zeichnung verwendeten die Protosalentiner offenbar eine Zutat, die man anders als Kohle nicht unbedingt erwarten würde: Fledermausguano, vermischt mit Wasser und vielleicht noch anderem. Er war hier ja am schnellsten verfügbar. Die Kraft dieser Zeichen liegt auch in der Technik, die das natürliche Ekelempfinden, zumindest unser modern getrimmtes, einer Herausforderung unterzieht. Wer weiß, wie es sich bei den Schöpfern dieser Zeichen verhielt.

Obwohl nur ein Detail, eine anekdotische Fußnote, regt diese Feststellung zum Nachdenken an. Diese Männer, Frauen und Kinder, die sich die Hände mit Guano bestrichen, waren keineswegs primitiv, sondern vielmehr mit einem modernen Gehirn ausgestattet und zum abstrakten Denken befähigt. Sie waren in der Lage, sich selbst zu zeichnen und Embleme zu erfinden. Sie überwanden die menschliche Abneigung gegen körperliche Anstrengungen, um in diese Höhle zu gelangen und dort höchst komplexe Bilder zu hinterlassen. Zeichen zu erstellen, ist bei uns

Poesie und Umfeld, Italien

Menschen ein instinktiver, universeller und raumgreifender Antrieb, der Kontexte und Grenzen sprengt sowie Abneigungen und Schwierigkeiten überwinden hilft. Er besteht im Reiz der geistigen Herausforderung, aber nicht nur. Er ist ein weit und weltweit verbreiteter und sich überallhin ausbreitender kultureller Virus: in ein Schlupfloch zu kriechen, um ein Ikon, ein Emblem oder ein Symbol auf einer Oberfläche zu hinterlassen, die diese Zeichen bewahrt und ihnen als Heimstatt dient.

Die Pünktchen verbinden

Schauen wir uns diese Zeichen genauer an, ausgehend von all dem, als was sie erscheinen. Von dem, was darüber gesagt, geschrieben und gedacht worden ist, wie sie aussehen und was sie möglicherweise darstellen könnten.

Beginnen wir vor allem damit, dass die Zeichen in dieser Höhle fast beständig als «Piktogramme» definiert wurden.

Einige der anthropomorphen «Piktogramme» zeigen besondere Merkmale: Manche tragen eine seltsame, aus Schnörkeln bestehende Kopfbedeckung, andere haben Hörner auf dem Haupt, und wieder andere scheinen einen Tanz aufzuführen, der nur ein ritueller sein kann. Anscheinend sind es Schamanen. Raum für große Zweifel blieb da nicht *(Tafel 21)*.

Andere anthropomorphe «Piktogramme» sind zu Gruppen zusammengestellt. Die Zeichen in Form von Malteserkreuzen haben einen ockerfarbenen Grund und werden in Guanoschwarz wiederaufgegriffen. Aber wenn man genau hinschaut, scheinen sie sich aus vier Männern zusammenzusetzen, die, zu einem Kreuz gruppiert, miteinander um ein Etwas herumzupalavern scheinen, das wie ein Tisch erscheint, weil es – zumindest dem Anschein nach – vier Beine hat.

Alle vier haben zweifellos unterschiedliche Kopfbedeckungen. Also scheinen sie verschiedenen «Clans» anzugehören. Es sind wichtige Personen, aber eben Vertreter unterschiedlicher Gruppen. Es scheint sich um ein neolithisches Konzil zu handeln, das zum Diskutieren zusammengetreten ist.

Können Sie folgen? Ich nicht.

Behandeln Sie das, was ich jetzt sage, mit angemessenen Vorbehalten. Fassen Sie diese Aussagen nicht als Kommentare zu diesen ganzen mit «scheint» versehenen Deutungen auf, sondern als leidenschaftslose und neutrale Hinweise, *unbiased*, wie man im Mailändischen neuerdings sagt. Auch weil jede Interpretation offen ist und im Klima der Offenheit derer, die aufrichtige historische Exegese betreiben wollen, willkommen sein muss. Versuchen wir aber die Pünktchen miteinander zu verbinden, indem wir einige Präzisierungen einbringen.

Der erste Punkt betrifft die Funktion. Wie üblich wird behauptet, die Höhle sei eine Kultstätte für Eingeweihte gewesen, ein Ort, um mit dem Jenseits in Kontakt zu treten. Angesichts des unwegsamen Zugangs war sie gewiss keine Behausung und ebenso wenig ein Ort, der ständig aufgesucht wurde. Könnte er für religiöse Riten in der Gemeinschaft bestimmt gewesen sein? Schon, aber Beweise dafür haben wir nicht. Es gibt keine Belege für einen Kontakt, ein Gespräch, einen Dialog mit dem Jenseits über vermittelnde Schamanen, auch wenn *nolens volens* immer der Schamane um die Ecke kommt, kaum dass von Höhlen die Rede ist.

Der zweite Punkt ist sehr diesseitig, betrifft also die materielle Seite der Zeichen. Es ist ein Detail, das sich um den Begriff «Piktogramm» dreht. Häufig dient er zur Bezeichnung abstrakter Zeichen, selbstverständlich nicht nur von denen in der Grotta dei Cervi.

Bei vielen dieser Zeichen können wir sagen, dass sie vollständig im Reich der Abstraktion angesiedelt sind, ausgedrückt in geometrischen Formen, hier auch in sehr komplexen. Diese Zeichen sind keine Piktogramme. Das Piktogramm ist ein spezielles Zeichen, das glasklar und haargenau erkennbar etwas Gegenständliches darstellt. Hier kann es sich allenfalls um Embleme oder Symbole handeln. Soweit das Piktogramm als Stadium in einer Entwicklung existiert, ist es als Begriff auf ein sich herausbildendes Schriftsystem anwendbar, das mit einem ikonischen Inventar beginnt, zu dem es eindeutig identifizierbare materielle Bezugsobjekte gibt. Und auch wenn der Terminus als Gegenbegriff zu «Petroglyphen», zur epigraphischen Unterscheidung zwischen dem «gemalten» und dem «gravierten» Zeichen genutzt werden kann, trifft dies weder in der Grotta dei Cervi noch anderswo zu.

Obwohl dies fachliche Details sind, haben die Namen, mit denen wir die Dinge bezeichnen, durchaus Bedeutung. Sie sind der Anfang von allem, der Beginn der Sprache und ihrer Verschriftlichung. Das Konzept von einer Sache und die Bezeichnung, die wir ihr geben, ist sehr bedeutsam, vor allem wenn wir uns in das Denken dessen zu versetzen versuchen, der dieses Konzept aufgebracht hat, und er nicht parat steht, um es uns zu erklären. In den neolithischen Höhlen lauern zahllose metaphorische Fallstricke.

Hineinstürzen

Apropos ungeschickte Griffe in die Namenskiste. Bezeichnungen sind zwar wichtig, aber häufig auch tückisch. Der Name des Ortes, an den wir uns jetzt begeben, führt uns gleich zwei- oder dreimal in die Irre.

Grotta della Poesia.

Als erste Täuschung ist diese «Grotte» gar keine Höhle, sondern ein wunderschönes Naturschwimmbad aus Karstgestein, dessen einstmals bestehende Decke eingestürzt ist. Touristen, die seine Geschichte nicht kennen und vom Badeverbot nichts wissen wollen, stürzen sich *en masse* in seine Fluten. Von der Täuschung zur Posse.

Zweitens hat der poetische Name dieses verträumten Ortes nichts mit Poesie zu tun: Dieses «*Poesia*» leitet sich vom mittelgriechischen «posis» und später vom Begriff «posia» her, der sich auf eine Süßwasserquelle bezog.

Und als dritte Täuschung gibt es nicht nur eine, sondern gleich zwei «Grotta della Poesia», eine große und eine kleine, die rund sechzig Meter voneinander entfernt liegen.

Wir sind der salentinischen Küstenlinie weiter nach Norden gefolgt und gelangen nach Melendugno in der Provinz Lecce. In der Nähe des Ortes liegt die archäologische Fundstätte Roca Vecchia, eine einst glanzvolle Siedlung, die mit Sorgfalt freigelegt wurde, angeschmiegt an die Küste, als hänge ihr Leben vom Meer ab, und auf einer Halbinsel errichtet, die einst eine imposante Wehrmauer schützte.

Zahlreiche übers offene Meer verlaufende Fäden verbanden diesen Ort im 2. Jahrtausend v. Chr. mit den ägäischen Völkern, zunächst den

Minoern und später den Mykenern. Roca Vecchia hatte kein einfaches Leben. Mehrfach zerstört und wieder aufgebaut, belagert und niedergebrannt, erlitt es das Schicksal aller allzu exponierten und strategisch wichtigen Vorposten. Die Spuren einer Feuersbrunst sind noch erkennbar, hinter den Überbleibseln von Verteidigungsanlagen, die in Italien in dieser protohistorischen Zeit ihresgleichen suchten.

Von der blutigen Geschichte zeugen die Skelette von sieben Menschen, die, hinter einem Eingang verschanzt, in der Falle saßen und erstickten. Zum Vorschein kamen die Reste eines erstochenen Jungen, sowie in der Nähe ein ägäischer Dolch und eine kleine Elfenbeinstatuette in Form einer Ente, wohl levantinischen Ursprungs, ein zärtliches Detail inmitten dieser Zeugnisse der Gewalt. Mehr sage ich nicht, denn die hier herrschende Atmosphäre müsste deutlich geworden sein. Auch wenn uns diese Stätte vor allem aus wissenschaftlichen Gründen interessiert, besuchen wir sie jetzt wegen etwas anderem.

Eben wegen der beiden genannten Wasserbecken, der Grotta della Poesia, von denen eine buchstäblich Zeichen gesetzt hat.

Kleine Poesie

Wir besuchen das zweite, das kleinere Bad, das im Gegensatz zum anderen, in das sich Leute hineinstürzen, in Vergessenheit geraten und mit Betretungsverboten belegt ist. Eine Perle in elliptischer Form, vernachlässigt und ignoriert, dem nagenden Zahn der Zeit und dem Wüten des Meerwassers überlassen. Der höher gelegene Teil ist oben offen, weil auch hier wie in der großen Grotta die Höhlendecke eingestürzt ist.

Im Jahr 1983 machte der Archäologe Cosimo Pagliara von der Universität Salento eine spektakuläre Entdeckung. In eleganten Worten erzählt er uns, wie er auf einem Boot vom Meer aus durch eine Felsspalte in die Höhle hineinfuhr, von den wilden Feigen an den Rändern, die das Wasser streiften, von der Stille und den glitzernden Reflexen. Man sieht ihn geradezu vor sich. Und in einem Crescendo berichtet er dann in seiner archäologischen Erzählung von den «Spuren intensiver Aktivitäten des Ritzens, in extremer Dichte und fast überall». Er berichtet von einer

Menge nicht näher beschriebener Zeichen sowie von bis zu acht Meter hohen Graffiti an den Felswänden des Beckens und schildert die Aufregung bei ihrer Entdeckung. Die ältesten Zeichen liegen in einem tieferen Bereich, wo sie das Meer bedroht: Graffiti von Händen, Füßen und Menschen, von Tieren und einige wenige geometrische Formen, ähnlich den schlichtesten in der Grotta dei Cervi bei Porto Badisco.

Abgebildet sind ägäische Zeichen, was eigentlich nicht überrascht, aber doch wie ein Wunder begeistert, wenn man sie hier, eingeritzt in eine Felswand im Wasser, leibhaftig vor sich sieht: eine Doppelaxt und ein Bukranion.

Es sind Symbole ägäischer Kulturen, die das Meer erobert und sich bis hierher ausgebreitet haben. Auch wenn die Schrift zur damaligen Zeit bereits erfunden und entwickelt worden war, stellen die Zeichen, Zeichnungen und chaotischen Kritzeleien auf diesen Felswänden – diese *Graffiti* – kein besonderes Merkmal, keine typische Tradition der ägäischen Völker dar. Diese schrieben fast ausschließlich auf Tafeln mit der (bislang unentzifferten) Linearschrift A und der (entzifferten) Linearschrift B, um Verwaltungsabläufe in ihren (minoischen oder mykenischen) Palästen zu dokumentieren.

Hier wurde auf prachtvolle Weise etwas anderes geschaffen. Diese Bewohner nutzen die Symbole der ägäischen Kultur und verarbeiteten sie zu etwas Eigenem. Oder vielleicht sind hier sogar die Ägäer selbst aus ihren bürokratischen Gleisen ausgeschert, um mit Einfallsreichtum außerhalb der gewohnten Bahnen Zeichnungen anzufertigen. Aber unabhängig von der richtigen Erklärung: Wie schön, einmal auf eine Ausnahme von der Regel zu stoßen.

In der Grotta finden sich auch echte Inschriften, allerdings aus jüngerer Zeit. Ich kann Ihnen zumindest Beispiele für echte Schrift präsentieren: Votivinschriften in messapischer Sprache und Latein, ebenso in Griechisch, wenn auch von geringerer Qualität. Sie müssen auf die Zeit zwischen Mitte des 4. und Ende des 2. Jahrhunderts v. Chr. datiert werden. Und schließlich entdecken wir auch Namen: den des einheimischen Gottes Thaotor Andirahas, der in Latein als Tutor Andraios transkribiert wird. Diese neueren, aus historischer Zeit stammenden Inschriften stehen vielleicht in einem allzu schrillen Kontrast zu den ganzen vorgeschichtlichen Relikten, die wir bislang sahen. Unwichtig: Ich habe die kleine Grotta della Poesia nicht zufällig ausgewählt.

Der Punkt ist, dass diese kleine und unbeachtete Höhle, die einer ungewissen, wenn nicht unheilvollen Zukunft entgegenblickt, vor Jahrtausenden zu einem natürlichen Verwahrort von Zeichen und Emblemen wurde, zu einer Zeit, als es noch keine Schrift gab. Und dann erfolgte gewissermaßen ihre *Alphabetisierung*. Sie zeugt von einer historischen Schichtung, einer in Schritten verlaufenen Bemalung, wie sie im Nahen Osten, anderswo und auch in Italien vorkam. Vielleicht ist die Grotta della Poesia der richtige Ort, um zu erklären, welche versunkenen Schätze sich mit unseren Zeichen heben lassen.

Ich hätte natürlich auch andere Geschichten, von anderen, älteren Fundstätten erzählen können wie Fumane im Veneto, wo dreitausend Jahre alte Tierfiguren zu sehen sind, oder von der ebenfalls in Apulien gelegenen Grotta Paglicci, in der wir erneut auf Handabdrücke und ein Pferd stoßen, gemalt in einem leuchtenden Blutrot, dessen Anblick hypnotisiert, oder von den Addaura-Höhlen auf Sizilien, wo eingeritzte Körper einen Tanz um zwei am Boden liegende Figuren aufzuführen scheinen, eine Szene, die an ein grausames Opferritual mit erzwungener Selbststrangulation gemahnt. Ich hätte Ihnen Dinge zeigen können, die wir Menschen ... aber in meinen Augen hat gerade die Grotta della Poesia etwas Besonderes, so wie die Petroglyphen Jordaniens oder die in den USA: Sie künden von den sich überlagernden Schichten der Fantasie.

Im genannten Fall sind es zwar relativ junge Schichten, aber nichtsdestotrotz erzählen sie uns von Invasionen, von Übergängen, von verschrifteten und gesprochenen Sprachen und von in Kontakt stehenden Identitäten, und dies in einer zeitlichen Aufeinanderfolge. Sie offenbaren die Vielfalt des Denkens, der Gruppen, der Formen und Zeichen. Wenn auch auf indirektem Weg, künden sie davon, wie die Schrift schon bei ihrer Entstehung und ihrem Einzug in die Mäander der Gesellschaft weiterübermittelt, verändert und zum Teil eines Codes der Kommunikation zwischen Menschen wurde und sich immer wieder zu den Bildern gesellte, ohne je die Finger von den Figuren zu lassen.

Folglich geht die Schrift niemals vollständig in abstrakten Formen auf. Im Inneren bewahrt sie sich ihre gegenständliche Natur und umgibt sich gleichzeitig mit Darstellungen, mit denen sie sich aufs Engste verbindet. So reihen sich in der kleinen Grotta della Poesia wie auf den Felsen in der Wüste von Lawrence von Arabien die «Schriften», die Zeichen wirr aneinander, werden zu einer Botschaft aus zahlreichen zeitlichen Schichten, das Werk von Rhapsoden, von Erzählern, von Nachahmenden verschiedener Generationen, zum kumulativen Werk von Schreibern, die sich niemals begegneten.

Schon

In gleicher Weise kommen auch die Bilder seit dem Paläolithikum bis heute nicht ohne die Zeichen aus, ohne die schematischen, geometrischen, idiomorphen und unentzifferbaren. Beide kommen nicht ohneeinander aus. Davon können Sie sich auch heute noch überzeugen, wenn Sie sich Ihre Mitteilungen auf einem beliebigen technischen Medium anschauen. Bilder und Buchstaben speisen sich nicht nur aus derselben Quelle, sondern folgen auch ganz ähnlichen Bahnen, die sie häufig gemeinsam durchlaufen.

Wir brauchen beides, Bilder *und* Buchstaben, um uns zu verständigen, um eine klare, vollständige und erkennbare Nachricht zu hinterlassen.

Ich beschließe dieses Kapitel mit einer Entschuldigung, gerichtet nicht nur an die italienischen Höhlen, die ich übergangen habe. Ich hätte den Horizont noch weiter spannen können angesichts der Tausenden von anderen prähistorischen Petroglyphen, die im Iran, in Indien, in Argentinien und anderswo zum Vorschein kamen. Alle können wir nicht besuchen. Eine Fülle von Beispielen an unterschiedlichen Orten und aus verschiedenen Perioden, dem Jungpaläolithikum oder dem Neolithikum, musste ich zwangsläufig beiseitelassen.

Dieses Buch richtet sich ja auch nicht an die Experten, die mit den Feinheiten, Details und Kontexten vertraut sind und über die Instrumente zum Sezieren, Kritisieren, Ergänzen und Korrigieren verfügen. Dieses Buch soll diejenigen staunen lassen, die, vielleicht erstmals und mit der Begeisterung des Neulings oder Kindes, die Schöpfungen betrachten, die uns Menschen vor Tausenden und Abertausenden Jahren gelangen. Es dient der Freude derer, die beobachten, deuten und ihrer Begeisterung mit folgendem Satz Luft machen müssen: «Unglaublich, was die Menschen *schon damals,* zu dieser Zeit, erschaffen haben. *Schon damals.*»

Ja, schon, denn hier gibt es keine zeitliche Reihenfolge, kein Zuerst und Danach, kein Früher und Später, keinen klaren Anfang und kein vorhersagbares Ende. Die Ereignisse verlaufen nicht immer in der von uns erwarteten Reihenfolge und halten sich auch nicht an festgelegte deterministische Entwicklungslinien. Wir können sicherlich bestimmte Bahnen ausmachen, müssen dabei aber flexibel bleiben – und verstehen, dass auch das, was als ein einzelner Sprung erscheint, sich über lange Zeiträume, in Stufen und einzelnen Schritten vollzogen haben kann wie das Rieseln der Sandkörnchen durch den Hals einer Sanduhr. Es ist weder langsam noch schnell zu nennen, weil die Bezugspunkte niemals absolut sind.

Die Wahrheit, so es eine gibt, lautet nämlich, dass wir Menschen *schon* von vornherein so konstituiert waren, mit unseren Figuren, unseren Protobuchstaben, unseren von Zeichen geprägten Äußerungen und unserem Bedürfnis, diese Zeichen zu hinterlassen, angefangen bei den aufgedrückten Fingerkuppen, ab diesem Moment und bis in die Zukunft. Weiter voran. *Schon.*

Jetzt ist der Augenblick gekommen, um einen Sprung nach oben zu vollziehen.

DER SPRUNG NACH OBEN

Durch ein Loch, das einst ein Fenster gewesen war, konnte er den dunklen Himmel sehen – einen himmlischen Papyrus voller Hieroglyphen. Hermans Blick heftete sich auf drei Sterne, deren Konstellation dem hebräischen Vokal «Segol» glich. Er sah zu den drei Sonnen hinauf, deren jede wahrscheinlich ihre Planeten und Kometen hatte. Wie seltsam, dass ein kleiner, in einen Schädel eingepasster Muskel dazu befähigte, solche fernen Objekte zu sehen. Wie sonderbar, dass eine Schale voll Hirn dauernd Fragen stellte, ohne zu einem Schluss gelangen zu können! Alle schwiegen sie: Gott, die Sterne, die Toten. Die Geschöpfe, die *sprachen,* teilten nichts mit ...

Isaac Bashevis Singer, Feinde, die Geschichte einer Liebe

Bislang haben wir das betrachtet, was wir Menschen auf einer Oberfläche im zweidimensionalen Raum geschaffen haben, nämlich Zeichnungen, Zeichen, Piktogramme, Petroglyphen und Kommunikationssysteme, die auf ikonischen und abstrakten Zeichen beruhen. Jetzt ist der Moment gekommen, uns ganz anders geartete Symbole anzuschauen. Lassen wir über einige Seiten hinweg die codierten Botschaften beiseite. Übergehen wir die «kleinen», sich im Miniaturformat darstellenden Anfänge und geben stattdessen dem Bild eine Stimme und Farbe, das das Symbol vermittelt, wenn es sich vor dem Panorama abzeichnet und zu Majestät gelangt, an Größe gewinnt, zu proklamieren beginnt und sich raumgreifend auch in die dritte Dimension erhebt.

In diesem Kapitel führt unser Sprung in die Abstraktion nach oben. Wie wir sehen werden, unterscheidet sich dieser Wurf ins Vertikale gar nicht so sehr von den Zeichen, die wir bereits sahen, die auf Höhlenwände gemalten, in Felswände in der Wüste gravierten oder von fruchtbarem Boden und Grün umgebenen. Sie sind eine andere Art Symbol, gehören aber dem gleichen Universum der Bearbeitung, der Übertragung und des kognitiven Sprungs an, mit dem sich Neues, bislang nicht Dagewesenes schaffen lässt.

Nennen Sie es, wenn Sie möchten, übermenschliche Schöpfung, Sehnsucht nach Immaterialität, Metaphysik oder auch Ausdruck des Göttlichen. Auf alle Fälle ist es die physische Projektion von etwas Unsichtbarem, das zu sehen uns nicht vergönnt ist. Und deswegen verdienen auch diese Symbole mit vollem Recht einen Platz in dem Reich der Deutung, das Umberto Eco so sehr liebte.

Eine erste Station machen wir auf der anatolischen Halbinsel, in der heutigen Türkei, wo es majestätische, megalithische Mysterien zu bestaunen gibt, die eine eingehende Untersuchung lohnen. Anschließend reisen wir in den Iran und dann auf eine Mittelmeerinsel, die zwischen Sizilien und der afrikanischen Küste liegt. Dort erwartet uns eine attraktive Mischung aus sich überlagernden Kulturen, wo sich die Symbole unsichtbar zu machen scheinen und da, wo sie auftauchen, fast unmöglich zu verstehen sind.

Es beginnt eine Etappe mit nach oben gerichteter Nase, auf der Suche nach Zeichen, die in die Höhe streben. Heben wir also den Blick. Auch wenn wir das selten tun: Balkone, Terrassen oder Dächer betrachten, anstatt die Augen nur auf den Weg vor uns zu heften.

Projektionen, Anatolien

Kriegsheld

Gaziantep ist eine Riesenstadt. Haben Sie noch nie von ihr gehört? Hatte ich auch nicht, bevor ich dort eingetroffen bin. Die Türkei erweitert mit Lichtgeschwindigkeit ihre urbanen Zentren. In diesem jungen Land mit einem Durchschnittsalter von unter dreißig Jahren sind die Peripherien der Städte mit klotzigen Mietskasernen übersät, um einer wachsenden Bevölkerung Obdach zu geben. Schlafstädte schießen wie Pilze aus dem Boden, alle einheitlich und im schmutzigen Weiß des Zements. Ein Haufen zum Billigpreis erschaffener Symmetrien.

Hier, so sagen die Einwohner, esse man den besten Kebab des Landes, milder gewürzt und zarter als bei den anderen. Gaziantep ist die Stadt des zarten Kebab und der lila und grünen Pistazie. Ihre Aromen sind rund, geschmeidig und einladend. Aber Gaziantep ist keine liebliche Stadt. Gar nicht.

Bei der Ankunft taucht man in die Atmosphäre einer Grenzregion ein, aber in keine willkommen heißende, sondern in eine, in der man sich fehl am Platz und irgendwie bedroht fühlt. Das sind die Orte, die mir gefallen – hybrid, zwielichtig und unterschwellig feindselig. Wir sind eine Handvoll Kilometer von der syrischen Grenze entfernt, und auch wenn diese Handvoll großzügig bemessen ist, spürt man in dieser stehenden, fettgeschwängerten und schwülen Luft immer noch dieses Gefühl der Unsicherheit einer Stadt, in der man Raketen pfeifen und Bomben explodieren hörte. «Gazi» heißt auf Türkisch «Kriegsheld», ein Beiname, der der Ortsbezeichnung «Antep» im Unabhängigkeitskrieg in den Zwanzigerjahren des vergangenen Jahrhunderts hinzugefügt wurde.

Hundert Jahre lang wurde Gaziantep nicht nur mit Kriegsheldentum, sondern auch mit heldenhafter Gastfreundschaft verbunden. Kurden sind stark vertreten, und Massen an syrischen Flüchtlingen strömten herein, sodass die Bevölkerung binnen weniger Jahre, ja Tage gigantisch anwuchs. Während des Bürgerkriegs in Syrien trafen alle vierundzwanzig Stunden bis zu zweitausend Menschen ein. Auf diese Art ist Gaziantep mit seinen einst wenigen tausend Einwohnern zu einer Zwei-Millionen-Metropole angeschwollen – in der Größe vergleichbar mit dem großstädtischen, kosmopolitischen und pragmatischen Mailand, allerdings ohne Trends und Moden, ohne Design und Ordnung. Gaziantep ist gewaltig und unförmig. Wie ein Kriegsheld, der unter der Last von allzu vielen Orden gebeugt und erschöpft daherkommt.

Am Flughafen bin ich als die einzige allein reisende Frau allzu auffällig, ziehe allzu viele Blicke auf mich. Als ich spätabends im Hotel ankomme, wecke ich diese interessierte Neugierde, die Leute auf sich lenken, die mit ihrer Anwesenheit Rätsel aufgeben: ein Gefühl, das ich häufig verspürt habe, aber immer wieder als so scharf und stechend empfinde, als stünde ich im grellen Scheinwerferlicht. Weil ich es schwerlich überspielen kann, reagiere ich mit entwaffnendem Entgegenkommen auf die überraschte Miene des Taxifahrers, des Kebab-Verkäufers und des Nachtwächters im Hotel, auf die Fragen und die Verblüffung in ihren Mienen: Was will *die* hier?

Dabei bin ich eigentlich gar nicht allein. Ab Morgen habe ich einen Reisegefährten, auf einer Tour mit vollgestopftem Programm. Für uns beide erfüllt sich ein Traum: Wir besuchen die ältesten Tempel der Welt. Wir fahren nach Göbekli Tepe. Zunächst überqueren wir einen Strom – für uns die x-te Zeitkapsel –, worauf uns eine biblische Stadt erwartet, der Überlieferung nach der Geburtsort Abrahams: Edessa, das heute Şanlıurfa, kurz Urfa heißt. Wir fahren weit nach Osten, zu einem Nullpunkt von allem.

Golden Record

Der Strom, den wir überqueren, lässt uns am ganzen Leib Geschichte verspüren, weil er zu einem Symbol für die Zivilisation in der gängigen Konzeption und Definition geworden ist. Manchmal wird auch ein Fluss, der die ferne Vergangenheit in uns heraufbeschwört, zu einer Zeitmaschine.

Der Euphrat mäandert stärker als sein Bruderfluss Tigris, mit dem er sich erst nach einem Verlauf von fast dreitausend Kilometern vereinigt. Für uns sind die beiden Ströme zum Symbol für das nach ihnen benannte Mesopotamien geworden. In Schriften der Sumerer wurde der Euphrat als eine Art Gottheit beschrieben. Mich erinnert das an etwas anderes.

Im Jahr 1977 verwirklichte die NASA eine zwischen Genialität und Nutzlosigkeit liegende Idee, mit dem Astrophysiker und populärwissenschaftlichen Sachbuchautor Carl Sagan als führendem Kopf: Sie startete das Projekt der beiden Raumsonden Voyager 1 und 2; mit an Bord jeweils eine vergoldete Datenplatte – *Golden Record* –, auf der wie in einer Zeitkapsel alle Informationen über die Erde abgespeichert sind, alle möglichen Symbole, die erklären, wie das Leben auf ihr abläuft und was es bedeutet, «Mensch» zu sein. Sagans Gedanke ist, mit Außerirdischen in Kommunikation zu treten.

Was die NASA-Sonden da ins Weltall trugen, waren Aufnahmen vom Rauschen des Windes und vom Donnergrollen, vom Gesang der Vögel, von Klängen von Bach und Beethoven, Bilder einer Zelle bei der Teilung, der Doppelhelix der DNA, von Fischen und Sonnenuntergängen über dem Wasser. 2012 trat eine der beiden in den interstellaren Raum ein und reist jetzt weit außerhalb der Heliosphäre weiter. Sie ist schon unvorstellbar weit von der Erde entfernt. Aber wie groß ist die Wahrscheinlichkeit, dass jemand die Botschaften auffängt? Nun ja, in dieser nutzlosen Mission drücken sich alle Wunschvorstellungen des Symbole projizierenden Menschen aus, mit seinem nicht kleinzukriegenden Optimismus, der da lautet: «Warum nicht einfach ausprobieren?»

Die zwei Schwesterkapseln liefern sich ein Wettrennen als die Flugobjekte, die in der Menschheitsgeschichte am weitesten gereist sind. Sie sind wie die Flüsse des Zweistromlandes, die seit Millionen Jahren gemeinsame Wege gehen.

Kehren wir zu ihnen, den Zwillingsflüssen, zurück. Der Euphrat, obwohl ganz irdisch, hat es buchstäblich in sich. Er wirkt wie ein sanftmütiges Meer, inmitten seines leichten Dunstschleiers, der über der gesamten, vom Dunkelgelb des Sandes beherrschten Region liegt, mit einem vernebelt gefärbten Wasser, das auch im Sommer seltsam kalt ist. Ganz hinten, am Horizont, zeichnet sich der Damm der Staustufe Birecik ab, deren Wassermassen die Ruinen der römischen Stadt Zeugma ohne jede Scham verschlungen haben. Der Euphrat birgt auch die Zeichen der Zerstörung, die die Menschen beim Bau ihrer Werke angerichtet haben.

Bei einem Gang dem Ufer entlang sieht man in nicht allzu weiter Ferne die Mosaiksteinchen der Stadt, die hinter den Glitzerreflexen der Wellen Verstecken spielen wie erschreckte Nereiden, die blitzartig abtauchen und sich verbergen, um sich dann wieder in vollem Glanz zu zeigen. Es macht den Eindruck, als sähe man den ganzen Planeten und unser Leben inmitten des Weltraums, in den sie hineingeschossen wurden. Symbole unseres Menschseins, unter Wasser oder im Äther.

Aber kehren wir jetzt auf festen Boden zurück.

Monolith

«Schau in den Himmel, wenn du den Mond sehen willst.»

Wenige Kilometer von der Stadt Şanlıurfa entfernt taucht in der gelben Landschaft unvermittelt ein metallener Monolith auf. Auf einer Fassade prangt das oben stehende Epigramm, verfasst in Göktürk, einem System, das vielleicht vom Aramäischen abstammt und über persische Schriftsysteme übermittelt wurde, kurzum in einer Schrift, die weit herumgekommen, aber dem «Türkentum» und den mongolisch-altaischen Wurzeln des türkischen Volkes eng verbunden ist. Und diese Worte stehen nicht zufällig da.

Mit Ihnen hat Recep Tayyip Erdoğan, damals noch Ministerpräsident, das neue Raumfahrtprogramm des Landes angekündigt, mit diesem drei Meter hohen Denkmal, das vage an den schwarzen Monolithen aus *2001:*

Odyssee im Weltraum erinnert. Und welcher Standort wäre dafür geeigneter gewesen als die älteste und geheimnisvollste Fundstätte der gesamten Türkei? Mit dieser Wahl hat er zwei PR-Fliegen mit einer Klappe geschlagen. Zukunft und Vergangenheit, vereint in Göbekli Tepe, wo es, wie wir noch sehen, vor Megalithen nur so wimmelt.

Und Erdoğan nutzt Göbekli Tepe schon seit geraumer Zeit dazu, Eigenwerbung zu betreiben und Touristen anzulocken. Ob es einem gefällt oder nicht, es gelingt ihm meisterhaft, hat er doch den richtigen Geist erfasst. Er beschwört die fernste Vergangenheit seines Volkes, um seine eigene (sehr persönliche) Vorstellung von der Zukunft zu entwerfen. Kaum zu leugnen, dass er diesen Einfall mit kinoreifer Theatralik umgesetzt hat.

Die gesamte Stätte mutet wie eine dieser Filmszenerien an, bei denen man im Sessel klebt, in Erwartung des nächsten Gags, des nächsten Knalleffekts, bis zum überraschenden Finale. Aber zuvor muss gefiebert und eine der lebendigsten menschlichen Empfindungen durchlitten werden, die Spannung.

In Göbekli Tepe ist alles spannend, sogar die Fahrt dorthin. Sie führt über eine öde, staubige schmale Straße, die eine uferlose, völlig flache Ebene zerschneidet, aus der sich vereinzelt wie Quaddeln bislang noch nicht erkundete künstliche Hügel *(tells)* herauswölben. Ihre Ränder sind mit hellbeigen Monolithen neueren Datums markiert, die wie Meilensteine oder anatolische Hermen bestätigen, dass das Ziel immer näher rückt. «Wann kommen wir an?», frage ich als nutzlose Beifahrerin mit einer nutzlosen Karte, die ich nicht lesen kann, die Augen auf die gleißende gelbe Ebene vor mir geheftet, in der bis zum Abwinken weitere künstliche Monolithen aufeinanderfolgen.

Dann kommen wir an, sind aber noch nicht angekommen, denn die Kreisanlage, vor der wir uns befinden, ist nur das Besucherzentrum und eine weitere Zwischenstation auf dem Weg zu unserem noch fünf Kilometer entfernten Ziel. Bevor wir in den Shuttlebus umsteigen, spendiert uns das Zentrum noch eine kinematografische Erfahrung, die aber weniger an Kubrick als vielmehr an Propagandastreifen erinnert. Demonstriert wird die weltweite Einzigartigkeit dieser Stätte, die den Uranfang der Geschichte verkörpere («zero point in time», heißt es wie ein politischer Slogan überall nochmals). Und mit viel Kitsch, wie sich von selbst versteht.

Vom Shuttlebus aus wirkt die Landschaft ausgesprochen hügelig. Angelehnt an die Dollarzeichen, die in Onkel Dagoberts Augen aufleuchten, stelle ich mir die Schaufelzeichen in den Augen des Archäologen vor, der sich zur Ausgrabung all dieser Tells anschickt, die wer weiß welche Schätze bergen. Diese Reihe aus künstlichen flachen Hügeln, zwischen denen vereinzelt Olivenbäume stehen, besteht aus möglichen Göbekli Tepes.

Wir steigen aus dem Bus aus, und sogleich gelangen wir zur Kreisanlage, zu der in Originalversion. Wir schauen in sie hinein: Da stehen sie, die Monolithen, echt und hellbeige wie die umliegende Landschaft, mit der blassen, glanzlosen Sonne über unseren Köpfen.

Vor dem Anbeginn

Wenn man bedenkt, dass wir diese Monolithen beinahe niemals zu Gesicht bekommen hätten ... Göbekli Tepe wurde fast zufällig entdeckt. In den Sechzigerjahren des vergangenen Jahrhunderts führten Archäologen der Universitäten von Cincinnati und Istanbul eine Grabungsmission durch. Bei einer oberflächlichen Untersuchung des Tells entdeckten sie aus dem Boden heraustehende Kalksteinmonolithen. Sie glaubten, sie seien schon wieder auf einen byzantinischen Friedhof gestoßen, stellten die Erkundung ein und zogen ab. Man beachte, dass sie die Reliefs, diese seltsamen Ornamente auf den Monolithen gesehen und diese für Grabsteine gehalten hatten. Grabsteine!

Die Archäologie ist keine exakte Wissenschaft und nicht immer das, als was sie erscheint. Ab und zu ist Fantasie vonnöten, muss die Vorstellungskraft Flügel bekommen. Und um die Bedeutung dieses Ortes zu erfassen, brauchte es die Vision des Archäologen Klaus Schmidt vom Deutschen Archäologischen Institut in Berlin. Er stolperte über die Berichte zu den Erkundungen an der Oberfläche und wurde stutzig. Etwas Instinkt und das geschulte Auge des Ausgräbers verrieten ihm sofort, dass unter diesem Hügel zwangsläufig mehr verborgen lag. Hier musste man graben, der Sache auf den Grund gehen.

Und die Geschichte, auf die Schmidt dabei stieß, reicht so weit in die Vergangenheit zurück, dass sie alle Kalender durcheinanderwirbelte.

Projektionen, Anatolien

Denn Göbekli Tepe (ab hier liebevoll GT genannt) fällt durch das auf, was es auf der Zeitlinie darstellt. GT ist, zumindest bislang noch, der Nullpunkt der Errichtung von Monumentalbauten, der Beginn von etwas, das wir so nicht erwartet hätten. Diese Fundstätte bildet das Glied in einer Kette, durch das die Geschichte umgeschrieben werden muss, einen Heureka-Moment in der Menschheitsentwicklung, einen Archetypus und Widerspruch.

Um GT zu verstehen, müssen wir einen Sprung weit zurück in die Vergangenheit vollziehen, so weit zurück, dass uns die zeitlichen Bezugspunkte fehlen. An ein so frühes Datum «vor Christus» kann sich der Geist nicht gewöhnen. Um die Bedeutung zu verstehen, machen wir ein Experiment.

Frage: Welches sind die ältesten Bauwerke der Welt?
Die ägyptischen Pyramiden?
Die Stadt Uruk?
Stonehenge?
Nicht im Traum. Verdoppeln Sie die Jahrtausende von deren Alter. Göbekli Tepe ist in der Zeit von vor zehntausend oder genauer: vor 9984 Jahren (mit einer Ungenauigkeit von ungefähr zweiundvierzig Jahren) entstanden. Dieses Datum kann als gesichert gelten, denn es wurde kalibriert und mit der Radiokarbonmethode ermittelt – anhand von Kohlenstoffresten im Mörtel einer Wand in dieser Stätte. Und noch ältere Siedlungsschichten stammen aus der Zeit zwölftausend Jahre vor heute.

Bei dieser Fundstätte war zwar ein hohes Alter in Erwägung gezogen worden, aber ein *so* hohes unter keinen Umständen, also musste im Kampf gegen die Skepsis der (von Natur aus skeptischen) Archäologen das schwerste Geschütz aufgefahren werden: die C14-Methode, die jedes Gespenst einer Ungenauigkeit vertreibt, jede Vagheit mit einem treffsicheren Hieb sofort entzweischlägt. O ihr Archäologen des Ungefähren, lasset alle Hoffnung fahren: Die C14 räumt mit allem auf.

GT ist, mit wenigen Worten gesagt, eine Fundstätte aus der Zeit vor Anbeginn dessen, was landläufig als Zivilisation gilt. Und sie sprengt sämtliche Schemata, die Archäologen und Historiker als ihren Kompass benutzten, um Veränderungen der Gesellschaft zu erklären. Sie hat wenig mit den Zeugnissen anderer Gesellschaften aus dieser Zeit zu tun. Trotz ihrer so frühen Entstehung zeugt sie von einem hohen Entwicklungsstand. GT gab es anscheinend schon vor Aufkommen der Keramik, vor der formell organisierten und dauerhaften Landwirtschaft, anscheinend vor der Domestizierung von Tieren und jedweder Ordnung.

Versetzen wir uns ins Jahr 1995: Klaus Schmidt beginnt mit den Erkundungen. Ihm ist bereits bewusst, dass da unten eine intakte, reglose und unberührte Welt schlummert. Er stößt sogleich auf eine Grube, frisch ausgehoben von den Bauern, die mit dem Pflug den Boden gesäubert haben, und entdeckt mittendrin eine Kalksteinplatte mit einem Tier darauf. Ich zitiere Schmidt hier *verbatim*, weil aus ihm hier vielleicht nicht nur der Wissenschaftler, sondern auch teutonische Ironie spricht: «Auf der Platte saß ein Tier. Doch es war nicht lebendig, es war eine Skulptur, oder, um genau zu sein, ein Hochrelief […].» Aber vielleicht war dieses Tier auch tatsächlich so realistisch dargestellt, dass es einem lebendigen zum Verwechseln ähnlich sah. *Voilà:* Diese Kreatur bildet den Auftakt zu der unglaublichen Geschichte um die Ausgrabung von GT.

Drachen und andere Tiere

Wir reden von echten Drachen: Aus der Tafel war die Gestalt einer nicht näher identifizierten Echse herausgearbeitet, als voll ausgebildetes Hochrelief wie in 3D. Mit aufgerissenem Maul und gefletschten Zähnen schien sie aus dem Kalkstein geradezu herauszuspringen. War es gar ein Krokodil? Schwierig, denn von Panzerechsen hatte sich in dieser Region noch nie eine Spur gefunden. Vielleicht ein Fabelwesen, ein Drache? Wo sind wir gelandet? Was ist das für ein Ort, an dem einen fast lebendige Drachen anspringen?

Während wir die Fundstätte erkunden, lasse ich Schmidts Geschichte Revue passieren: Er sieht diesen Ort, der für Jahrtausende in der Versenkung verschwunden war, erstmals wieder und stellt nach und nach fest, dass er auf eine Stätte gestoßen ist, die sein Leben und mit ihm sämtliche Kategorien der Archäologie, die Geschichte der Symbole und unsere Geschichte als entwickelte Menschen verändern wird – wie in einer archäologischen Seifenoper mit immer neuen überraschenden Wendungen.

Die Sondierungen fördern in kurzer Zeit eine unglaubliche Anzahl an bearbeiteten Steinen in T-Form zutage, hohe gigantische und tonnenschwere Pfeiler. Schmidt wird klar, dass hier etwas Großes, alle Vorstellungen Sprengendes wartet. Jetzt geht's los. Alle müssen weg, jetzt ist es an der Zeit zu graben, weg mit den Pflügen, weg mit dem ignoranten Bauern, der alles wie mit dem Vorschlaghammer ruiniert, weil er es nicht besser weiß, ja sich nicht einmal vorstellen kann, was er da anrichtet. Schmidt zahlt ihm als Entschädigung eine großzügige Pacht, um ihn bei Laune zu halten, damit er ihn in Ruhe graben lässt.

Und die Funde nehmen kein Ende. Nicht wie in Stonehenge. Die Pfeiler sind von runden Strukturen umschlossen, von denen inzwischen acht ausgegraben und gut zu erkennen sind. Aber die geophysischen Erkundungen verraten, dass wir es mit insgesamt rund zwanzig zu tun haben. Sie sind groß, einige gewaltig, mit einem Durchmesser von bis zu dreißig Metern. In jeder wurden bis zu acht Pfeiler errichtet, von denen die imposanteren im Zentrum die anderen überragen *(Tafel 22)*.

Die rund verlaufenden Mauern, die sie umschließen, sind dick und aus groben Steinen zusammengefügt, erscheinen aber als Beiwerk, weil alles auf die Monolithen ausgerichtet ist: Es ist, als sei die gesamte Bedeutung dieser Architektur, der Sinn der Stätte, ihr Daseinsgrund allein in diesen bis zu sechs Meter hohen Stelen konzentriert, die möglicherweise nicht einmal eine architektonische Funktion hatten und keine Tragsäulen waren. Wäre dem so, dürften wir sie nicht einmal Pfeiler nennen, weil Pfeiler per Definition etwas stützen. Diese Blöcke in T-Form stehen anscheinend einfach nur da, *um da zu stehen*.

Pfeiler, Stelen oder Monolithen – die Bezeichnung ist unwichtig. Auch wenn wir in den vier freigelegten großen Kreisanlagen eine Vielzahl von ihnen stehen sehen, ergeben sie noch kein Gesamtbild von der Gestaltung dieser Stätte. Dazu müssen wir uns zehn Mal mehr vorstellen, auch in den noch unerforschten Arealen.

Das Bild, das sich dabei einprägen müsste, wäre das eines Meers aus Monolithen, die über wenige Quadratkilometer verteilt sind, mit rund zweihundert Pfeilern insgesamt. Eindrucksvoll.

Auf deren Oberfläche sind im Relief Tiere jedweder Art dargestellt, eines ähnelt einem Löwen, mit stark hervortretenden Rippen und ausgezehrt, mit unglaublichen anatomischen Details *(Tafel 23)*. Ein anderer Pfeiler trägt eine Serie von Schlangen, so realitätsnah ausgeführt, dass sie lebendig davonzukriechen scheinen (nicht zufällig hat Schmidt darauf abgehoben, dass es eben doch nur Skulpturen sind), sowie Darstellungen im Flachrelief, ein Stier, ein Fuchs, ein Kranich (oder gar, laut Schmidt, ein verkleideter Mensch?). In Anlage B lauern auf zwei Pfeilern zwei schlaue Füchse, die einander anblicken, als verabredeten sie sich für den nächsten Moment zu einem Angriff auf den Besucher. Und in Anlage C sitzt ein vollplastisches Raubtier, herausgehoben als Blickfang und wie auf dem Sprung, um über ein niedergeducktes, keinen Widerstand leistendes Wildschwein herzufallen.

Und wieder ein Wildschwein (Anlage C heißt denn auch «Haus der Keiler»), und noch eines, das mit strampelnden Beinen auf dem Rücken liegt, drei Hunde, ein Leopard, eine Schar Enten, gefangen in einem Netz, sowie ein Löwe mit aufgerissenem Maul.

Ich präsentiere diese lange Liste wie Kraut und Rüben, weil hier mehr als in Disneys Welt alle Kreaturen ziemlich angriffslustig dargestellt sind und eigentlich kaum etwas Beruhigendes haben. Wie Klaus Schmidt mit aristotelischer Strenge sagt: «Die Mehrzahl der Skulpturen lässt sich ohne Zögern in die Kategorie ‹gefährliche Erscheinungen› einordnen.» Viele Raubtiere wirken wie in Bewegung, sprungbereit zur Attacke, um dem erstbesten unglückseligen Beutetier den Kopf abzureißen. Sie atmen Virilität, schwitzen Testosteron aus, und manche präsentieren sogar ihren Phallus. Von Weiblichkeit, Fruchtbarkeit und Sanftmut findet sich nicht die entfernteste Spur. Dafür müsste es doch eine Erklärung geben.

Ich stehe an diesem höchst merkwürdigen, prähistorischen Ort unter einer Sonne, die matt, aber tückisch auf die hervorstehenden Rippen all dieser Raubtiere sticht, und während ich mir diese existenziellen Fragen stelle, die auch etwas mit Geschlechterrollen zu tun haben, läuft mir ein Schauer über den Rücken: Ich fühle mich wirklich wie eine Spionin, eine Frevlerin, die sich heimlich eingeschlichen hat und unter Beobachtung steht. Falls diese Figuren dem Zweck dienen, Fremde abzuschrecken, dann hat GT sein Ziel erreicht. Ihr, die ihr euch hierherwagt, ihr neugierigen Touristen aus dem Ausland, lasset alle Hoffnung fahren.

Projektionen, Anatolien

Mr. T

Auch wenn wir nicht zu nah herantreten dürfen, gewinnen wir eine Vorstellung davon, was Menschen vor rund zehntausend Jahren empfanden, wenn sie hier entlanggingen, inmitten dieser Wesen mit den gefletschten Zähnen und funkelnden Augen. Womöglich nachts, im Mondschein, bei diesen Bestien, die auf einen herabspähen, während man sie im Auge zu behalten versucht, um nicht hinterrücks zerfleischt zu werden.

Vielleicht bewunderten sie auch den Sternenhimmel. Tatsächlich gibt es astronomische und auch astrologische Deutungen, wonach in diesen Reliefs Sternbilder und Lesarten des Kosmos abgebildet seien. Aber solche Ansinnen gehen leicht in die Irre (schon deshalb, weil GT vielleicht ein Dach über dem Kopf gehabt hatte). Schuld ist allein Pfeiler 43, der inzwischen der «Pfeiler der Geier» heißt und mit einer dichten Folge von Bildern ausgeschmückt ist: eben mit Geiern sowie mit Vierbeinern, Schlangen, einem riesigen Skorpion und einem kopflosen Menschen *(Tafel 24)*.

Dieser Pfeiler ragt tatsächlich als etwas Besonderes heraus, weil er gleichsam ein Schauermärchen mit üblem Ausgang zu erzählen scheint, aber die Deutung ist bemerkenswert: Laut einiger Gelehrter soll er an das verheerende Ereignis eines Kometeneinschlags erinnern, der katastrophale Klimaveränderungen zur Folge gehabt habe. Angeblich stehen sie mit Sternbildern und einem Meteoritenschwarm in Verbindung, der am Himmel des Jahres 1950 vor Christus beobachtbar gewesen sein soll. Glauben Sie's oder nicht.

Kommen wir zur Sache: Da ist noch weitaus mehr. An dieser Stätte wimmelt es von deutlich interessanteren Symbolen. In erster Linie erscheinen diese Monolithen menschlich, sie könnten also (offensichtlich) ausschließlich männliche Figuren darstellen. Betrachtet man die Pfeiler als Profilbilder, stellen die Breitseiten die Seitenansicht der Figuren und die Schmalseiten das Vordere und das Hintere dar. Auf einem Pfeiler ist an den Breitseiten jeweils ein Arm herausgearbeitet, und diese beiden Arme laufen über die Kante hinweg auf der Schmalseite in Händen (mit allen fünf Fingern!) aus – die hier gewissermaßen verschränkt sind. Zudem sitzt auf der richtigen Höhe ein Gürtel über einem Lendenschurz, in unglaublich realitätsnaher Darstellung. Wie ein Modell der *Haute Couture*. Nicht zufällig wurde dieser Monolith augenfällig in der Mitte der Anlage positioniert. Er steht auf einem Felspodest, aus dem eine kleine Schar Enten herausgearbeitet ist (wohl die einzige bukolische Szene). Und es finden sich abstrakte Symbole: Welch ein Schauspiel für mich, die ich stets an die Anfänge der Schrift denken muss.

Jedenfalls sind dies waschechte Männer, *anthropo* und auch *morph*. Sie werden sagen, es könnten Gottheiten sein, und liegen damit vielleicht auch nicht ganz falsch, aber Schmidt war sich nicht so sicher. Wir können nicht ausschließen, dass es sich einfach um menschliche Darstellungen handelt. Die beiden jeweils größten stehen wie Zwillingsfiguren immer im Zentrum der Kreisanlagen. Der ausladende obere Balken des T deutet sicher den Kopf dieses Mr. T an, mit den Schmalseiten als Gesicht und Hinterkopf. Selbst wenn man sich schwer damit tut, dies so zu deuten, gibt es keine andere Erklärung: Der Minimalismus ist beabsichtigt, auch weil allein schon die meisterhafte Ausführung der Flachreliefs beweist, über welche Fähigkeiten die Steinmetze Göbekli Tepes verfügten. Die Reduktion aufs Wesentliche ist gewollt.

Die reißenden Bestien erscheinen am Ende so als Details, die zwar wichtig, aber eben untergeordnet sind, als nebensächliche Attribute, zweckdienliche Ergänzungen zu diesen Supermännern, die stolz, erhaben und imposant alles aufrechterhielten und vielleicht sogar ein inzwischen verschwundenes Dach abstützten.

Aber der Teufel steckt im Detail. All diese wilden Bestien im Flachrelief wirken nicht nur beunruhigend, sondern auch verwirrend. Denn falls sie tatsächlich eine Schutzfunktion übernahmen, stellt sich die Frage, was in GT eigentlich hätte geschützt werden sollen. Vielleicht sollten sie wie Amulette üble Einflüsse oder böse Blicke abwehren, mit all diesen Zähnen, die unisono die Warnung auszusprechen scheinen: «Tretet hier nicht ein.» Jedenfalls sind es apotropäische, also schadenabwehrende Darstellungen. Und tatsächlich scheint über diesen aufragenden Mr. Ts ein Memento an unsere Endlichkeit, an den Tod zu schweben.

Sicher ist, dass einen all diese Details ohne Bildlegende schwindelig machen. Die Bildzeichen auf einigen Mr. Ts scheinen fast einen logischen

Sinn zu ergeben, wie eine Schilderung von Ereignissen oder Situationen, beinahe schon Geschichten. Hinter ihnen steht eine, wenn auch unergründliche und völlig neolithische Logik (anders kann ich es nicht beschreiben). Auch tauchen schematische Zeichen auf, eines in H-Form, das wie ein wiederkehrendes heraldisches Motiv hier und da abgebildet ist, vielleicht ein Emblem, eine Art «göbeklitepisches» Logo. Und Halbmonde, kleine Scheiben sowie weitere, nicht identifizierbare Zeichen.

Nicht zufällig wurden sie in manchen wissenschaftlichen (und respektablen) Artikeln als echte Schriftzeichen gedeutet. Sicher liegt ein Ordnungsprinzip wie bei dem von Ikonen und Symbolen vor, ein konventionelles Kommunikationssystem, ein festgelegter und den damaligen Menschen verständlicher Code. Diese Stätte kündete von Hyänen, Wildschweinen, Schlangen, Spinnen, Füchsen und Drachen. Und von Männern oder gar Göttern. Sie können sie auch Mythen nennen, so Sie wollen.

Wofür diese Darstellungen auch standen, sie bilden Geschichten. Aber wie leicht lässt man sich täuschen, schon wieder. Denn auch ich bekomme Lust, sie zu entziffern, aber es ist eine Falle, fast aus Jux gestellt, und ich tappe jedes Mal wieder hinein. Zähnefletschende Tiere machen sich einen Spaß draus, mich in die Irre zu führen.

Robespierre

Und doch ist GT ein von großem Ernst geprägter, fraglos feierlicher Ort, nicht nur wegen seiner gewaltigen Größe, sondern auch insofern er eine systematische Erforschung verlangt, anstatt mit hinausposaunten Hypothesen kommentiert zu werden. In diesen runden Strukturen fanden sich Menschen mit einer Generalabsicht ein, so wie Kirchgänger in einer Messe oder Fußballfans im Stadion. Ein Zentrum der Zusammenkunft, aber nicht zwangsläufig religiöser Natur.

Zwei Punkte sind grundlegend. Erstens ist es keineswegs einfach, die genaue Funktion dieser Bauten zu bestimmen. Zweitens lassen die jüngsten Ausgrabungen an der Vorstellung zweifeln, dass diese Monumentalbauten isoliert in der Landschaft standen. Der Archäologe Lee Clare, der

Klaus Schmidts Arbeit fortsetzt, hat ringsherum Reste von Wohnbauten zum Vorschein gebracht, sodass es uns gar nicht wundern würde, wenn diese Kreisanlagen in einer rudimentären Stadt gestanden hätten. Die Frage drängt sich auf: Wie weit liegen diese monumentalen Strukturen zeitlich vor den Phasen, in denen sich die Gesellschaft urbanisierte? Stammen sie noch aus der Zeit, in der das Nomadentum die Regel war, mit umherziehenden Jägern und Sammlern, die in der freien Landschaft nach Nahrung und Unterkunft suchten? Gehören sie der Phase an, die «vor» allem liegt, was wir Sesshaftigkeit nennen?

Dies sind Fragen für die Zukunft. Für den Augenblick können wir sagen, dass man sich an dieser Stätte *auch* zum Gebet (oder zur Kontemplation oder zum Gedenken an die Toten) versammelte. Falls dem so war, wären diese Bauten jedenfalls die ältesten bislang entdeckten Tempel der Welt und der Punkt Null der sesshaft werdenden Gemeinschaft. Und vielleicht auch der Ausgangspunkt einer visuellen Sprache, die sich im Symbol und im Code ausdrückt, vielleicht in einer schon fertigen Protoschrift. Letzteres ist eine gewagte Hypothese, aber allein die Vorstellung versetzt mich in Verzückung.

Was tun die abstrakten Symbole inmitten dieses Meeres aus Tieren, die vor rund zehntausend Jahren als Flachreliefs aus dem Fels herausgearbeitet wurden?

Wir haben, kurzum, den Anfang von allem vor uns. Und dieser liegt noch vor der Entstehung der gewaltigen Baugefüge von Malta, von denen gleich die Rede ist und die bis Ende der Neunzigerjahre des letzten Jahrhunderts mit Stolz als «die ersten Tempel» gepriesen wurden, obwohl gar nicht klar ist, ob man sie wirklich «Tempel» nennen darf. Zumindest derzeit sticht GT an Bedeutung alle anderen aus: Vor seiner Ausgrabung galten Heiligtümer und institutionalisierte Kulte bei den Archäologen als eine Wirkung, Konsequenz oder *regelrechtes* Ergebnis der Sesshaftwerdung: Kurz gesagt, sollen die Menschen sich erst niedergelassen und dann die Orte gebaut haben, an denen sie beteten, der Ahnen gedachten oder Götter verehrten. Und nun taucht GT auf und zwingt uns, über eine umgekehrte Reihenfolge nachzudenken, weil der Zweifel mit Macht hervorgebrochen ist: Ist die Idee, sich zu zeremoniellen (oder irgendwelchen anderen) Anlässen zu versammeln, nicht in Wirklichkeit die *Ursache* der Sesshaftwerdung?

Projektionen, Anatolien

Ist es nicht so, dass der Wunsch nach Zusammenkunft suggeriert, dazu auffordert, *den Anreiz schafft,* sich an einen festen Ort zu binden? Die Ausgrabungen werden es uns verraten. Zweifel gibt es, aber für den Augenblick spricht GT eher für eine Umkehrung von Ursache und Wirkung – als ein ganz überraschend aufgetauchtes Glied in einer Kette, die uns schon vollständig rekonstruiert erschien. Stellen Sie sich diesen Ort als einen Fixpunkt vor, um den herum sich Menschen bewegen und der beständig eine oder mehrere Gruppen anzieht, die die gleichen Werte, Kommunikationsweisen und Symbole teilen. Hier beginnen sie sich allmählich niederzulassen, Tiere und manche Pflanzen zu domestizieren. Hier ziehen sie in kleinen Dörfern zusammen, noch ohne Metall zu nutzen oder Keramik zu bearbeiten, nur um *zusammenzukommen.*

GT ist ein Fixpunkt in einer Welt, in der in weiten Teilen wohl noch das Umherziehen die Regel war, und stellt so einen radikalen, *avantgardistischen* Bruch mit der Vergangenheit dar. Ein Robespierre der neolithischen Archäologie. Zumindest bis jetzt.

Das Tal der Pest

Robespierre war freilich nicht allein auf weiter Flur, sondern hatte Jakobinerfreunde. Und so reckt auch GT seine Monolithen nicht in glanzvoller Einsamkeit in die Höhe.

Vor der Entdeckung von GT hatte Klaus Schmidt sich bereits an die Ausgrabung einer anderen Stätte gemacht, die etwas weiter nördlich am Euphrat liegt. Nevalı Çori (ab jetzt meist ebenfalls liebevoll mit NC abgekürzt). Der Name ist unglücklich gewählt: Er bedeutet «Tal der Pest»,[1] obwohl die Stätte vor Leben nur so sprüht. Die Bezeichnung GT («gebauchter Berg») schneidet allerdings auch nicht besser ab, selbst wenn er ein etwas friedlicheres Bild evoziert. In beiden Fällen sind, höchst seltsam, *nomen* keine *omen.*

---

[1] Diese «Pest» bezeichnet allerdings die Apfelpest, eine verheerende Pflanzenkrankheit.

Nevalı Çori ist eine ziemlich komplexe Fundstätte mit fünf Siedlungsschichten. Uns interessiert sie, weil in ihr Pfeiler, ähnlich denen in GT, sowie eine Reihe von recht faszinierenden Symbolen zum Vorschein kamen. Das Baugefüge, in denen die Pfeiler integriert waren, hat eine andere Form als die Struktur in GT. Anstatt kreisförmig, zeigt es eine längliche Rechteckform. Von den rund ein Dutzend Pfeilern, auch sie in T-Form, sind zwei höher als die übrigen. Sie stammen aus einer späteren Zeit als die in GT, und um diesen Kultbereich herum tauchten Reste von Wohnhäusern auf. Dieser Fundort erzählt uns auf eindeutige Weise vom Leben, nicht vom Tod.

Aber auch in NC sind die Symbole unverständlich, mit dem Unterschied, dass Männlichkeit hier nicht alles so stark beherrscht. Hunderte zarte weibliche Figurinen, in Terrakotta, künden uns vom Alltag der Menschen, ihrem gewöhnlichen Leben, dem Sammeln von wildem Getreide, Gerste und Dinkel, und der Entwicklung von Werkzeugen aus Flint, die kunstfertig zu Pfeilspitzen für die Jagd ausgearbeitet wurden. Diese Stätte atmet Leben, auch in ihren Symbolen.

Tatsächlich finden wir hier die weltweit ältesten Beispiele für großdimensionierte Skulpturen, die vielleicht als «Totems» dienten. Eine wirkt ein wenig erschreckend. Sie besteht aus einem Konglomerat aus Einzelfiguren, aufeinandergetürmt zu einer Säule, die vielleicht eine Decke stützte, mit einem garstigen Vogel, der einem Geier ähnelt und seine Klauen in zwei menschliche Köpfe schlägt, sowie mit zwei sich anblickenden symmetrischen Vögeln, die sich mit spitzen Schnäbeln berühren.

Der Schädelkult, den wir in benachbarten Stätten finden, wird offenbar auch hier beschworen, aber mit welcher Meisterhaftigkeit! Die Haare zweier mit Klauen bewehrter Männer sind zu einem Gitter gestaltet, ihre verschlungenen Arme bilden ein hochkompliziertes Geflecht, das das menschliche Gehirn Minuten kostet, um es gedanklich zu entwirren. Ein Kalksteinknäuel.

Und dann die (vor allem unter Insidern wirklich) berühmte Statue vom Balıklıgöl, ein Mordskerl von 1,90 Meter Höhe, *real size*, der einem mit seinen Pupillen aus Obsidian, effektvoll eingelassen in Vertiefungen, direkt in die Augen blickt, ein geheimnisvoller schöner Mann mit selbstsicherer, aber würdevoller und feierlicher Ausstrahlung. Er trägt sogar eine in Stein gravierte Kette um den Hals. Dieser *Urfa-Mann* war keiner, der sich – zur Erinnerung: um 9000 v. Chr. – so einfach umarmen ließ *(Tafe 25)*.

Weil neolithische Artefakte nicht einfach nur belangloser Trödel aus der Vergangenheit sind, sondern vielmehr sogar augenzwinkernd die Gegenwart spiegeln können, verweisen wir abschließend auf den *Skinhead*, dem nicht ich diesen Namen verpasst habe. Bei ihm handelt es sich um einen – ebenfalls lebensgroßen – Kopf aus grobem Kalkstein, der sauber von seinem Rumpf getrennt wurde *(Tafe 26)*.

Eine große Schlange kriecht ihm von hinten über den kahlrasierten Schädel, aus dem sich riesige Ohren herauswölben. Seiner Erscheinung nach müsste auch er eine wichtige Persönlichkeit gewesen sein. Schade, dass er schon in frühester Zeit Schäden erlitten hat und seine Gesichtszüge erodiert sind. Wer weiß, was diese auf dem Hinterkopf platzierte Schlange zu bedeuten hatte. In Ägypten schützte die Kobra den Pharao, aber Parallelen geben uns keine zuverlässigen Hinweise.

Die Wahrheit ist: Sowohl in GT als auch in NC behilft man sich oft mit Raten. Allzu viele Rätsel, allzu viele Geheimnisse werden niemals gelöst oder gelüftet werden. Aber wir können die Atmosphäre des Ortes wiederaufleben lassen, uns in sie hineinversetzen und so tun, als seien wir in die Zeit von vor zehntausend Jahren zurückgekehrt.

Im Museum von Şanlıurfa stehen Rekonstruktionen von Stücken aus den Heiligtümern aus GT, perfekt nachgebildet, in Naturgröße und von starken Scheinwerfern angestrahlt, während der Rest in einem vielsagenden Halbdunkel liegt, das wenig anheimelnd wirkt. Während wir zwischen den Repliken der Mr. Ts, den dreidimensionalen Tieren und all diesen gebleckten Zähnen in einem Zickzack hin und her gehen, denken wir an die Menschen, die vor zehntausend Jahren einen ähnlichen Weg abgingen, inmitten der reißenden Bestien, in der Nacht. Der Sinn dieser Stätten erschließt sich dabei nicht, aber die Spannung ist tatsächlich spürbar.

Und in einem Sprung der Fantasie stelle ich mir vor, wie Geschichten von Vorfahren und Drachen erzählt wurden, von supererregten Supermännern, von Körperkraft, Virilität, Unerschrockenheit, ohne Grenzen und in einer Schwebe zwischen Leben und Tod. Vom neolithischen Superego. Das sagte auch Klaus Schmidt: NC sei für die Lebenden, GT für die Toten. Am Ende erweisen sich die Toten als stärker, ihr Angedenken als mächtiger. In die Höhe geschossen, hat es zehntausend Jahren standgehalten, während die Zeit stets zerrinnt. Was immer bleibt, ist der Tod, der uns mit Augen aus Obsidian anstarrt.

Zikkurat, Iran

Beit Agatha

Die fernste Vergangenheit kann – wie in GT – beunruhigend und verstörend wirken, aber auch als Arznei dienen, um gebrochene Herzen zu heilen.

Bei der Schriftstellerin Agatha Christie hat dies funktioniert, aber nicht nur bei ihr. Die Feststellung, dass manche Dinge die Zeit überdauern, lindert kein Leid, sorgt aber dafür, dass wir uns als Teil eines Systems aus Werden und Vergehen begreifen und uns so weniger einsam fühlen. Die Schönheit rettet nicht die Welt, leistet einem aber sicher großartige Gesellschaft.

Agatha war überzeugt, dass es schon eines einsamen Urlaubs in der Karibik bedurfte, um ein wenig über ihre 1928 erfolgte Scheidung vom treulosen Ehemann hinwegzukommen. Doch dann sitzt sie bei einem dieser Dinner in London, bei denen, um nicht über Persönliches reden zu müssen, das Wetter, Reisen und Architektur sowie – in hochgestellter Gesellschaft – auch Literatur oder Musik (in richtiger Reihenfolge natürlich!) aufs Tapet kommen. Die ersten drei Themen fehlen jedenfalls nie. Als das zweite angeschnitten wird, lauscht Agatha den Erzählungen zweier Gäste, die nach Bagdad gereist sind und von den Überbleibseln der Zikkurat von Ur schwärmen. Dass sie der große Archäologe Leonard Woolley kürzlich entdeckt hat, ist damals wohlbekannt, weil alle Illustrierten darüber berichteten.

Agatha ist hingerissen. Sie storniert ihre Schiffspassage und stürzt sich Hals über Kopf in den Orientexpress. Und ohne dieses elegante Dinner stünden wir so nicht nur ohne eines ihrer originellsten Werke da, das mit einer in diesem Zug spielenden Handlung schon wenige Jahre später erscheinen sollte. Ihr Leben wäre auch ganz anders verlaufen und ihr Herz womöglich für immer verletzt geblieben.

Nachdem sie allein nach Ur gereist ist, verliebt sie sich gleich dreimal: in die Zikkurat, in die Archäologie und in Woolleys Assistenten Max Mallowan. Nach sechs Monaten gibt es eine dreifache Liebeshochzeit: Agatha begleitet Max auf allen Grabungsmissionen, etwas unbeholfen mit ihrem Hut unter der mesopotamischen Sonne, bei all den Kopfläusen und lecken Rohrleitungen im Nahen Osten unterstützt sie ihn bei den Grabungen inmitten all der Keramikfragmente, die wie die Mosaiksteinchen der Fakten in den verwickelten Intrigen ihrer Romane zusammengefügt werden müssen.

In Nimrod, der Nachbarstadt Mossuls im Irak, in der einst der aus Zedern-, Zypressen- und Pistazienholz errichtete Palast Assurbanipals II. stand, lässt sie sich auf eigene Kosten einen Raum zum Schreiben einrichten, ausgewiesen durch ein Schild, auf dem in Keilschrift «Beit Agatha» steht: «Agathas Haus», ihr Palast, ein Raum nur für sie, denn eine «Frau braucht Geld und ein Zimmer für sich allein, wenn sie Bücher schreiben möchte». Virginia Woolfs Buch, das mit diesem Satz beginnt, ist soeben 1928 erschienen.

Aber wir sind wegen Agathas erster Liebe hier, wegen der sie immer wieder nach Mesopotamien zurückgekehrt ist: wegen der schönsten Pyramiden der Welt, die mit den ägyptischen wenig gemein haben: wegen der heiligen Wolkenkratzer der Antike, den Zikkurats.

Verwirrung

Der Turmbau zu Babel ist wohl eine der faszinierendsten biblischen Geschichten. Sind hier nicht alle Zutaten eines Krimis à la Agatha Christie vorhanden? Ohne blasphemisch zu werden: Hier fehlt eigentlich nichts. Auch erscheint dieser Turmbau wie ein Gleichnis für die Zivilisation. «Alle Menschen hatten die gleiche Sprache [...]. Sie sagten zueinander: Auf, formen wir Lehmziegel, und brennen wir sie zu Backsteinen. [...] Auf, bauen wir uns eine Stadt und einen Turm mit einer Spitze bis zum

Himmel.» Aber die menschliche Hybris stieß bei Gott von jeher auf Missfallen. Um die Leute davon abzubringen, den Himmel zu erstürmen, stiftet er Verwirrung: Er streut verschiedene Sprachen unters Volk, damit Verständnislosigkeit herrsche.

Bâbel bedeutet im Hebräischen eben «Verwirrung» und wird häufig mit der Stadt Babylon in Verbindung gebracht, in die wir uns in Kürze begeben (deren Name geht allerdings auf das akkadische *bab ili*, «Tor Gottes», zurück). Und in Babylon heißt die Zikkurat auf Sumerisch *Etemenanki*, «Haus der Fundamente von Himmel und Erde». Ob sie das Vorbild für den mythischen Turm zu Babel geliefert hat, bleibt uns aus mehreren Gründen verborgen, nicht zuletzt deshalb, weil Mythos und Geschichte häufig zwar Hand in Hand gehen, vorschnelle Vermutungen aber häufig Lügen gestraft werden.

Aber das tut der wichtigeren Tatsache keinen Abbruch, dass Zikkurats wunderschöne Bauten sind.

Hier will das Menschenwerk wirklich hoch hinaus, rennt gegen die Wolken an und rührt am Himmel, den die Götter nicht teilen wollen. In Akkadisch bedeutet *zaqâru* «in die Höhe ragen», sozusagen «an den Wolken kratzen». Im Gegensatz zu den ägyptischen Pyramiden sind sie keine Grabstätten oder Gruften, sondern Tempel, Glanzlichter des Sakralbaus, göttliche Freitreppen ins Unsichtbare, nach oben strebende Linien zwischen Himmel und Erde. Eine im Louvre verwahrte Keilschrifttafel beschreibt die Details ihrer Architektur: Sieben Terrassen, mit einer Gesamthöhe von 91 Metern, auf einer Basis von 91 mal 91 Metern, ein perfektes, fast ideales Quadrat, und wer weiß, ob diese Maße wirklich denen des ursprünglichen Turms zu Babel entsprechen. Und auf ihrer Spitze erhebt sich ein Schrein.

Heute ist von den Zikkurats auf dieser Welt nur noch ganz wenig übrig, und diejenigen, die mit größerem Glück erhalten geblieben sind, stehen nicht einmal im Irak, sondern in Persien. Ihr Ursprung reicht ungeheuer weit in die Vergangenheit zurück, bis ins 6. Jahrtausend v. Chr., und damals bestanden sie gerade einmal aus einer Plattform aus gebrannten Ziegeln. Die Erosion hat inzwischen alle ihrer Höhe beraubt, fast wie durch eine Strafe rachsüchtiger *Götter.*

Zikkurats sind die ältesten Pyramiden der Welt, und wagen Sie es nicht, sie mit den *ägyptischen* in einen Topf zu werfen wie Herodot in seiner ungenauen und auch ziemlich gekünstelten Beschreibung. Eine unverzeihliche Verwechslung: Herodot hatte vielleicht noch nie eine Zikkurat gesehen und womöglich auch nie einen Fuß auf babylonischen Boden gesetzt. Die Parallele zu *Ägypten* dient in seinen Berichten immer als Garnitur und ist daher mit Vorsicht zu genießen. Das ist bekannt.

Auf Reisen mit Herodot

Von Herodots Tricksereien kann ich seit meiner Reise in den Iran ein Lied singen. In diesem Land scheint er ein Versteckspiel zu treiben wie in seinen *Historien,* wenn man nach Dingen sucht, die nicht da sind – nach der ältesten Zikkurat, dem Original: Tepe Sialk.

Mit Mühe lese ich meinen Reisegefährten nochmals die Geschichte von Kyros und Kambyses vor, mit lauter Stimme in einem klapprigen Bus, der sich wie im Rennen Paris-Dakar im Zickzack durch den Staub quält. Aber Herodot, der Vater dieser Geschichte, macht es mir nicht leicht. Während wir abwechselnd nach rechts und nach links geschleudert werden, lese ich über seine Besessenheit von der Erinnerung, ohne die man nicht leben kann, die aber auch veränderlich, trügerisch und illusorisch ist wie seine Berichte voller Tücken. Für Aristoteles war Herodot kaum mehr als ein eher unzuverlässiger *storyteller,* ähnlich wie ich in diesem Autobus für meine Begleiter, die mir nicht zuhören oder, falls doch, mich nicht besonders ernst nehmen.

Persiens Gelände ist holprig, man spürt, dass einem der Boden unter den Füßen fehlt, auf dieser endlosen Hochebene, auf der man fast so schwankend in der Luft zu schweben scheint wie die Erinnerungen. Die Zikkurat von Sialk liegt ziemlich im Zentrum des Landes, wie ein auf diesem Wüstenplateau treibendes Floß – in der Nähe von Kaschan, wo tausend Stechmücken auf einen Bewohner kommen. Die Stätte mit ihren hochbetagten Ruinen zählt zweifelsfrei zu den ältesten des Landes. Ihre Ursprünge liegen im Neolithikum, am Ende des 7. Jahrtausends v. Chr., vor fast neuntausend Jahren. Aber die Zikkurat selbst wurde laut Datierung erst um 3000 v. Chr. von den Elamitern errichtet. Für uns, die wir uns damit beschäftigen, die Ursprünge von allem aufzuklären, gehört sie fast schon zur modernen Geschichte. Wenn man sie sieht, nimmt man von ihr kaum Notiz, so schwierig ist es, sich eine Vorstellung von ihr im unversehrten Zustand zu machen, ehe ihr die rachsüchtigen Götter die Spitze abhieben. Die Basis ist intakt, sie besteht aus gebrannten Ziegeln, dem Symbol der Zivilisation. Heute wird sie von Brettern zusammengehalten und oben noch von einem unförmigen Haufen nicht abgetragener Erde bedeckt. Wie mochte dieses in die Höhe strebende Bauwerk, das seiner vertikalen Ausdehnung als seiner einzigen Bestimmung beraubt wurde, einst ausgesehen haben?

So unterwürfig, bescheiden und einsam, wie sich diese Zikkurat darstellt, erscheint sie wie eine Finesse Herodots, eine Lockvogeltaktik oder Lüge. Das mächtige Symbol des Göttlichen mit seinen schwer abzugrenzenden Umrisslinien wirkt wie eingedampft und plattgewalzt. Während man über schwankende Bretter balanciert, sieht man Grundrisse schwerer Mauern, Konturen von Räumen und allem anderen Dagewesenen. Die Realität der Zikkurat wird zu einem Spiel der Vorstellungskraft, so sehr hat die eintönige Farbe des alles bedeckenden Sandes jede Form verblassen lassen und verwischt.

Klar und deutlich sind allein die Glasschaukästen mit den Skeletten von Menschen, die vor siebentausendfünfhundert Jahren starben, eingeschlossen *in situ* und regungslos daliegend, ein zehnjähriges Mädchen mit angewinkelten Beinknochen. Um sich dieses Geschöpf lebendig vorzustellen, braucht es weder die Höhenflüge der Fantasie noch Herodots Berichte. Es ruft sich mit der Beständigkeit seiner Gebeine von selbst ins Gedächtnis.

Nabucco II

Nebukadnezar II. war nicht nur in Babylon, sondern in ganz Mesopotamien als ein großer Bauherr in Erscheinung getreten. Aber in Babylon hatte er wegen des *Etemenanki* und allen umliegenden Tempeln einen brandneuen Palast, die Prozessionsstraße und das berühmte Ischtar-Tor errichten lassen. Das Weinige, was von der Stadt heute noch sichtbar ist, verdanken wir Nebukadnezar. Und natürlich war er nicht zimperlich – bei der Eroberung Jerusalems, der Gefangennahme der Juden, als «Zerstörer der Nationen» –, insgesamt nicht gerade ein zartbesaiteter Mensch. Aber die Bautätigkeit war ihm wohl wichtiger als seine Feldzüge. Um seinen Sinn für Ästhetik zu erkennen, betrachte man nur das lapislazuliblaue Farbenspiel der Glasuren und die Vergoldungen der Drachen (*mušuššu*) auf dem Ischtar-Tor. Auf Symbolik verstand sich Nebukadnezar. Es ist kein Zufall, dass der Mythos der Zikkurat, so zeitlich entfernt er auch sein mag, bis zu seiner Herrschaft im 6. Jahrhundert v. Chr. zurückreicht. Er ist keine blasse Erinnerung an die alten Babylonier oder Elamiter, sondern das wahre Zentrum, das vom Schutzgott der Stadt, Marduk, beschützt wird. Ein wichtiges Symbol der Legitimation der Macht, der Bestätigung und Auserwählung. Details, die sich ein großer Despot nicht entgehen lässt.

Das Erste, was Saddam Hussein zweitausendsechshundert Jahre später tun wird, ist, auf Archäologen und Architekten zu hören. Wie Nabucco will er wieder aufbauen, die unattraktiven Ruinen umgestalten, deren Anblick einen bitteren Nachgeschmack hat. Saddam will den goldenen Glanz des assyrischen Königs nach Babylon zurückbringen. Und er tut es im kitschigen Stil der 1980er Jahre.

Zudem lässt er sich zu seinen rund zwanzig bestehenden Privatpalästen einen weiteren errichten, aber diesmal einen besonderen, der unverschämt und dreist nur einen Steinwurf von dem Nebukadnezars entfernt entsteht und eine posthume Herausforderung darstellt. Er ist noch größer, ein überdimensionierter und unharmonischer Bau, aber inspiriert von ... Von was wohl?

Natürlich von der Zikkurat. Saddam greift den Grundriss im «brutalistischen» Stil wieder auf und schmückt den Bau in Blau, Gold und mit einer eintönigen Serie aus pseudoantiken Reliefs, mit seinem breiten Gesicht im Profil und übersät mit babylonischen Symbolen sowie seiner Signatur, um eine Verbindung zu besiegeln, die überall mit seinen Initialen in arabischer Kalligrafie bekräftigt wird: So eignet er sich in einem einzigen Schlag die gesamte Vergangenheit seines Volkes an. Mit einem Schlafgemach mit Ausblick auf «*Babylon*».

Um sich alle Wünsche zu erfüllen, lässt er den Originalpalast des babylonischen Königs restaurieren und – in getreuer Nachahmung – seinen Namen mit dem Datum der Neugründung in die Ziegel prägen: «Der Wiederaufbau der großen Stadt Babylon, 1987.»

Mehr als eine Huldigung an eine glanzvolle Zeit mutet all dies wie eine narzisstische Selbstbeweihräucherung an, wie ein Konkurrenzkampf mit einem Herrscher aus ferner Vergangenheit, den es in jeder Hinsicht zu übertrumpfen gilt. «Ich bin nicht mehr König, sondern Gott», singt Nabucco in Giuseppe Verdis gleichnamiger Oper – in einem vergänglichen Augenblick des Größenwahns: Als der Herrscher am Ende wieder zu Verstand gelangt, stürzt das Götzenbild der Hybris und zerbricht. Dagegen geht Saddam, als seine zwölf Meter hohe Statue umgerissen wird, mitsamt seinem Götzenbild unter. Ende. Den menschlichen Hochmut hat der unvermeidliche Gnadenstoß ereilt.

Die Riesin, Malta

Relativität

Wir verlassen die gestürzten Götzenbilder und vollziehen einen Sprung übers Mittelmeer, um Kolossales zu betrachten, das heute noch steht und jeder Schwerkraft trotzt. Diese Tempel waren vor der Entdeckung von Göbekli Tepe, wie gesagt, die ältesten der Welt. «Tempel» nennen wir sie aber nur aus Tradition und weil ihnen historisch eine religiöse oder kultische Funktion zugesprochen wurde, wenn auch nur diffus bestimmt oder vielleicht einfach nur geraten.

Ich erinnere mich an die Archäologiekurse an der Universität, als von Dingen die Rede war, die sich einer Deutung widersetzten, weil wir mit unseren modernen Augen nicht in die Köpfe der Menschen der Antike hineinschauen können und uns mit dem wenigen Verfügbaren vorantasten müssen: «Wenn du dir auf etwas keinen Reim machen kannst, hat es zwangsläufig mit Religion zu tun.» Ein abstruses Symbol? Ist notgedrungen sakral. Ein rätselhaftes Ikon? Ganz gewiss für die übernatürliche Welt.

Womit bewiesen ist, dass alles, wirklich alles relativ ist, die Zeit, die Inhalte, die Bedeutung, die Erklärungen. Kaum glaubt man, «das Älteste, das Größte von Etwas» entdeckt oder den Schlüssel zu einer Deutung gefunden zu haben, wird der Rekord übertroffen, die Deutung widerlegt oder die Rekonstruktion *ad acta* gelegt. Alles ist relativ, häufig ein Opfer der subjektiven, ganz persönlichen und übermächtigen Meinung. Nicht immer, aber häufig.

An unserer nächsten Station übte und übt die Relativität noch immer die Herrschaft aus. Denn was wir dort sehen, war zahllosen Übernahmen, Ausverkäufen und Kolonisierungswellen ausgeliefert. Und nicht zuletzt unterschiedlichen Deutungen. Dies gehört wohl zum Schicksal von Inseln: dass sie dem Wechselwillen, dem Eroberer, dem Invasor in die Klauen geraten. Inseln bewahren sich entweder – ihrer Bezeichnung getreu – die Isolation, machen sich zu ihrem eigenen Zentrum und bleiben Nabel, oder sie werden zum Besitztum aller, zu einer Beute dessen, der sie als Letzter kauft oder als aufdringlichster Bieter ersteigert.

Inseln werden häufig zur Ware, zum Handelsgut der Mythenwelt. Harte Arbeit für diejenigen, die objektiv und aus der Distanz heraus Erklärungen vorbringen. Und schwerer noch, Objektivität zu wahren, wenn die Legende bis zu sechstausend Jahre in die Vergangenheit reicht, bis in die Zeit vor Erfindung der Schrift, vor Beginn der historischen Zeit, in der schon Minoer, Phönizier und Griechen den Mittelmeerraum durchstreiften. In eine deutlich frühere Zeit.

Hier entstanden sogenannte «Tempel» wohl schon zwei- oder sogar dreitausend Jahre vor den Palästen Kretas. Unglaublich, wenn man sich das vorzustellen versucht – vor sechs- oder siebentausend Jahren. Wir befinden uns auf einer Insel im Mittelmeer zwischen Italien und Tunesien, mit einer Fläche von insgesamt gut dreihundert Quadratkilometern, inmitten eines Liliput-Archipels aus einer noch kleineren Insel und zahlreichen winzigen Eilanden. Hier, so scheint es, ist – früher als sonstwo in diesem Meer zwischen den Kontinenten – eine Art Gemeinsinn entstanden, um den herum die Menschen zusammenrückten und zusammenkamen.

Wir sind auf Malta gelandet.

Megalomanen

Wenn alles relativ ist, dann erscheinen die neolithischen Stätten auf Malta mit einem, oder besser, in zwei Wörtern *allzu groß*. Gemessen an diesen relativ kleinen Inseln wirken die Größen ihrer archäologischen Reste übertrieben, unverhältnismäßig, fast schreiend überdimensioniert.

Beginnen wir mit den «Tempeln», die deshalb in Anführungszeichen stehen, weil man sie nur in der Vergangenheit leicht so etikettieren konnte. Inzwischen aber meldet der postmodernistische (für Eingeweihte, der postprozessualistische) Geist der archäologischen Theorie seine Zweifel an. Sind es wirklich Tempel? Oder vielleicht nur Versammlungsorte? Die Bauten zeigen einen seltsamen Grundriss, mit lappenförmigen Apsiden, die ihnen, rundum betrachtet, die Gestalt eines drei- oder vierblättrigen Kleeblatts gaben. Von oben gesehen, wirken sie wie Kalkausblühungen mitten auf der Insel, inmitten des Meeres. Und sie sind gewaltig. Im Spätneolithikum, ungefähr im 4. Jahrtausend v. Chr., ereignete sich auf dieser Insel Außergewöhnliches: Man spielte mit Proportionen, die immer stärker erweitert und auch über alle Maßen ausgedehnt wurden. Die Zivilisation der Megalithen war eine megalomanische.

Die Bauten von Ḥaġar Qim und Mnajdra auf Malta sind in kurzer Entfernung zueinander ans Meer gebaut, beide mit Apsiden, die sich um einen zentralen Hof herumgruppieren. Das Schöne an diesen «Tempeln» besteht darin, dass sie zwar einem ähnlichen Schema folgen, aber jeweils besonders ausgestaltet sind, was die Anzahl ihrer Apsiden, deren Anordnung und Verbindungsgänge angeht. Es gibt Spiele mit ovalen und halbkreisförmigen Grundrissen, die im Verlauf der Zeit zunehmend komplexer wurden.

Die Innenbereiche sind verputzt oder zuweilen auch bemalt, mit einigem Reliefschmuck wie eine «Prozession» von Ziegen oder einem säugenden Mutterschwein, alles errichtet zu einer Zeit, da Metall noch nicht im Umlauf war, alles graviert von Hand, ohne spezialisiertes Gerät. Alles erschaffen aus reiner Willenskraft. Unglaublich, die Kraft des Willens: Wenn es notwendig wird, rennt sie auch gegen die Gesetze der Materie an.

Springen wir auf die Fähre von Malta zur Insel Gozo. Auf einem Eiland wie diesem mit seinen siebenundsechzig Quadratkilometern stehen wir vor wahrhaftigen Giganten, den Ġgantija-Bauten, die noch älter als die auf Malta sind. Es sind zwei ineinander verschränkte «Tempel», umgeben von einer gemauerten Umfriedung und mit äußerst seltsam gestalteten Apsiden.

Die Steine sind riesig, roher und größer als die von Hagar Qim und Mnajdra, Kolosse aus Kalkstein, hochkant stehende oder horizontal liegende Platten, eingebunden in eine felsenfeste Architektur. Einige Steine wiegen zwanzig Tonnen – so viel wie ein vollbesetzter Überlandbus mitsamt Fahrgästen und Gepäck. Oder wie drei ausgewachsene afrikanische Elefanten: drei, nicht einer. Und wir reden hier von einzelnen Blöcken.

Wie wurden sie herangeschafft? Wie aufgerichtet? Wozu dienten diese Strukturen? Was vollzog sich in ihrem Inneren? Mit Sicherheit waren es öffentliche Gebäude. Aber in einigen Blöcken wurden Fugen eingehauen, um hölzerne Tore und Pfähle zum Verriegeln einzufügen. Es gab also keinen ungehinderten Zugang. Offenbar wurde kontrolliert, wer hineinging oder herauskam, aber Hagar Qim hatte mehr als einen Eingang. Wieso?

Kehren wir zu unserer anfänglichen Frage zurück: Sind dies womöglich gar keine Tempel, keine Kultstätten? Ist es wirklich so schwer vorstellbar, dass es sich einfach nur um Versammlungsorte für eine Bevölkerung handelte, die all das tat, was zusammenkommende Menschen tun? Waren tauschen und Worte wechseln, Beschlüsse fällen, Ordnung schaffen und Aufgaben verteilen, Allianzen schmieden, Rollen kreieren, Gefälligkeiten erweisen und Unterstützung leisten: Protektionen, Verhandlungen, Spannungen, Unterteilungen, Verfügungen. Alles, was die Menschen, die Gemeinschaft, die Menschheit als Ganzes tun, wenn sie am kollektiven Leben teilhaben und auf dem Pfad des Miteinanders und der Zusammengehörigkeit unterwegs sind.

Teilhaben: teilnehmen, einen Platz einnehmen. Mit einem Wort: dazugehören.

Müssen wir in all dem zwangsläufig etwas Religiöses erkennen? Wer weiß? Vielleicht sitzen wir einem gewaltigen Irrtum auf. Und womöglich erfahren wir es nie, weil Malta und das kleinere Gozo alle Geheimnisse für sich bewahren. Überflüssig, darauf hinzuweisen, dass aus dieser Zeit keine lokale Schrift überliefert ist. Aber es bestehen auch nicht einmal Parallelen zu benachbarten Kulturen, die Ähnliches hervorgebracht hätten: Wir sehen uns mit Originalität, mit Erfindungsgeist und einer großen gemeinschaftlichen Anstrengung konfrontiert. Welches deren Zweck war, können wir nicht wissen. Aber wir sehen die Gemeinschaft, die Steinblöcke bewegt, sie aufrichtet und in ein architektonisches Gefüge eingliedert und die zusammenkommt.

Dies sind schwer verständliche Vorgänge für uns, vor allem in der westlichen Welt, in der das Individuum wertvoller als die Gruppe und das Maß des Fortschritts ist. Hier auf Malta und auf Gozo ist der Geist der kollektiven Anstrengung spürbar, aus einer Zeit noch vor Entstehung der Städte mit ihrem ganzen System aus Beziehungen zwischen Öffentlichem und Privatem, die klarer und bestimmter sind. Wenn es richtig ist, dass hier nichts Klartext spricht, heißt das nicht unbedingt, dass hier nur von einer Sache, ob sakral oder profan, gesprochen werden muss. Vielleicht müsste man einfach nur dieser Stille lauschen.

Stattdessen blicken wir nach Jahrtausenden unbedarft und naiv auf diese Steine und behaupten, für sie eine Erklärung liefern und ihnen eine Struktur und Bedeutung aufzwingen zu können – um ihnen, kurz gesagt, ein Etikett anzuheften, weil wir meinen, wir hätten sie verstanden. Aber die Vergangenheit, die wir wiedererschaffen, ist in weiten Teilen ein Artefakt der Gegenwart, illusorisch, anmaßend und unseres. Vielleicht sind gar *wir* die Megalomanen.

Imaginierte Gemeinschaft

Auf Malta gibt es noch weitere Mythen um prähistorische Stätten zu entzaubern. Wie eine lokale Legende besagt, seien die Ġgantija-Tempel auf Gozo von einer Riesin errichtet worden. Sie habe die Steinblöcke (im Stil afrikanischer Frauen mit Tragpolster) auf dem Kopf von einem Ende der Insel ans andere geschleppt und sich dabei nur von Bohnen und Honig ernährt (wichtige Details für eine Legende, wenn man genauer nachdenkt). Diese Erzählung ist anscheinend eine der ganz wenigen über den

Ursprung dieser neolithischen Kulturen. Und den Ortsansässigen ist sie durchweg bekannt.

Die Legende von der Riesin spiegelt sich in einer Reihe von Statuen und Statuetten aus Terrakotta wider, von denen einige – man höre und staune – vergleichsweise riesig und andere fast sogar lebensgroß sind. Ob sie die Legende wirklich widerspiegeln, können wir allerdings nicht sicher wissen. Maltas Statuetten sind ein weiteres stummes archäologisches Zeugnis, aber auch ein einzigartiges unter den neolithischen Funden des Mittelmeerraums. In Mnajdra aufgetauchte Frauenskulpturen zeigen die Merkmale einer Schwangerschaft oder Niederkunft, betont weiblich, mit einer deutlich sichtbaren Vulva, aber ohne klare Gesichtszüge wie anonyme Venusfigurinen. In ihrer Nähe kamen gebrannte Tonklümpchen zum Vorschein, die möglicherweise das Ergebnis der Niederkunft, eine Reihe von Föten darstellen.

Im Hypogäum von Hal-Saflieni, einer weiteren rätselhaften Fundstätte, tauchte eine auf der rechten Seite liegende Statuette mit schmalen, kaum angedeuteten, aber erkennbar geschlossenen Augen auf, mit einer Hand unter der Wange und in einem schönen Faltenrock: eine schlummernde Frau *(Tafel 27)*.

Dazu eine Serie weiterer weiblicher Statuetten, alle unterschiedlich, mit breiten Hüften und starren Gesichtern oder auch ohne den Kopf, der sich wie ein mobiles Zubehör abnehmen ließ und mit der Zeit häufig verlorenging *(Tafel 28)*.

Beim Anblick dieses Dornröschens und der Damen mit den ausladenden Hüften, früher *fat ladies* genannt, verfielen die Gelehrten leicht auf die naheliegendste Deutung. Ahnen Sie, welche? Maltas neolithische Statuetten dienten zwangsläufig dem Kult der Großen Göttin, standen für die Mutter aller heidnischen Gottheiten, für Mutter Erde, für Fruchtbarkeit und das prähistorische Matriarchat – Ergebnis der romantischen (und im Nebulösen bleibenden) Vorstellungen der Romantik des 19. Jahrhunderts.

Dieser Mythos ist heute noch so lebendig, dass die Insel zu einem Wallfahrtsort der spirituellen feministischen Bewegung *Goddess-Movement* geworden ist: Pilgerinnen (aber vielleicht auch Pilger?) versammeln sich zum vagen Gedenken an eine Göttin, die es in der Vorstellungswelt so niemals gegeben hat. Eine imaginierte Glaubensgemeinschaft, entstanden um ein falsches Symbol.

Falsch ist es wirklich. Maltas neolithische Statuetten stellen nicht ausschließlich Frauen dar und verkörpern auch nicht zwangsläufig das Göttliche. Manche zeigen männliche, andere sogar phallische Merkmale. Zudem tauchte im Xagħra-Steinkreis, einer weiteren Fundstätte, ein Verwahrort für neun Figurinen auf, die trotz klar ausgestalteter Gesichtszüge mit Nase, Augen und Mund geschlechtslos wirken. Stark abgeflacht und unpersönlich, sehen sie wie schematisierte Hermen aus, fast schon wie Tischkärtchen.

Und dann findet sich in diesem Meer aus Überraschungen die Darstellung einer Umarmung, die erste der neolithischen Geschichte: zwei winzige eng aneinandergeschmiegte, unzertrennliche Körper. Wie Constantin Brâncuşis *Der Kuss* im Miniaturformat drücken sie eine starke Verbindung, eine intensive Vereinigung aus, aber – wie die Gesichter der Venusfigurinen – ohne klare Züge und Anhaltspunkte für eine Entzifferung. Eine fast schon imaginäre Verbindung.

Kein Symbol

Die sogenannten «Tempel» von Malta und Gozo wurden in den sechs- bis siebentausend Jahren ihrer Geschichte – anders als beispielsweise die griechischen Tempel oder die Chinesische Mauer – niemals zu einem Symbol der nationalen Einheit. Wer Malta besucht, gewinnt den Eindruck, dass Malta so viel anderes zu bieten hat, dass man sich die Tempel getrost für ein anderes Mal aufheben kann – keine Sünde wie die, sich Rom ohne das Kolosseum anzuschauen.

Auch der Kult der Großen Göttin lockt eher Touristen als Ortsansässige, die von ihm wenig oder keine Ahnung haben, abgesehen vielleicht von den Reiseveranstaltern, die ihn gut zu vermarkten wissen. Als habe die Vergangenheit keine echten Wurzeln geschlagen, als seien ihre Spuren so vage, so ferngeblieben, dass sie nie zu einem Symbol werden konnten. Malta erscheint wie eine Insel ohne ein echtes Symbol, ohne echtes Gesicht seiner fernen Vergangenheit.

Die Riesin, Malta

Im Jahr 1606 brachte der italienische Maler Caravaggio im Streit einen Mann um. Nach Monaten auf der Flucht in Neapel reiste er im darauffolgenden Jahr nach Malta – ob er untertauchen wollte oder eine Einladung erhalten hatte, ist unbekannt. Malta stand damals unter der Herrschaft des Johanniterordens. Dorthin hatte er sich nach Eroberung seiner Heimatinsel Rhodos durch die Türken zurückgezogen. Vielleicht war Caravaggio vom Großmeister der Malteserritter als «Hofmaler» engagiert worden. Dessen Porträt war jedenfalls das erste Werk, das er auf der Insel in Angriff nahm: Alof de Wignacourt in glänzender Rüstung, mit einem zur Seite, vom Betrachter abgewandten Blick und einem Knappen, der uns direkt ins Gesicht schaut. Ich weiß nicht, ob dieser direkte Augenkontakt uns als Betrachtende herausfordern soll oder ein Aufbegehren gegen seine Rolle oder gegen die des Großmeisters darstellt, aber in ihm kommt geballt der ganze aufrührerische Geist dieses Malers zum Ausdruck: menschlich, persönlich und höchst bedeutungsschwer.

Während der wenigen Monate seines Aufenthalts auf Malta entstanden zwei weitere Gemälde: *Der heilige Hieronymus*, das wie das Gespenst seiner Verbannung auf Malta erscheint, sowie sein monumentalstes Werk, *Die Enthauptung Johannes' des Täufers*, das die wohlbekannte Geschichte erzählt: Auf seinem Geburtstagsfest lässt König Herodes Salome auftreten und ist von ihrem Tanz so entzückt, dass er ihr einen Wunsch zu erfüllen verspricht. Und Salome verlangt den Kopf des Täufers.

Während üblicherweise ein schon enthaupteter Johannes dargestellt wird, dessen Kopf wie ein Almosen in einem Gefäß liegt, setzt Caravaggio in diesem Gemälde eine fast schon absurd anmutende Rückblende in Szene: den Moment unmittelbar vor der Enthauptung: Eine Magd hält ein Becken für den Kopf bereit, während eine alte Frau verzweifelt ihre Hände an die Schläfen drückt und ein Mann mit der Klinge zur schmutzigen Tat schreitet. Ein weiterer deutet gebieterisch auf das Becken (als Mann muss auch er sich in einer gewichtigen Geste zeigen). Zwei Figuren schauen von außen durch ein Fenster in den halbleeren Raum herein und lenken so unseren Blick auf das Blut, das vom Täufer bereits über den Boden rinnt. Es wird zur Signatur des Künstlers: «f. Michelang[e]lo». «f» steht für Fra', «Ritter», also für Caravaggio. Sein Name, geschrieben in Blut, ist tatsächlich ein echtes Symbol, das sich leicht mit Malta verbinden ließe.

Malta wurde von Sizilianern, Phöniziern, Karthagern, Römern, Griechen, Arabern, Normannen, Aragonesen, Johanniterrittern, Engländern und nicht zuletzt von Pilgerinnen der falschen Großen Mutter besetzt, kolonisiert, umgewälzt und ausverkauft. Und so mutet es fast paradox an, dass sich auf einer solchen Insel kein gemeinschaftlicher Sinn für die eigene Vergangenheit gebildet hat und es in unseren modernen Zeiten auch keinen Bedarf gibt, diese Vergangenheit mit Präzision, in deutlichen Zügen, mit klaren Darstellungen oder direkten Projektionen nachzuzeichnen.

Und es erscheint auch geradezu seltsam, dass in diesem so geschichtsträchtigen Archipel keine sichtbaren Zeichen zurückblieben, die gezielt ein Denken, Vorstellungen und eine Kommunikation ausdrücken, die sich mit der neolithischen Ära in Verbindung bringen ließe. Offenbar fehlte der Impuls, irgendein monumentales bildhaftes Zeichen «hinzukritzeln», weshalb nun allein diese großen Steine Zeugnis von einer Gemeinschaft ablegen, die zumindest mir, da ohne klare Zeichen, fast imaginär erscheint. Tatsächlich herrscht der Eindruck, dass hier keine Symbole Orientierung geben. Aber das ist eben nur ein Eindruck, wie wir wissen, sicher eine Laune des Zeitenlaufs, der wenig oder gar nichts bewahrt und keine Möglichkeit zur Auswahl lässt.

Trotzdem ist es – zumindest in meinen Augen – seltsam, dass gerade auf dieser Insel, die keine Symbole zu haben scheint, der einzig mächtige, individuelle und höchstpersönliche Zug die in Blut geschriebene Signatur eines großen Malers ist, der sich hier zufällig, fast wie auf der Durchreise, versteckt und unsichtbar gemacht hat.

DER SPRUNG HINAUS

> There are no pictures or symbols in the head.
>
> James R. Hurford, The Origins of Language

> Hier wird ein geheimnisvoller Sprung vollzogen: Das, was wir hören, ist immateriell, und in dem Augenblick, in dem wir es wahrnehmen, verschwindet es, um zu Erinnerung zu werden. Die Musik ist das sublimste Zeichen unserer Vergänglichkeit. Wie die Schönheit erglänzt und vergeht die Musik, um zu Erinnerung, zu unserer tiefsten Natur zu werden. Wir sind unsere Erinnerung.
>
> Giuseppe Sinopoli, I racconti dell'isola

Hier endet, zumindest im geografischen Sinn, unsere Reise, auch wenn es noch zahlreiche weitere Orte zu besichtigen gäbe.

Es bleiben nicht wenige, gewichtige Fragen. Was hat zur Schöpfung von Zeichen beigetragen? Welches waren die Anstöße, die Inspirationen? Gibt es eine Quelle? Und die noch wichtigere Frage: Gibt es eine historische Kontinuität, eine direkte Beziehung, einen Draht, der sämtliche Stationen und Symbole, die wir gesehen haben, miteinander verbindet? Sind es Glieder einer Kette, vereinzelte Ringe oder Ergebnisse paralleler Entwicklungen? Welche Rolle spielen unsere kognitiven und biologischen Anlagen?

Diese Fragen sind nicht leicht zu beantworten: Die Entwicklung von Zeichen setzt einen vollständigen und komplexen «Denkapparat» voraus, aber in Verbindung mit anderen Systemen wie denen, die unsere Hände, unsere Mimik und unsere Stimme steuern, Systemen, welche die Architektur von *Sprache* bestimmen. Damit haben wir einen schönen Ehrengast an unserer Tafel sitzen, einen gewichtigen und sperrigen, von dem wir kaum wissen, woher er kommt. Aber einladen mussten wir ihn.

Die Sprache dient uns in diesem Kapitel streckenweise als Führerin, um nachzuvollziehen, wie wir Menschen dazu kamen, die Spuren zu hinterlassen, denen Sie in diesem Buch bislang begegnet sind. Das ist der Sprung hinaus, der wohl rätselhafteste, weil er über zahlreiche Stufen kognitiver Komplexität erfolgt und grundlegend die sichtbaren und greifbaren Zeichen erklären kann, die der Mensch hinterlassen hat: eben das, was nicht zu Humus zerfiel oder sich in Luft auflöste.

Der Mensch drückt sich mit der Stimme aus, braucht dazu aber auch immer Unterstützung. Er nutzt seine Gesichtsmuskeln, seine Augen und Ohren und setzt ebenso und zeitgleich die Finger, den Kopf, das Kinn oder den Hals ein, um Erinnerungen oder Neugierde auf die Zukunft zu äußern. Willkommen in einem neuen Reich, das den Sprung hin zu den Zeichen und den Erzählungen ermöglichte, die Sie bis hierher gesehen haben. Willkommen im Reich des Wortes.

Imperium des Wortes

Abstand

Wie jedes Reich hat auch das Imperium des Wortes Regeln und Eigenheiten, Vorbedingungen und Schemata.

Wie wir sahen, werden die Zeichnungen und die Zeichen, die seit Anbeginn des Paläolithikums entstanden, ohne große Umschweife als «Kunst» bezeichnet: als Felskunst, prähistorische Kunst, künstlerischer Impuls, künstlerischer Ausdruck oder künstlerische Manifestationen. In fast sämtlichen einschlägigen Büchern werden sie gleichermaßen wie die Werke Giottos oder Caravaggios beschrieben, erklärt und auch verstanden: die *Sixtinische Kapelle* des Neolithikums, das *Guernica* des Paläolithikums. Trotz meiner geäußerten Vorbehalte und Zweifel bin auch ich auf den Ausdruck «Kunst» verfallen, weil man in diese Falle so leicht hineintappt.

Was verbirgt sich hinter dieser vagen Definition? Begnügen wir uns mit einem mehrdeutigen und offenen Begriff, weil wir nicht richtig verstehen, worüber und mit wem wir reden und an wen wir uns dabei wenden? Haben die Zeichnungen einen ästhetischen und/oder funktionalen Wert oder steckt hinter ihnen noch mehr? Sind sie Instrumente der sozialen Kommunikation? Wenn dem so ist, können wir dann über ihre enggefasste künstlerische Bedeutung hinausgehend die Facetten ihres kommunikativen Potenzials erkunden?

Sagen wir es klar und deutlich: Der Begriff «Kunst» beschreibt eigentlich nichts. Die Bilder, die wir in Form von Zeichnungen verewigt sahen, zeichnen sich eben dadurch aus, dass sie losgelöste Darstellungen der Dinge sind, an die wir uns erinnern. In der dunklen Höhle skizziert unser

Freund in Lascaux die Details der Gestalt eines Wisents, ohne dass er dieses mit Hörnern und Hufen physisch vor Augen hat. Sich das Tier in Erinnerung zu rufen, erfordert ein mentales Gaukelspiel, bei dem er dessen Charakteristika, dessen «wisenthafte» Natur, die Hörner und Hufe, wiedererstehen lässt.

Und was geschieht dabei im Kopf? Wenn vor unserem geistigen Auge das Bild einer Sache ersteht, die sich nicht in unserer Gegenwart befindet, erschaffen wir einen *Index,* einen Hinweis (einen zeigenden Finger!), der auf die *Eigenschaften* dieser Sache (ihre Farbe, Größe, Form) deutet und mit ihnen eine Verbindung eingeht. Dieser Index und die Eigenschaften sind die Essenzen der Erinnerung: *Dies ist ein Wisent, den ich gestern gesehen habe. Der ist es, und so sieht er aus.*

Der Mann, die Frau oder das Kind, die zeichnen wollen, treten in die Höhle ein und abstrahieren aus dem Hier und Jetzt des Kontextes, in dem sie den Wisent gesehen haben. Sie subtrahieren ihn aus dem Augenblick und setzen ihn neu zusammen: Das Konzept des Wisents leitet sie an. Und das Ereignis, in dem sie ihn sahen und beobachteten, ist ein Wegbereiter auch für Zukunft. Solche «Protokonzepte», wie manche sie nennen, sind das Ergebnis der Fähigkeit, Dinge zu denken, die im gegenwärtigen Augenblick nicht unmittelbar präsent sind. Diese Fähigkeit kennzeichnet nicht nur ausschließlich uns Menschen, sondern auch Tiere wie Elefanten oder bestimmte Vogelarten, die sich episodisch an das *Was, Wo* und *Wann* von Ereignissen erinnern, die für sie bedeutsam sind. Nicht zufällig spricht man vom «Elefantengedächtnis».

Aber wir Menschen können als die einzige Spezies davon auch erzählen. Darin liegt unser Alleinstellungsmerkmal: in der Fähigkeit, uns untereinander über Dinge auszutauschen, die außerhalb der Jetztzeit liegen und nur in der Kommunikation präsent sind. Wir brechen aus dem Gehege des Augenblicks aus und springen in Bereiche, die fernab der Gegenwart und unseres jetzigen Aufenthaltsortes liegen.

Tatsächlich vermögen dies auch die wunderbaren Arbeitsbienen, wenn auch nur zum Teil. Sie entdecken Nektar, kehren in den Stock zurück und leiten die Information über den Weg zur Nahrungsquelle an die anderen Bienen weiter. Dazu vollführen sie einen Tanz, einen kreisförmigen, wenn sich der Nektar in der Nähe befindet, oder einen schwänzeln-

Imperium des Wortes

den – entsprechend dem «Nein» unseres Kopfschüttelns –, wenn die Quelle weit entfernt liegt. Aber das können sie eben nur bei Nahrung, mehr erzählen sie nicht.

Die Bienen ausgenommen, kommunizieren allein wir Menschen über Dinge, die außerhalb unseres Gesichtskreises liegen. Die sogenannte *displaced reference* ist die außerordentliche Fähigkeit, sich an vergangene Ereignisse zu erinnern und sich zukünftige vorzustellen. Und sie vor allem in und außerhalb von uns zu kommunizieren, sie aus der Sphäre des rein Gedanklichen nach außen zu tragen.

Wie viele Dinge teilen wir nicht mit, indem wir diese Protokonzepte externalisieren, ihnen Ausdruck geben. In unendlich vielen Sprechblasen. Wie ist dies möglich?

Prometheus

Einige Theorien zu den Ursprüngen der Sprache kommen ähnlich daher wie die MG-Schützen, die in Kubricks *Full Metal Jacket* über das Schlachtfeld stürmen. Sie verschießen Salven, reiben das Feld auf, räumen einen Gegner nach dem anderen chirurgisch präzise aus dem Weg und gewinnen auf die Art die langwierigsten und zermürbendsten Gefechte. Und dann verlieren sie den Krieg. Vielleicht siegen sie auch, aber friedlich und kooperativ sind sie jedenfalls nicht.

Wir wollen nicht zum Gewehr greifen, da das Kräftemessen noch nicht zu Ende ist, aber angesichts des gegenwärtig herrschenden Waffenstillstands muss etwas gesagt werden, das zum Verständnis unserer prähistorischen Zeichen beitragen kann. Reden wir einstweilen von Charles Darwin und bleiben für einen Augenblick in ruhigeren Gefilden. Für Darwin hatte sich die menschliche Sprache durch direkte Nachahmung aus dem Vogelgesang entwickelt. Aus den komplexer werdenden Lauten seien schließlich Wörter entstanden. Man muss in keine Buchkritik oder in die Evolutionsbiologie einsteigen, um sagen zu können, dass Darwin in dieser Passage von *The Descent of Man* von 1871 nicht das Beste aus sich herausgeholt hat. Trotzdem führte sein *ipse dixit* zum üblichen Ergebnis, wenn Autoritäten etwas verkünden. Keiner widersprach. Sechzig Jahre nicht.

Nach dem Zweiten Weltkrieg setzten sich Linguisten, Psychologen und Paläontologen mit dem Problem auseinander – und ließen damit die Wissenschaft, die wissenschaftliche Methode und neue Ideen hochleben. Ein weiteres *ipse dixit* erschien auf der Bühne, von einer Persönlichkeit, die sich vor dem Hintergrund der Sprachwissenschaft des 20. Jahrhunderts wie ein Titan abhebt: Noam Chomsky. Laut seiner Theorie (seine «Universalgrammatik»[1] erwähnen wir nicht) ist die Sprache das Ergebnis einer genetischen Mutation, die vor erst rund achtzigtausend Jahren stattgefunden haben soll.

Diese Mutation sei als ein zufälliges, radikales und bestimmendes Einzelereignis erfolgt, das nur ein einziges Individuum betroffen habe. Und dieses habe es dann – als einen genetischen Vorteil – über Vererbung an seine Nachkommen weitergereicht. Wie bei der Entdeckung des Feuers soll die Menschheit dank dieses hypothetischen Prometheus der Sprache einen Quantensprung vollzogen haben. Nur so lasse sich erklären, warum sich die Grundgrammatik, die angeborene Sprachsoftware (siehe die Fußnote) nicht weiterentwickelt habe, sondern seither unverändert und stabil weitergegeben worden sei. Das sagt Chomsky. Dabei leugnet er keineswegs, dass Sprachen sich verändern – und das tun sie sogar mit der Rasanz von ICEs –, hebt aber eben hervor, dass sich ihre Grundstruktur, ihre Software immer gleich bleibt. Bis hierhin alles gut und schön, wenn auch nicht für alle.

Manche fühlen sich bei diesem Erklärungsansatz an eine Art Schöpfungsmythos erinnert, der doch etwas apodiktisch und allzu bestimmt daherkomme: Die Flamme der Sprache sei von genetischen Göttern entzündet worden, worauf wir *ex abrupto* alle sprachbegabt geworden seien. Die Theorie ist durchaus angreifbar, und während sich die Linguisten mit Kritik an diesem Prometheus der Sprache zurückhalten, sparen Biologen,

---

[1] Laut der Theorie der Universal Grammar (UG) sind allen menschlichen Sprachen grundlegende Eigenschaften gemeinsam. Auf ihnen beruhen die jeweiligen komplexen Besonderheiten der einzelnen Sprachen. Als Substrat dient eine Art angeborene Software in unserem Gehirn, eine Art «Grundgrammatik», mit der wir zur Welt kommen und die uns die Entwicklung eines Sprachvermögens ermöglicht.

Psychologen und Evolutionswissenschaftler keineswegs an ihr. Aber Mutationen sind nicht nur reine Theorie, und falls Chomsky Recht hat, hätte dieser Erbsprung wie durch ein Wunder die Entstehung eines komplexen, so ausgefeilten Instruments wie die menschliche Sprache ermöglicht: durch schrittweise Weiterentwicklungen, die nach einem schlagartigen Anfang ihren Lauf genommen hätten.

Diese Annahme erscheint allerdings nur dann notwendig, wenn man in einem Zirkelschluss die sprachliche Basissoftware erklären will, was aber nicht unbedingt gelingt und manchen als Anliegen auch wie ein Mühlstein am Hals hängt. Kurzum, wir stehen vor ungelösten Rätseln, unvollständig beantworteten Fragen und hitzigen Debatten. Übrigens hatte die Société Linguistique de Paris bei der Gründung 1866 ihren Mitgliedern die Beschäftigung mit jedwedem Thema im Zusammenhang mit dem Ursprung der Sprache verboten. 1872 ging die Londoner Philological Society den gleichen Schritt. Von diesen Anfängen zu reden war wie etwas heraufzubeschwören, das nicht genannt werden durfte. Und die erbitterten Kämpfe auf diesem Schlachtfeld schienen diesen Institutionen auch Recht zu geben.

Gebärden

Trotzdem lohnt eine Auseinandersetzung mit einem der schönsten Themen, das auch Sie betrifft, die Sie gerade diese Worte lesen, die ich schreibe. Sie verstehen sie. Und das verdanken wir der guten alten Sprachentwicklung. An dieser Stelle sei mir ein sprunghafter Exkurs in die Vergangenheit zum *Homo erectus* verziehen, der die über zweihunderttausend Jahre alte Figurine von Berekhat Ram in Israel gefertigt haben könnte. Vielleicht besaß der Erectus, der schon stabil auf seinen zwei Beinen ging und Material bearbeitete, eine Protosprache, ein Grundvokabular, wenn vielleicht auch ohne eine echte Grammatik.

Der aufrechte Gang hatte ihm bereits Freiheit an den Händen verschafft und ihm so die nicht unbedeutende Möglichkeit verschafft, Gebärden zur Verständigung einzusetzen. Gebärden sind grundlegend, was vor allem die ihretwegen häufig bespöttelten Italiener offenbar begriffen haben.

Wir denken gewöhnlich, sprachliche Kommunikation hänge ausschließlich vom auditiven System (der Wahrnehmung äußerer Laute) und von der Steuerung der an der Stimme beteiligten Muskeln (der Lautbildung innen) ab, aber sie sind nicht als einzige neuronale Mechanismen mit der Sprachfähigkeit verbunden. Wir bewegen beim Reden die Hände und verändern den Gesichtsausdruck, und so verhalten sich sogar Blinde, während Taubstumme sogar vollständig vermittels einer Gebärdensprache kommunizieren, wobei jede Sprache ihre Besonderheit hat. All dies deutet auf eine prähistorische, uranfängliche enge Beziehung zwischen Hand und Sprache hin.

Wir drücken uns mit der *Hand* aus. Wenn jemand spricht, verfolgen wir die Bewegungen seiner Hände und ahmen seine Gebärden als einfühlsame Reaktion nach (wieder die Spiegelneuronen). Wir erschaffen Symbole mit den Händen. Wir breiten die Arme aus, um etwas Großes zu bezeichnen, bilden mit ihnen einen Kreis, um etwas Rundes anzudeuten, strecken sie in einer einschließenden Geste aus oder heben zur Bestätigung die Handflächen in die Höhe. Wir verständigen uns auch mit der *Gebärde*.

Laut einer Hypothese soll die Sprache in jedweder Hinsicht aus der Gebärde hervorgegangen sein: Demnach entstammt die Sprachfähigkeit aus der Verständigung mit Zeichen, ergänzt durch Grammatik und Syntax. Die lautliche Äußerung sei erst später hinzugekommen. Gebärdensprachen können auch spontan entstehen, wie es zum Beispiel in Nicaragua geschah, wo gehörlose Kinder ohne äußere Anstöße ein eigenes solches System entwickelten, das schon drei Generationen eine flüssige Verständigung ermöglicht.

Aber die Sprache ist aus einem vielschichtigen biologischen Zusammenspiel entstanden, mit dem Gehirn, den Händen, dem Mund, den Lippen, dem Gaumen, den Augen, den Brauen sowie Emotionen, Überlegung und Logik als Partnern. Gebärden und Stimme entwickelten sich in Koevolution miteinander, als ein ausgeklügeltes Gesamtsystem, in dem nicht etwa das eine das andere abgelöst hat. Beide gehen Hand in Hand miteinander. Wäre das gesprochene Wort allein aus der Gebärde hervorgegangen, bräuchten wir es nicht zur Verständigung.

Doch damit nicht genug. Sprache kennzeichnet noch mehr: Hinter ihr steht Intention.

Intention

In Zeiten der Pandemie kann uns schon ein Hüsteln erschrecken. Es lässt in uns Alarmglocken schrillen, worauf wir uns sofort umschauen, von wem dieses Geräusch kam, und vielleicht werfen wir dem Betreffenden sogar einen bösen Blick zu. Aber ein Hüsteln ist nicht unbedingt das Symptom einer Infektion. Vielleicht hat sich jemand nur geräuspert oder doch gehustet, aber nur, weil er zu viel raucht. Womöglich wollte er auch nur auf etwas aufmerksam machen, auf sich selbst oder auf etwas anderes. Zum Beispiel mit der Botschaft: «Bitte machen Sie doch Platz.» Hinter einem solchen Hüsteln steckt dann kein Gesundheitsproblem, sondern ein subtiles, kalkuliertes Signal, das beim Empfänger zu einer bestimmten Reaktion führen soll. Mehr als ein Index ist dieser Akt eine Konvention: Das Signal ist allgemein verständlich und wird in bewusster Absicht gesetzt.

Dagegen sind Indizes (das Husten des Rauchers) weder intentional noch arbiträr. Das eine (Husten) deutet nur auf das andere (Rauchen) hin. Das Hüsteln als Signal (mit der Bedeutung: «Bitte machen Sie Platz») ist ebenfalls ein Index, aber einer mit einer Intention dahinter. Der gleiche Unterschied besteht zwischen dem unbeabsichtigt hinterlassenen Fußabdruck, der auf einen hier vorbeigekommenen Menschen hinweist, und einem *absichtsvoll* auf einer Wand platzierten Handabdruck. Zwei ganz verschiedene Dinge.

Dieses Grundprinzip der Intentionalität führt uns zur Konvention. Nehmen wir die Ikone. Jedes Objekt, das nach dem Ähnlichkeitsprinzip dargestellt wird, ist ein Ikon: Ich zeichne eine Sache *so*, dass sie *diese Sache da* darstellt. Das Objekt wird gemäß diesem Prinzip wahrgenommen, empfunden oder sogar erschnuppert, es stellt diese besonderen Merkmale dar, und ich möchte, dass es *als solches* gedeutet wird. Der Löwe in der Chauvet-Höhle ist dafür ein Beispiel, sollte bei seiner Entstehung tatsächlich die Absicht bestanden hat, *jenen dort abgebildeten Löwen* darzustellen. Aber eine Bedeutung kann sich auch verändern, und das ist deshalb interessant, weil es uns einen komplizierteren Schritt aufzeigt.

In diesem Licht gesehen, könnten auch abstrakte Gestaltungen ikonisch sein, weil hinter ihnen eine Absicht und eine Auswahl stehen und sie, falls wir uns nicht irren, auch etwas darstellen sollen. Wenn zum Beispiel die penniforme Figur eine Waffe darstellt und auch als ein spezifisches und direktes Ikon für diese besondere Waffe verstanden wird, ist sie keine geometrische Figur mehr, die aus einer halluzinatorischen Eingebung heraus ohne besondere Absicht auf eine Wand gezeichnet wurde.

Ohne Intentionalität kann es keine Konvention geben und ohne diese Zutat auch keine Sprache. Der interessante Schlüssel zum Verständnis dieses Funktionsprinzips liegt darin, etwas in schöpferischer Absicht zu kreieren, das von jemand anderem erkannt, verstanden und wiederholt werden kann. Nachahmung ist möglich. Auf die Art wird ein Zeichen oder ein Signal zu einem Element in einem gemeinsamen System und fügt sich in ein Schema. Dies gilt für eine zweidimensionale Figur, für eine Figurine in Frauengestalt oder für ein höfliches Hüsteln.

Arbitrarität

Aber zur Beschreibung der Sprache genügt dies immer noch nicht. Keine Sprache existiert ohne das Menschlichste, das es gibt: das Symbol. Um es fachsprachlich auszudrücken, können wir auch von «Symbolisierung» reden.

Denken Sie an eine Katze, *cat, gatto chat, gata*. Zwischen diesem Tier und dem Namen, mit dem wir es bezeichnen, besteht keinerlei Verbindung. In den heutigen Sprachen (mit ihren jeweils eigenen Etymologien) hat das betreffende Wort eine historische Prägung erhalten, während es aber ursprünglich vollkommen willkürlich gewählt worden war. Die Namen der Dinge beruhen auf Konventionen, die arbiträr festgelegt wurden. Sie sind *symbolhafte* Stellvertreter, die wir für unsere wechselnde soziale Kommunikation erschaffen, um zu kooperieren, Klatsch auszutauschen, Metaphern zu denken oder jemanden hinters Licht zu führen. Ihr Bestand ist unendlich offen, mit einem grenzenlosen Horizont. Wörter sind Symbole im modernen Sinn, austauschbar und beliebig kombinierbar wie die Steinchen eines Mosaiks, das durch keinen festgelegten Rahmen begrenzt wird.

Ohne Symbole fällt die Matrix der kommunikativen Möglichkeiten in sich zusammen. Die – rein menschliche – aus sich heraus produktive Fähigkeit, Symbole zu kreieren, stößt immer neue Fenster in mögliche, wahrscheinliche, unwahrscheinliche und auch unmögliche Welten auf. Sie errichtet mentale Schlösser, türmt sie aufeinander, durchdringt sie und durchkreuzt sie, schließt und wiedereröffnet sie, weitet sie aus und verbindet sie miteinander wie die hyperbolischen Geometrien in den Werke M. C. Eschers.

Diese kompositorische Fähigkeit bildet die Architektur der Sprache, die Syntax, die alles aufrechterhält: Sinn, Ordnung, Hierarchie und Zeit: einfach alles im Verbund.

Kinderreim

Aber es genügt immer noch nicht. Um verständlich zu machen, wie man das Sahnehäubchen auf den Kuchen der Sprache setzt (hier mit dem Zwinker-Smiley 😉 als ikonischem Symbol), greife ich beispielhaft auf den Kinderreim zurück, der im Italienischen Filastrocca heißt. Die Etymologie dieses Wortes hängt nicht zufällig mit der Tätigkeit des Webens zusammen, als ein Geflecht aus miteinander verwobenen Worten. Der Kinderreim ist vielleicht nicht sehr *politically correct* – Anpassungen an die sich verändernden Zeiten sind nicht einfach so durchführbar –, kann das Prinzip aber gut verdeutlichen.

Es war dareinst ein König,
der sprach zu seiner Magd,
erzähl' mir eine Geschichte,
und die Magd begann:

Es war dareinst ein König,
der sprach zu seiner Magd,
erzähl' mir eine Geschichte,
und die Magd begann:

*Es war dareinst ein König,
der sprach zu seiner Magd,
erzähl' mir eine Geschichte,
und die Magd begann:*

und so weiter *ad infinitum*. Diese syntaktische Struktur nennt sich Rekursion. Aber Vorsicht: Diese besteht nicht nur einfach in der Wiederholung, sondern in der untergeordneten Abhängigkeit des Nachfolgenden vom Vorausgehenden. Auch wenn der Kinderreim mit der Magd eine schlichte Erzählung mit einem linearen Handlungsablauf beinhaltet (der König sprach, die Magd begann), zeichnet er sich durch eine Besonderheit aus: Er gliedert Strukturen in Strukturen ein, die in einer rekursiven Beziehung zueinander stehen, und erzeugt so ein Handlungsgeflecht, eine Kette aus Ereignissen, die einander untergeordnet sind. Und dieser sich selbst am Laufen haltende Mechanismus setzt sich bis in die Ewigkeit fort, zumindest solange wir noch Geduld und Ausdauer aufbringen oder Tinte in der Feder haben, um dieses Reich aus Wörtern weiter wachsen zu lassen.

E venne il cane, che morse il gatto, che si mangiò il topo, che al mercato mio padre comprò.

(Und da kam der Hund, der die Katze biss, die die Maus fraß, die mein Vater auf dem Markt kaufte.)

In dem Fall endet der Kinderreim mit dem Papa, der aber, auch wenn er es nicht weiß, diese Rekursivität ebenfalls in sich trägt: wie alle Sprachen der Welt, denn laut Chomsky liegt das Wesen des menschlichen Sprachvermögens eben in der Rekursion. Sie bestimmt die Universalgrammatik.[2]

---

2 Aber auch das ist unter Linguisten unter Beschuss geraten. Die Sprache der Pirahã, eines isoliert lebenden indigenen Volkes inmitten Amazoniens, ist offenbar nicht rekursiv. Sie kennt nicht einmal Zahlen und auch keine Bezeichnungen für Farben. Das passt schlecht in die UG.

Imperium des Wortes

Bilder

Gramme

Am Ende ging es nicht anders, als die Besonderheit der menschlichen Sprache anhand des Kinderreims zu erklären. Ohne die genannten Voraussetzungen könnte es Sprache niemals geben. Aber kehren wir jetzt wieder in unsere finstere Höhle zurück.

Ich muss Ihnen dort noch etwas zeigen.

In Wahrheit haben Sie es schon gesehen, aber vielleicht nicht mit den «richtigen Augen». Ich gebe Ihnen meine Brille, und Sie sagen mir, was Sie darüber denken. Sie stehen vor den Bildern der drei Löwen in der Chauvet-Höhle im vorderen Teil der Salle de Fonds, ausgeführt mit roten und schwarzen Umrisslinien, jeweils mit einem einzigen und mit sicherer Hand gezogenen Strich. Die Löwen sind in einer Perspektive der Überlagerung und offenbar in Bewegung dargestellt. Der Ablauf ist syntaktisch geordnet, und die Darstellungen sind ikonisch.

Weiter vorn gehen die Rhinozerosse mit den Hörnern aufeinander los, auch sie sind ikonisch, aber in ihrer Aktion in einem wirren Durcheinander mit Überlappungen dargestellt. Vielleicht haben sie eine syntaktische, zeitliche Hierarchie, vielleicht liegt auch hier Rekursivität vor.

Vor vierzigtausend Jahren lagen in diesen heutigen französischen Breiten, aber auch in Spanien, Australien und Indonesien sämtliche Zutaten zur Kommunikation bereit. Wir wissen genau, dass der damalige Sapiens sprechen konnte. Auch laut Chomskys Theorie war unsere Sprachfähigkeit schon zu dieser Zeit entwickelt, ob durch eine Mutation oder nicht. Wie der Mensch, der in der Chauvet-Höhle Löwen zeichnete, gesprochen hat, ist eine andere Frage, aber wenn er gesprochen hat, dann wohl gar nicht so sehr anders als wir heute. Sein Vokabular war sicherlich deutlich begrenzt, aber eigentlich fehlte ihm nichts, um kognitiv komplexe Gedanken auszudrücken.

Es wird behauptet, dass die Verhaltensweisen des biologisch modernen Menschen das Ergebnis einer echten Revolution seien, die die Grundlagen von dessen Entwicklung vor rund vierzig- oder fünfzigtausend Jahren schlagartig auf den Kopf gestellt habe. Und die Sprache soll dafür das Katapult gewesen sein. Aber mit hoher Wahrscheinlichkeit (fast sicher sogar) hatte es sich eher um schrittweise Veränderungen gehandelt, von Afrika ausgehend, und schon zigtausend Jahre früher. Die Protosprache des *Homo erectus* war wahrscheinlich schon der erste vollzogene Schritt, und hier reden wir von einer Zeit rund dreihundert- bis zweihundertfünfzigtausend Jahre vor heute.

Und ich gehe noch weiter. Auf seine Art hat unser Freund in der Chauvet-Höhle sogar schon *geschrieben*. Ich wiederhole: *auf seine Art*, nicht so, wie man es erwarten würde. Und hier bedarf es einer kleinen Präzisierung. Folgen Sie mir Schritt um Schritt durch die Stalagmiten.

Schrift zeichnet die Laute einer Sprache auf.

Sie ist per Definition ein System. Dies beinhaltet, dass jede Schrift eine Anzahl an Zeichen hat, die per Konvention einem bestimmten Laut oder einer Lautung entsprechen. Wenn wir die Entsprechung Zeichen-Laut verändern, verändert sich damit das System – und würde unverständlich.

Das System ist in seinem Umfang zwangsläufig begrenzt. Es kann keine unendliche Anzahl an Zeichen beinhalten, sonst wäre es unmöglich, es sich ins Gedächtnis zu prägen, es zu erlernen und weiterzugeben.

Wenn sich eine Schrift nicht an diese Regeln hält, ist sie keine echte Schrift. In der Praxis ist sie ein geschlossenes, sichtbares und begrenztes glottografisches System.

Aber Bilder sind amüsante Objekte, weil sie uns eine Welt eröffnen: die der Interpretation. Kehren wir zu den Löwen in der Chauvet-Höhle zurück. Es sind Bilder, zweifellos. Sie sollen echte Löwen darstellen, sind also Ikone. Sie ähneln lebendigen Löwen und zeigen deren äußere anatomische Merkmale. Aber vielleicht sind sie auch Symbole für etwas. Vielleicht bedeuten sie «Mut», «Stärke» oder etwas noch Ausgefalleneres wie «Seltenheit». Womöglich sind sie auch Embleme, die für eine Gruppe stehen.[3]

Aber vielleicht, und das sage ich mit einem provozierenden Unterton, haben sie mehr mit einem codierten Kommunikationssystem zu tun als

---

3 So zum Beispiel die Deutung Emmanuel Guys in *Ce que l'art préhistorique dit de nos origines.*

mit dem künstlerischen oder ästhetischen Ausdruck, der bei der Zeichnung Selbstzweck ist. Vielleicht sind sie weniger Kunst und eher Wort. Nennen Sie sie Piktogramme, wenn Sie wollen (auch wenn mir der Ausdruck nicht gefällt), wobei aber das «-gramme» für «Zeichen» stärker auf sie zutrifft als das «Pikto» für «gemalt».

Metonymie

Ich spinne den Faden meiner leicht provozierenden Argumentation weiter. Bestimmte Merkmale geben uns Grund zur Annahme, dass mit den Figuren der paläontologischen Felsmalerei Botschaften übermittelt wurden. Einige Merkmale sahen wir bereits: Ordnung, Iteration, Abfolgen, aufeinanderfolgende Verbindungen, Kombinationen. Kurzum ein Code, der nicht nur demjenigen verständlich war, der ihn erschaffen hatte.

Ein weiteres Element entdecken wir in sämtlichen Schriften, die von null an in anderen Teilen der Welt, in Mesopotamien, Ägypten, China oder Mittelamerika erfunden wurden. Es ist ein auf Metonymie beruhendes Prinzip, durch das man sich auf eine Sache oder ein Konzept bezieht und dabei etwas anderes nutzt, das mit diesem Objekt oder Konzept in einer engen Verbindung steht. Wenn ich sage: «Ich habe mit Schweiß mein Geld verdient und darf jetzt eine gute Flasche öffnen», dann gebrauche ich zwei Metonymien: den Schweiß (für die Arbeit) und die Flasche (z. B. für Champagner). Zwischen beiden besteht eine direkte Verbindung.

Zu den Metonymien gehört auch eine weitere rhetorische Figur, die Synekdoche, das sogenannte *pars pro toto,* der «Teil für das Ganze». Wenn ich zum Beispiel sage: «Ich habe mein gesamtes Geld versoffen und stehe jetzt ohne Dach über dem Kopf da», dann meine ich mit «Dach» mein Heim als Ganzes. Die Synekdoche bezeichnet mit dem Kopf – gewissermaßen als dem Konzentrat, der Essenz – das gesamte Tier, mit der Hand den Körper oder mit dem Werkzeug die entsprechende Tätigkeit. Sie ist eine kognitiv besonders anspruchsvolle rhetorische Figur. Und sie findet sich bereits auf den paläolithischen und den neolithischen Felswänden, in der Grotta dei Cervi, in der Grotta della Poesia, in der Khazali-Schlucht und im Umfeld der Wüstendrachen in Jordanien.

Schrift ist das nicht, nein. Aber vielleicht nur deshalb nicht, weil wir diese systematisch wiederholten, von Generation zu Generation weitergegebenen Zeichen, die in ein geregeltes und gemeinsames kulturelles Repertoire eingingen, nicht zu erkennen vermögen. Vielleicht nur deshalb nicht, weil wir nicht nachvollziehen können, wie sie im Labyrinth der Gesellschaftspyramiden, durch die jeweiligen Erfordernisse des Apparats institutionalisiert wurden. Für uns Heutige sind nur noch die Fältelungen der individuellen Kreativität oder der Schöpferkraft einer kleinen Gruppe sichtbar, aber damals wussten die Menschen, welche Botschaften sie übermitteln wollten.

Und wir können nicht wissen, ob es Systeme sind und, falls ja, ob es sich um geschlossene, feste und stabile Systeme handelte. Ebenso wenig erschließt sich uns, ob hinter ihnen schon die Idee stand, Lautabschnitte aufzuzeichnen, entweder Silben wie in einer Silbenschrift oder einzelne Laute wie in einem Alphabet. Aber sämtliche Grundzutaten lagen bereits in Reichweite dieser Frauen und Männer, standen im Regal dieses Labors bereit: die Sprache, der Code und die Ordnung. Die Wiederholung, die Mutter jedes Merkens, war vorhanden. Was also fehlte wohl noch?

Eine einzige Sache. Die Verordnung von oben, durch eine Hierarchie, die das System zum guten Gebrauch verwaltet und lenkt. Aber der Rest, und damit meine ich die Grundlagen, die Fundamente, die Tragsäulen, waren im kognitiven Gebäude des Menschen durchaus errichtet. Das Potenzial war vollauf vorhanden. Abstraktion und Symbol, sicher, aber auch der Rahmen: Ordnung, Code, Schema, Paradigma.

Nicht zufällig lassen sich diese Bilder *auch* als rhetorische Figuren auffassen. Nicht nur für Nanni Moretti: «Worte sind wichtig. Wer schlecht spricht, denkt schlecht ...» Auch in der Chauvet-Höhle waren Worte wichtig, und wie es aussieht, auch deren Nuancen.

Metaphern

Ein ganz kurzer letzter Hinweis auf diese Ordnungen von Zeichen. Wir erkennen in ihnen einen ganz deutlichen Fortschritt. Das erste Bild, das wir sehen, ist der Handabdruck. Fast durch einen glücklichen Zufall bin ich während der abschließenden Arbeit an diesem Buch auf einen frisch erschienenen Artikel gestoßen, in dem bekannt gegeben wird, dass die ältesten bekannten Handabdrücke aus der Zeit von vor 226 000 Jahren stammen. Aufgetaucht sind sie in Tibet, in Quesang auf einer Travertinplatte. Es handelt sich um fünf Fuß- und fünf Handabdrücke, angeordnet zu einer seltsamen Figur, deren Ausgestaltung absichtsvoll gewählt erscheint. Und natürlich musste sie gleich wieder als «Kunst» bezeichnet werden.

Aber ohne Intentionalität ist es keine Kunst. Charles Peirces Indizes verweisen uns auf etwas Nichtarbiträres, bei dem es eine direkte Beziehung zwischen Form und Bedeutung gibt. Rauch ist ein Index für Feuer, eine Fußspur einer für ein Tier. Form und Bedeutung gehen Hand in Hand miteinander. Mit den Ikonen setzt dagegen buchstäblich das Nachdenken, das Nachsinnen ein, das später in einer fortschreitenden Entwicklung zur Entstehung von Symbolen führt. Es ist unglaublich, festzustellen, dass das, was die Archäologie zum Vorschein gebracht hat, offenbar in klarer Linie der kognitiven Entwicklung hin zur Abstraktion zu folgen scheint: vom Index (unbeabsichtigt, nichtarbiträr) zum Ikon (beabsichtigt, nichtarbiträr) und weiter zum Symbol (mit besonderer Überlegung beabsichtigt und arbiträr). Diese Entwicklung respektiert auch die Voraussetzungen der Sprache und führt zu einer Steigerung hin zu Symbolen, die ... noch symbolischer, noch weiter reichend sind, hin zu einer Botschaft, bei der die Morphologie, die Form nicht nur nicht konstitutiv für die Bedeutung ist, sondern andere Dimensionen berührt, die nicht greifbar und abstrakt sind. Abwesend.

Deswegen hielt ich es im vorangegangenen Kapitel für notwendig, dass wir einen «Sprung in die Höhe» vollziehen, weil auch die dreidimensionalen Monumente nicht anders als Zeichnungen Teil dieser fortschreitenden Entwicklung der Zeichen von Ikonen hin zu Symbolen sind. Zweidimensionale Symbole unterscheiden sich gar nicht so sehr von dreidimensionalen, abgesehen von den Gestaltungsmöglichkeiten bei der Form, der bei einem Monument wegen seiner besonderen Funktionalität unausweichlich Fesseln angelegt sind. Aber das Monument bleibt trotzdem ein Symbol für etwas. Was wir auf den vorangegangenen Seiten sahen, sind nicht nur *Bauwerke*. Die anatolischen Mr. Ts, die Zikkurats oder die Riesen von Malta müssen auch außerhalb ihres praktischen und funktionalen Zwecks für die Gemeinschaft gesehen werden, sie sind physische Erhebungen, Symbole, die einen Sprung über ihre eigene Form hinaus vollziehen, diese übertragen, sie sublimieren. Darin sind sie Metaphern ihrer Zeit. Aber verfallen wir nicht ins Philosophieren, um zu rechtfertigen, dass wir auch prachtvolle Bauten voller kreativer Symbolkraft in die Erörterung einbezogen haben. Sie sprechen für sich selbst, auch wenn sie vielleicht ein Symbol für abwesende Dinge, für Götter, das Göttliche, die erhabenen Dinge des Himmels sind.

In diesem Exkurs habe ich ein bedeutendes kulturelles Phänomen, die Bildhauerei,[4] ausgespart. Die Behandlung unendlich vieler Symbole sprengt den Rahmen eines Buchs. Zudem ist mein Buch eines über Zeichen, *segni* auf Italienisch, ein Wort, das sich aus der protoindoeuropäischen Wurzel *sek für «schneiden», «einritzen» herleitet. Die Statuetten mit ihrer Ikonizität sind häufig realistischere, getreuere Darstellungen. Weniger metaphorisch, auch wenn «Metapher» hier ein wenig aufs Glatteis führen kann. Statuetten sind tendenziell *High Fidelity,* mit einer 360-Grad-Ansicht, und ihre Erörterung überlasse ich gerne denen, die ihrem eigentlichen Anliegen gerecht werden – für mich fast immer ein realitätsabbildendes.

Segmente

Memento

Auch der Begriff «Segmente», verstanden als sich schneidende kurze vertikale oder auch horizontale Striche, geht auf die gleiche indoeuropäische Wurzel zurück. Segmente sind in jeder Hinsicht Schnitte.

In dem Zitat des Musikers Giuseppe Sinopoli, das das Motto zu diesem Kapitel bildet, ist von einem ätherischen, ephemeren und unfass-

---

[4] Mit Schmuckornamenten habe ich mich auch nicht befasst. Das überlasse ich kompetenteren. Meine Vorliebe gilt ja den Zeichen, wie wohl deutlich geworden ist.

lichen Sprung die Rede, von dem Sprung der Musik, wenn sie in unserem Ohr erklingt und sich uns ins Gedächtnis prägt. Sie sei ein sublimes Zeichen, sagt er. Sie hat denselben Effekt wie manche Worte, die dauerhaft in Erinnerung bleiben und unvergesslich werden.

Alles Übrige decken die Segmente ab. Diejenigen, die wir jetzt betrachten, sind keine Wörter und sicher auch keine Ikone, nicht im «piktografischen» Sinn des Begriffs, wie wir oben sahen. Es sind einfache, lineare, sich schneidende Striche, die auf nichts hindeuten, zumindest nicht durch ihre Form. Eine Reihe aus vertikalen Linien oder aus Pünktchen, ein System aus geordneten Strichen. Die Segmente, die wir sehen werden, sind alle intentional entstanden, ein überlegter Ausdruck des Willens. Die Striche haben den «richtigen» Abstand zueinander, als hätten sie einen Rhythmus (ich meine keinen musikalischen), mit einer inneren Ordnung und Kohärenz. Sie scheinen wie ein *Ticken* aufeinanderzufolgen, wie Abgehaktes auf einer Liste anstehender Erledigungen oder wie die Abfolge von etwas Festzuhaltendem. Gliederungen, Zusammenfassungen, Planungen, Berechnungen.

Absichtsvoll sichtbare segmentierte Striche zu hinterlassen, hat viel mit dem Gedächtnis zu tun.

Schauen Sie sich auf ihrem Mobiltelefon einmal die Liste ihrer Kontakte an: Wie viele Nummern haben Sie im Gedächtnis? Die eigene und vielleicht noch die vom Festanschluss der Mama zu Hause. Mehr nicht. 0445-361xxx lautete die Nummer meiner Großeltern in Thiene in der Provinz Vicenza. Ich weiß sie heute noch. Es ist fünfundzwanzig Jahre her, seitdem sie von uns gegangen sind, aber ihre Nummer habe ich immer noch im Kopf. Zusammen mit der meines Mobiltelefons und dem Festnetzanschluss meiner Mutter.

Ich vermute, dass es sich bei Ihnen allen *mutatis mutandis* ebenso verhält.

Heute haben wir die Erinnerung an manche – uns innig verbundene – Daten, Episoden, Ereignisse und Gefühle aus unserem Kopf ausgelagert und sie auf persönlichen Trägern abgespeichert, die sie an unserer Stelle lebendig halten. Physische Objekte sind zu Anhängseln unserer Gehirne geworden, um uns dieses Vergessen zu ermöglichen. Wir stützen uns auf Erinnerungsavatare.

Wenn wir wissen, wo (ungefähr) unser Gehirn sitzt, könnten wir uns auch fragen: «Wo ist unser Geist zu Hause.»

Für den Physiker und Wissenschaftler Andy Clark sitzt er nicht nur im Kopf. Und so sieht die Idee vom «erweiterten Geist» aus: Unser kognitives System arbeitet nicht nur innerhalb der Grenzen des Gehirns, umschlossen von einer Art Membran, die unsere Neuronen zusammenhält. Geist ist nicht nur die Tätigkeit des Gehirns, das Äußere zählt ebenfalls, und sehr sogar. Die Abläufe im Körper, im Gehirn und im Geist sowie in der Außenwelt sind eng miteinander verflochten, verzahnt und verschlungen. Um nachzuvollziehen, was in einem Teil geschieht, muss man deshalb nachsehen, was sich in allen übrigen abspielt. Als Erklärung dazu erzähle ich eine Geschichte, von der Andy Clark berichtet hat.

Patrick Jones ist der Diakon einer Kirchengemeinde in Colorado in den USA. Durch einen Unfall hat er eine Form der anterograden Amnesie erlitten, eine Gedächtnisstörung, die allerdings nicht seine Erlebnisse aus der Zeit vor dem Unfall betrifft. An sie erinnert sich Patrick problemlos. Seine Schwachstelle besteht darin, dass er keine neuen Informationen abspeichern und im Gedächtnis behalten kann. Wenn er eine Person kennenlernt und sie zehn Minuten später auf der Straße wiedertrifft, erkennt er sie nicht mehr. Wie in dem Kriminalfilm *Memento*. Aber während in diesem Streifen das Problem mit Tätowierungen und Polaroid-Aufnahmen gelöst wird, behilft sich Patrick im Alltag mit neueren Methoden: mit Notizbucheinträgen, einem Smartphone und Apps zur Gesichtserkennung.

Ähnlich wie ich mit meinem iPhone, das anstelle von mir alle Telefonnummern im Gedächtnis behält, navigiert Patrick mithilfe eines kleinen Gerätes durch seine Erinnerungswelt. Die kognitiven Abläufe sind so nicht mehr auf sein Schädelinneres, auf die Windungen des Hippocampus begrenzt. Sie kommen auch von außen in seinen Geist, von Objekten, die uns inzwischen ständig begleiten. Das Innen und das Außen verlieren so ihre klare Trennung und rücken enger zusammen.

Vor dreißigtausend Jahren war dies nicht anders. Systeme eines künstlichen Gedächtnisses standen schon fix und fertig bereit. Wenn Sie dieses Kapitel gelesen haben, bezeichnen Sie sie nie wieder als «primitiv».

Tallies, Tokens und alle Trinkets

Dolní Věstonice ist eine Fundstätte in Mähren in der Tschechischen Republik. Wie wir schon sahen, trägt die von dort stammende kleine Venus, von der am Anfang des Buchs die Rede war, die Fingerabdrücke eines kleinen Jungen, unauslöschlich eingeprägt auf ihrem Rücken. Das ist nicht die einzige Überraschung aus der Zeit rund dreißigtausend Jahre vor heute. Die andere ist ein Wolfsknochen, der fünfundfünfzig in Fünfergruppen unterteilte Einkerbungen aufweist. Alles deutet darauf hin, dass es sich um *tallies,* um Zählkerben handelt. Steckt eine Logik dahinter? Mathematik? Ein Grundkonzept für Multiplikation? Es wäre unglaublich, aber nicht unmöglich. Der Wolfsknochen stammt aus dem Aurignacien ebenfalls von vor dreißigtausend Jahren.

Dagegen handelt es sich beim sogenannten Ishango-Knochen um das Schienbein eines Pavians *(Abbildung 4).* Er wurde auf dem Gebiet der heutigen Demokratischen Republik Kongo entdeckt und geht auf die Zeit zwanzig- bis achtzehntausend Jahre vor heute zurück. Seine Kerben sind zu drei Spalten angeordnet. In der mittleren sind sie zu einer Reihe aus folgenden Zahlen zusammengruppiert: 3, 6, 4, 8, 10, 5, 5, 7. Erkennen Sie das Schema? Auch wenn die abschließende 7 nicht ins Schema passt, ist ein solches durchaus erkennbar. Fahren wir fort. Die Zahlen in den anderen Spalten sind ungerade: auf der einen Seite 11, 13, 17, 19 und auf der anderen 9, 11, 19, 21. Und damit nicht genug: Wenn wir die Zahlen addieren, kommen wir auf 48 in der Mitte und auf jeweils 60 an den Seiten.

Es scheint eine arithmetische Erklärung zu geben, die Kerben sind anscheinend in bewusster Absicht auf diese Art aneinandergereiht worden. Oder wollen womöglich nur wir das mit aller Gewalt so sehen?

Ab dem Jungpaläolithikum tauchen zahlreiche solcher Systeme eines künstlichen Gedächtnisses auf, und sie sagen uns, dass der menschliche Geist Informationen auslagert, sich dabei aber plastisch, flexibel zeigt und nach Analogien und möglichen Übertragungen sucht. Einige dieser Systeme sind hochkompliziert wie das auf dem Fragment eines Rentiergeweihs, das in der Höhle von La Marche in Frankreich zum Vorschein kam. Es ist mit Kerben versehen, die sich dicht und so gut geordnet anei-

Abbildung 4: Ishango-Knochen (eines Pavians), Belgisch-Kongo, heute im Museum für Naturwissenschaften in Brüssel, Belgien

nanderreihen, dass sie den Gelehrten ins Ohr flüsterten, es könne sich um ein mnemonisches Notationssystem handeln, mit einem hochkomplexen Code und einer hierarchischen inneren Ordnung.

Diese Zeichen sind fraglos faszinierend, aber auch weitgehend unentzifferbar. Sie scheinen uns mit aller gebotenen Vorsicht zu suggerieren, dass sie in Wahrheit mehr als Kerben, vielleicht schon Vorformen echter Symbole sind. Wenn sie Zahlen wären, wären sie Symbole. Und Zahlsymbole wären Logogramme. Wie 1, 2 und 3. Kehren wir zu den Handabdrücken in der Cosquer-Höhle zurück, von denen einige mit ihren fehlenden Fingern 1, 2 und 3 zu zählen scheinen. Als Symbole für Zahlen würden sie diese dann ikonisch darstellen, in etwa wie I, II und III. Selbst wenn wir dieses weitläufige Thema hier nicht umfassend behandeln können, stellen wir Überlegungen zum Potenzial des einfachen, nicht unmittelbar lesbaren, linearen und absichtsvoll gesetzten Zeichens an. Denken wir über die Kraft des Geistes nach, der sich bis zu den Fingern unserer Hände erweitert hat.

Und katapultieren wir uns jetzt an den Anfang des Neolithikums zurück.

Ab rund 9000 v. Chr. tauchen im archäologischen Panorama allmählich kleine geometrische Objekte aus Ton auf. Wir finden sie in der Türkei, im Iran, in Syrien, im Irak, in Israel und Palästina, in Form von Kegeln, Zylindern und Scheiben sowie auch eiförmig, sphärisch oder rechteckig. Und ihnen war mit fast zehntausend Jahren, die sie in Gebrauch blieben, ein langes Leben beschieden.

Der Zweck ihrer Existenz, so sagen uns die Forschenden, bestand darin, Mengen von Produkten, Tieren und Ressourcen zu überprüfen und zu registrieren, um die Hierarchie aufrechtzuerhalten, die sich unter den sesshaften Menschen in den landwirtschaftlichen Dörfern im Fruchtbaren

Halbmond herausbildeten. Sie waren ein unverzichtbarer Teil der agropastoralen Zentren dieser Zeit. Sie vereinfachten die wirtschaftliche Verwaltung und hinterließen eine Spur dessen, was erzeugt, vertrieben und verbraucht wurde. Jedes *Token* war eine physische Darstellung einer bestimmten Art Ware, in einem universellen kommunikativen System, das sich über diese weite Region erstreckte.

Die Theorie beinhaltet eine wichtige Hypothese, die allerdings ziemlich umstritten ist. Diese Tokens – oder auch «Calculi» oder «Rechen-» oder «Zählsteine» – sollen Vorläufer der Schrift gewesen sein. Diese Objekte mit ihren Formen seien in Tafeln aus weichem Ton gedrückt worden, um Berechnungen festzuhalten. Später sei ihre Form immer stärker stilisiert worden und habe schließlich die von Zahlen und Schriftzeichen erhalten – als Grundlage für das System, das hernach zur Keilschrift wurde. Meine Kritik daran habe ich bereits an anderer Stelle des Buches geäußert. Anscheinend waren Tokens schon vor zwölftausend Jahren in Gebrauch, im 10. Jahrtausend v. Chr., vielleicht zuerst in Göbekli Tepe, also noch bevor die Landwirtschaft alles beherrschte. Und offenbar erfüllten sie zahlreiche weitere Funktionen neben der der neolithischen Geldzählmaschine. Tatsächlich kann diese Art Objekt für eine gewaltige Anzahl von Dingen stehen und Informationen über Besitzverhältnisse, Bauten und Territorien beinhalten.

Ihre symbolische Bedeutung war deutlich komplexer und variierte von Kontext zu Kontext. Sie waren nicht kodifiziert, hatten keine festgelegten und zur Regel gewordenen Bedeutungen. Sie gehörten keinem universellen Buchhaltungssystem an. Sie hatten zwar mit dem Gedächtnis zu tun, aber eben auf ihre eigene und auf vielfältigere Weise als diejenige, die wir ihnen bislang zugestanden. Sie als Vorläufer der Schrift zu sehen, ist problematisch.

Denken wir einmal nicht in Schubladen. Lassen wir uns weiterhin vom Erfindungsgeist überraschen, von der feinen und vielfältigen, komplexen und ausgeklügelten Kreativität, die sich bei der Untersuchung dieser Spielzeuge, dieser *trinkets,* um es in Slang zu sagen, entdecken lässt. Und vergessen wir zuletzt auch die Vorstellung, *was* die Kerben im Rentiergeweih, die Einritzungen im Wolfsknochen, die mesopotamischen Tokens darstellen sollen. Sehen wir von ihrer inneren Bedeutung, dem *signifié* ihres Inhalts, ab und konzentrieren uns stattdessen auf ihre Form.

Es sind einfache, entweder zweidimensionale (bei den Tallies) oder dreidimensionale (bei den Tokens) Formen. Auch wenn ich hier verallgemeinere, weil es auch kompliziert ausgestaltete Tokens gibt, zeigen die meisten «einfache» Formen. Dabei ist mir klar, dass ich den Ausdruck «einfach» etwas einfach gebrauche. Zeichen in zwei Dimensionen zu erstellen, ist für den sich kulturell entwickelnden Sapiens kein kognitiver Spaziergang. Aber einfache Zeichen, die aus vertikal aneinandergereihten Kerben bestehen, können ziemlich direkt Einheiten und Mengen darstellen. Schauen Sie auf Ihre Hände, auf die Einheit, die jeder Finger verkörpert.

Das Abzählen an den Fingern lässt sich kognitiv bequem auf ein System aus physischen Merkzeichen übertragen und nimmt dann die Form der Eins-zu-Eins-Entsprechung der Tokens an. Dieser Sprung ist nicht besonders anspruchsvoll. Aber der Gedanke drängt sich auf, dass schon zuvor etwas Raffinierteres zum Zug kam: der Sprung hin zur Zahl, mit ihrem Symbol. Mit einem Wort: Abstraktion.

Buchstaben

Diese Abstraktion ist deshalb interessant, weil sie uns über ihre grafische Entsprechung, die Figuren, nachdenken lässt. Die Ikone der paläolithischen Malerei können auch Symbole sein – selbst wenn wir nicht genau wissen können, für was sie stehen. Es können konventionelle Zeichen sein, die bestimmten Regeln folgen und kombiniert werden, um eine Botschaft an diejenigen zu übermitteln, die sie «lesen». Sehr wahrscheinlich war ihre Deutung klar, verständlich.

Wenn sie systematisch, nach festen Regeln gezeichnet wurden, bildeten sie einen Code. Keinen verschlüsselten, sondern einen verständlichen. Dass sie für uns Heutige unentzifferbar bleiben, ist mit Blick auf ihre damalige – synchrone – Bedeutung unwichtig. Für sie, unsere Vorfahren von vor dreißig- oder vor vierzigtausend Jahren, bedeuteten sie etwas.

Dies ist vielleicht der Nullpunkt aller nachfolgenden Codes, hier ruht der Embryo jeder codierten Information. Hier liegt die kulturelle DNA der Schrift. Es gibt keinen roten Faden, der sie in direkter Linie miteinander verbindet, fünfunddreißigtausend Jahre sind eine Unzahl an Stufen der Trennung, der Anhäufung von Kenntnissen, Schichten eines *Finetunings*. Gleichwohl gibt es aufscheinende Linien der Kontinuität, die sich in wiederholenden und geklonten Zeichenfolgen niederschlagen, in Ägypten, in Jordanien, auf den Hawaii-Inseln, in Australien und an zahlreichen weiteren Orten, an denen die Idee des Ikons, der Abfolge, der Ordnung zu ihrem Höhenflug ansetzt und an denen sich der Mechanismus einnistet.

Das historische *Kontinuum* zu rekonstruieren ist unmöglich. Und wir dürfen auch nicht zwanghaft versuchen, die Punkte um jeden Preis miteinander zu verbinden. Tatsache ist, dass die kulturelle Entwicklung uns die Richtung aufzeigt, uns erklärt, wie der Mensch zu einem System gelangte, das wir heute Schrift nennen, fertig, beendet, abgeschlossen und endgültig, eines, das die Laute der gesprochenen Sprachen festhält, die unsere Präsenz auf der Erde markieren. Der menschliche Geist hat sich die Schichten der Kultur schrittweise einverleibt, die kognitiven Schritte, die in diese Richtung führen, Schichten, die sich im Verlauf der Generationen aus lernenden und weitergebenden Individuen anhäufen.

Ich muss Ihnen noch etwas zeigen. Es ist Ihnen ebenfalls schon begegnet, aber versuchen Sie es nun mit anderen Augen zu sehen: die *Inschrift* in der Cueva de La Pasiega in Spanien. Warum wurde sie *Inschrift* getauft? Weil ihre Zeichen schematisch, linear sind, nichts Erkennbares darstellen, nur Zeichen und eben nicht mehr sind.

Genauso wie unser Alphabet. Es entstand als das Ergebnis einer langen ikonischen Entwicklung, ausgehend von Zeichen, die bildhaft bestimmte Dinge darstellten, den Rinderkopf, das Haus, das Kamel, das Wasser. Lineare Geometrien führen uns in die Irre. Wir suchen am falschen Ort nach Buchstaben.

Buchstaben haben ihre Wiege in Bildern, Geschichten, im Getriebe des Denkens von Männern und Frauen: Primitive für diejenigen, die diesen Ausdruck immer noch hartnäckig verwenden wollen, obwohl es sich um hochmoderne Menschen handelte. Sie gaben den Dingen Bezeichnungen, sie erschufen fortschrittliche Grammatiken voller Metaphern, Metonymien und anderen rhetorischen Figuren. Sie drückten alles, wirklich alles aus, so wie wir.

Sie bewegten sich bereits in Richtung Schrift, und wir werden nie erfahren, ob auch sie das wussten. Aber das ist eine andere Geschichte.

DER SPRUNG INS DUNKEL

> 6.4311. Wenn man unter Ewigkeit
> nicht unendliche Zeitdauer, sondern
> Unzeitlichkeit versteht, dann lebt der
> ewig, der in der Gegenwart lebt.
> Unser Leben ist ebenso endlos,
> wie unser Gesichtsfeld grenzenlos ist.
>
> Ludwig Wittgenstein, Tractatus Logico-Philosophicus

Onkalo

Der letzte Sprung, den wir vollziehen, führt in die ferne Zukunft, hunderttausend Jahre nach heute. Dieser denkbar weiteste Sprung trägt uns in die Finsternis und endet für uns alle unweigerlich tödlich. Sich ihn vorzustellen, fällt keineswegs leicht, versuchen wir es aber trotzdem.

Unsere Fantasy-Spiele in der Vergangenheit, in den Höhlen des Paläolithikums und an Stätten aus späterer Zeit, zeigten uns bislang wie ein Manifest auf, wie schwierig und bisweilen unmöglich es ist, sich in das Denken von Menschen hineinzuversetzen, die nicht mehr unter uns weilen, um etwas über ihre Symbole zu erfahren und die Zeichen zu entziffern, die ihre Vorstellungskraft hinterlassen hat. Es ist unglaublich, wie sehr sich die menschliche Physiologie, unser kognitiver Apparat, unsere Augen über die letzten zigtausend Jahre gleich geblieben sind. Sie haben sich zwar verändert, aber keine Revolutionen durchlaufen. Trotzdem verstehen wir von diesen Symbolen nur wenig, stochern in den Höhlen im Dunkeln. Wir sind der Arbitrarität des Zeichens ausgeliefert.

Wie werden sich Zeichen in hunderttausend Jahren darstellen? Wie werden wir sie interpretieren?

Begeben wir uns an die Ostküste Finnlands, wo der Bau eines Endlagers in wenigen Monaten fertiggestellt werden soll. Wenn Sie diese Zeilen lesen, ist es vielleicht schon in Betrieb. Tausende von Tonnen radioaktiven Abfalls sollen hier in über fünfhundert Metern Tiefe eingelagert werden. Man fährt in einen Tunnel mit Stahlbetonwänden ein, steigt in einem Zickzack in die Eingeweide des Granitfelsens – den beständigsten, den es gibt – hinab und landet auf der untersten Ebene. Hier soll der Müll bis in alle Ewigkeit eingesiegelt und vergessen werden.

Alles dort muss vergessen werden, auch die schiere Existenz dieses Endlagers, das die Wälder, die Natur und die Bauten verschwinden lassen sollen. Sie dienen allein einem einzigen Zweck: Diese Anlage zu verstecken, sie für die Ewigkeit unsichtbar machen, damit keine Archäologen des Post-Anthropozäns – oder wie auch immer diese künftige Ära heißen wird – auf den Gedanken kommen, an dieser Stelle Grabungen vorzunehmen.

Das Geheimnis von Onkalo muss mindestens hunderttausend Jahre lang gehütet werden, bis die Abfälle schrittweise ungefährlicher geworden sind. Hunderttausend Jahre sind der zehnfache zeitliche Abstand, der uns von Göbekli Tepe trennt: Nichts, was der Mensch materiell konstruiert oder gebaut hat, hielt länger als ein Zehntel dieser Zeitspanne, kein Symbol bleibt nach so langer Zeit noch verständlich. Wenn wir heute die abstrakten und geometrischen Zeichen auf den Kalksteinpfeilern der anatolischen Fundstätte nicht mehr verstehen, was kann dann Onkalo in hunderttausend Jahren über uns verraten? Wie lässt sich vor der Gefahr warnen, der sich unsere Nachfahren aussetzen, wenn sie sich diesem Endlager nähern?

In den Achtzigerjahren des vergangenen Jahrhunderts wurde die sogenannte «(langfristige) Nuklearsemiotik» *(long-term nuclear semiotics)* begründet, eine Disziplin, die ein breites Wissensspektrum abdeckt. Allein der Gedanke an ihre Existenz lässt einen erschaudern, aber es gibt sie tatsächlich. Eine Gruppe von Ingenieuren, Anthropologen, Nuklearphysikern, Künstlern und Forschern des menschlichen Verhaltens erhielten den Auftrag, Botschaften zu ersinnen, die vor gefährlichem Material warnen. Sie müssen drei grundlegende Dinge verständlich machen:

Was ihr seht, ist eine Botschaft.
Hier seid ihr in Gefahr.
Dies ist die Gefahr, die euch droht.

Ganz einfach, werden Sie sagen: Das Symbol für Radioaktivität (das schwarze dreigliedrige Flügelrad auf gelbem Grund) oder Hinweisschilder in allen Sprachen mit der Aufschrift «radioaktiv» müssten genügen, richtig? Aber nein, Sie täuschen sich sehr. Wer versteht so etwas noch in zwanzigtausend oder mehr Jahren?

Sprachen sind eine prickelnde Angelegenheit: Sie verändern sich rasant, sind nicht universell verständlich, sondern lokal verankert, in ständiger Weiterentwicklung begriffen und sehr speziell. Auch Schrift ist im Wandel und hängt vom Kontext ab. Schriften sterben oft aus, werden obsolet, kommen außer Gebrauch und werden vergessen. Sicherlich überdauern sie keine Jahrtausende. Und Zeichen, so viel haben Sie inzwischen verstanden, sind interpretierbar, arbiträr und von den Launen ihrer Schöpfer abhängig. Wie lässt sich also in einem Universum der Zeichen, in dem – *panta rei* – alles im Fluss ist, den lange nach uns Kommenden eine verständliche Botschaft übermitteln?

Einige vorgeschlagene Lösungsvorschläge sind gar nicht schlecht.

a. Einen «Atomklerus», eine Priesterschaft gründen, die mit Bekehrungseifer vor den Gefahren warnt, weil Religionen nicht nur besonders zählebig sind, sondern auch erfolgreich Führung vermitteln. Seltsam, dass dieser Vorschlag von Linguisten wie zum Beispiel Thomas Sebok kam.

b. Die Lagerstätte zu einer Festung ausbauen, so uneinnehmbar, dass sich allenfalls ein *MacGyver* der Nachwelt Zugang zu ihr verschaffen könnte. Dieser Vorschlag stammt passenderweise von einem Physiker.

c. Atomkatzen züchten (allen Ernstes), die genetisch so verändert sind, dass sie in der Nähe von strahlendem Atommüll die Farbe ihres Fells wechseln – ein Vorschlag des Semiologen Paolo Fabbri und der Biologin Françoise Bastide. Die Hintergründe der Entstehung dieser Technicolor-Geschöpfe müssten dann der Nachwelt überliefert und zu einem Mythos werden.[1]

d. Schriftliche Botschaften hinterlassen, vorgeschlagen von dem ungarischen Semiologen Vilmos Voigt. Demnach sollen die Abfälle in den verbreitetsten Sprachen der Welt beschriftet und diese Warnhinweise über die Zeit immer wieder erneuert werden.

---

[1] Wenn Sie es nicht glauben, überzeugen Sie sich selbst von der Existenz der 2015 gegründeten Bewegung Ray Cat Movement (von der sogar T-Shirts im Angebot sind) oder hören Sie sich den Ohrwurm *Emperor X, Don't change color, kitty* an, der sich mit beabsichtigter Geschmacklosigkeit wirklich unvergesslich macht.

Am Ende bringt keiner dieser Vorschläge eine endgültige Lösung. Unser bewusster und absichtsvoller Versuch, über die Zeitschwelle hinweg zu kommunizieren, ist zum Scheitern verurteilt. Wer weiß, ob für die Künstler des Paläolithikums dasselbe galt, wer weiß, ob sie bei ihren Höhlenmalereien nicht schon die Nachwelt im Blick hatten und zielgerichtet vorgingen. Vielleicht wollten sie ja *auch* mit uns *kommunizieren*.

Das Ergebnis ist jedenfalls identisch. Alle solche Botschaften enden auf die gleiche Weise: Sie werden unverständlich.

Die frühesten erhalten gebliebenen Zeichen stammen aus den paläolithischen Höhlen. Wir verstehen sie nicht und können sie nicht richtig deuten. Und so wird auch die letzte Erinnerung an uns im Endlager Onkalo und vielleicht in ähnlichen Einrichtungen enden, ebenfalls in einer tief unter der Erde liegenden Höhle, die versiegelt wird. Das Projekt hat nur Erfolg, wenn von ihm keine Spur sichtbar bleibt und es in Vergessenheit gerät.

Unverständlichkeit und Vergessen, ein echter Sprung ins Dunkel.

Der Gedanke beunruhigt: Gerade bei den Abfällen unserer Zivilisation, die das langlebigste Gefahrenpotenzial bergen und vor denen sich künftige Generationen schützen müssen, hoffen wir darauf, dass sie keiner entdecken wird. Der Fußabdruck, den der Mensch auf seinem Durchmarsch durch die Zeit hinterlässt, verheißt nicht immer nur Gutes. Wir sind nicht immer die Guten.

Aber vielleicht bleibt von uns nicht nur das übrig, vielleicht ist der ausgesiebte und dosierte Anteil dessen, was von uns die nächsten Hunderttausende von Jahren überdauert, noch größer. Die Wolkenkratzer der Zukunft sind die Berge aus Müll, der Schutt eingestürzter Brücken und zerfallener Häuser. Was bleibt, sind Ozeane voller Mikroplastik, Metallüberreste, verstreute Ruinen und eine Fülle von nicht mehr zu entziffernden Symbolen.

Falls wir sie konservieren können, bleiben auch die Megalithen des Neolithikums erhalten, wie auch die Abdrücke von Fingern von vor vierzigtausend Jahren, die in Ocker gezeichneten Porträts, die Umrisse von Tieren ausgestorbener Arten und die Petroglyphen in der öden Wüste. Mit einer gegen uns arbeitenden Zeit wird es uns noch schwerer fallen, ihre Geschichte zu rekonstruieren. Vielleicht bezeichnen wir sie dann immer noch als «Kunst» und verbuchen sie unter «Religion». Oder wir geben uns geschlagen und räumen ein, dass sie nichts bedeuten.

Wir werden staunen, welch winziger Anteil von dem, was einst war, verglichen mit den Unmengen des Untergegangenen übrig sein wird, und versuchen dann wie schon immer Ordnung zu schaffen, um uns höherentwickelt, zivilisierter zu fühlen. Wir werden andere Vergleiche und Metaphern bemühen, um uns im verständigen Wissen zu wähnen. Und dann kommt jemand nach uns, wischt alles beiseite, schafft Raum für eine andere Deutung und macht mit allem Vorangegangenen *Tabula rasa*.

Der Rest ist Geschichte

Von allem Geschriebenen, Markierten und Gezeichneten hat sich sehr wenig erhalten, ein verschwindend geringer Bruchteil, bestehend aus Formen, Geometrien und Profilbildern, als ein winziger Teil der erzählten und mündlich überlieferten Geschichten. In die Vergangenheit zurückzublicken, ist auch ein Sprung ins Dunkel.

Aber beim Eintritt ins Labyrinth der Vergangenheit mit all ihren Löchern und geheimen Winkeln müssen wir uns vor Trugschlüssen hüten, auch in unserem manischen Bestreben, alles in eine Reihenfolge zu bringen. Die Geschichte beginnt *nicht* erst mit der Schrift. Sie setzt schon sehr viel früher an, in einer Ära, in der noch «Unzivilisierte» jagten, sammelten und Zeichnungen schufen, einer mit «paläo» bezeichneten Zeit, die unter die allgemeingültige Definition für Vorgeschichte fällt.

Die erzählte Geschichte beginnt nicht erst mit den Sumerern oder Ägyptern, sondern schon mit diesen Profilbildern, diesen Formen, diesen geometrischen Zeichen, die wir in unserer Ignoranz nicht entziffern können. Mit dieser Grammatik aus sich überlagernden Gestalten, mit André Leroi-Gourhans «Mythogrammen» aus Wisenten und Venusfiguren, mit den Fingern, die sich auf Zeichnungen richten, um zu erklären, wie Bären oder Nashörner gejagt werden oder wie ein Höhlenlöwe oder ein seltener gefleckter Panther aussieht.

Die Geschichte beginnt nicht mit Herodot und seinen Reisen, sondern mit den Handabdrücken eines Kindes in der intakt gebliebenen

Höhle von Pech Merle. Und sie setzt sich mit den fossilierten Fußabdrücken von Yenikapı fort, die Jahrtausende später entstanden. Sie beginnt mit den Indizes, die der Entwicklung von Zeichen den Weg ebnen. Mit der Aufeinanderfolge von Charles Sanders Peirces Indizes, Ikonen und Symbolen. Mit der Kommunikation durch diese Dinge, eben in dieser Reihenfolge.

Genau mit diesen *Geschichten* beginnt die Geschichte. Nicht mit der Schrift, nicht mit den Kalendern, den Datumsangaben und Uhren. Nicht mit der Kontrolle über die Zeit, sondern mit der Erinnerung, der Neugierde, sich Vorstellungen aus der Erinnerung zu schaffen.

Sie beginnt mit dem Moment, in dem jemand mit einem Finger auf etwas gezeigt, seine Hand auf eine Oberfläche gedrückt oder eine Handlung mit einer Gebärde angedeutet hat. Als jemand einen Namen geäußert und einer anderen Person beigebracht hat, dass *diese* Lautfolge für *jenes* Ding steht. Und als diese Person diese Entsprechung dann übernommen und weitergegeben hat, worauf sie (nennen Sie sie ruhig «Wort») repliziert, geklont und über den Kreis *hinaus* weiterverbreitet wurde.

Und daraus geht dann das Symbol hervor, aus dem hinweisenden Abdruck unseres kognitiven Sprungs, aus dem mit einer Handbewegung in die Luft gezeichneten Zeichen. Lassen Sie sich von Zeichen nicht täuschen. Sie erzählen gerne Geschichten, lügen. Sie schaffen buchstäblich Impressionen *(das Bild auf dem Umschlag)*.

Aber sie sind alles, was wir haben, um die endlos lange Serie aus einzelnen Sprüngen der Menschheit nachzuvollziehen. Deswegen lohnt sich die Mühe, sie aufmerksam zu betrachten und zu untersuchen. Zeichen sind unsere Gebärden, unsere Worte, unsere Spiegelbilder. Und man packe sie nicht in eine «Vorgeschichte», denn dieses «Vorher» war höchst reichhaltig, dicht und kompakt, prall gefüllt mit den Zutaten der späteren Zeit, die wir, beginnend mit Herodots Märchen, in einem Systematisierungswahn als «Geschichte» definiert haben. Aber es stimmt nicht, dass *der Rest* Geschichte ist. Das Vormalige war auch schon Geschichte. Das sich Anschließende hat nur Systeme, Schemata geschaffen und sie ausgeweitet: Reiche, Städte, Gesetze, Kodexe, Bücher, Bibliotheken, Schulen.

Aber unsere gezeichneten, modellierten oder in die Höhe strebenden Geschichten, von denen allzu wenige erhalten blieben, waren von jeher und nichtsdestotrotz Geschichten. Viele gerieten in Vergessenheit, lösten sich in Luft auf oder zerfielen zu Staub, andere sind erhalten, als rätselhafte defekte Schatzkästchen, die sich nicht mehr öffnen lassen. Wieder andere sind wie alles von Menschen Erschaffene unvollkommen und lückenhaft. Trotz allem sind all diese Geschichten unterschiedslos und ohne Abstufung in der Bewertung *Geschichte*.

Gegen die Zeit

Auf allem lastet mit vollem Gewicht die Zeit mit einer Vergangenheit, in der sich die Jahrtausende auftürmen. Und dabei verzehrt sie nicht nur und löscht Spuren aus, sondern macht sich auch einen Spaß daraus, uns ohne Koordinaten auf die Reise zu schicken. Zur Orientierung streut sie uns nur ein paar Brotkrumen hin.

Die Zeitspanne, von der ich zu erzählen versuchte, deckt einen verschwindend geringen Bruchteil der Menschheitsgeschichte mit ihren Erfindungen, Symbolen und Fantasien ab. Auch wenn wir sie als Wissenschaftler oder Laien (das ist unwichtig) gründlich erforschen, behalten wir nur mit Mühe einen Überblick und fühlen uns fremd und orientierungslos in diesem übergroßen Zeitraum mit seinen allzu vielen Anläufen und Sprüngen.

Aber obwohl undeutlich, sind Spuren der Entwicklungsbahn, die uns zu Wesen voller Einfallsreichtum gemacht hat, durchaus vorhanden. Die mit dem Körper, den Händen, Fingern und Augen erschaffenen Geschichten. Gezeichnet, gemalt, imaginiert, auf Felswände gedrückt, in die Höhe gereckt, ausgeweitet hin zu den anderen, mit Metaphern, Metonymien, Ikonen. All dies spiegelt sich in uns heute wider, die wir nach vorn blicken und an die Zukunft, an die nächsten Sprünge der Menschheit denken.

Die Spuren der Vergangenheit sind allesamt Symbole. Sie trotzen der Zeit, schwimmen gegen den Strom und leisten dem Untergang sichtbar und unverbrüchlich Widerstand, zumindest solange sie können. Wer weiß, warum und wieso gerade sie dieses kraftvolle Zeichen hinterlassen. Während die Zeit unbeirrt ihr Zerstörungswerk betreibt, halten sie stand und blicken uns an. Vielleicht wollen sie verstanden werden, vielleicht aber auch nicht.

Gedankensprünge zu vollziehen, wie wir es gemeinsam getan haben, gehört nicht nur zum natürlichen Voranschreiten der Entwicklung, sondern stellt für uns auch eine wesentliche, große und wichtige historische Aufgabe dar. Als Einzelne und als Gemeinschaft.

Und dann müssen diese Sprünge erforscht, entziffert und verstanden werden. Zurückzuschauen, das Vergangene zu verstehen, um voranzukommen, um sich Künftiges vorzustellen. Um an die nächsten Sprünge zu denken. Denn was von uns zurückbleibt, ist nicht für uns, sondern unvermeidlich für die Zukunft.

Um die Zeit zu messen, die in der Sanduhr mit rasanter Langsamkeit zerrinnt, hefte ich persönlich die Augen immer gut platziert auf die Zeichen und Erzählungen der Vergangenheit, vor allem auf die, die ich nicht verstehe, wohl niemals verstehen werde.

Im ungeduldigen Warten darauf, etwas entziffern zu können, setze ich einstweilen auf meine Armbanduhr.

IN DER ZWISCHENZEIT

Die Tokens des Neolithikums waren als Merkzeichen dienende, sehr fassliche physische Objekte aus festem Material wie Ton. Heute steht der Begriff für Kryptowährungen, die mit *Blockchains* verbucht werden, ein vertretbares oder nicht vertretbares Instrument, aber durchweg virtuell. Im Englischen taucht *token* noch im Zusammenhang mit etwas anderem auf: Zeichen der Dankbarkeit, Geschenke als Anerkennung, Symbole der Wertschätzung. Jetzt ist es an der Zeit, danke zu sagen.

Zunächst noch einen Hinweis zu diesem Buch.

Als ich es schrieb, ist die Zeit häufig stillgestanden oder mir allzu schnell davongelaufen. Nach *Die große Erfindung* wollte ich eine Art Fortsetzung liefern, aber eine, die man lesen kann, auch ohne dieses frühere Buch zu kennen. Beide Bücher sind thematisch nicht eng miteinander verbunden, bilden aber auch keinen Gegensatz zueinander: Vielleicht stehen sie in einer gewissen poetischen Distanz zueinander. Schon deshalb, weil ich sie mit einer ganz unterschiedlichen Haltung in Angriff genommen habe.

Als ich dieses Buch schrieb, hatte ich das Gefühl, mich in eine Eiszeithöhle hineinzutasten, fühlte mich zu diesem Projekt aber auch als eine Forscherin (Studierende) verpflichtet, die sich mit Zeichen aus sehr früher Zeit befasst, mit den Symbolen, die wir heute als Schriftzeichen definieren. Nachzuvollziehen, woher die Schrift stammt, ist für mich unweigerlich mit einem Sprung zurück in die Vergangenheit verbunden.

Und mit diesem zeitlichen habe ich auch einen sehr persönlichen Sprung vollzogen, hin zu einer Erkenntnis, die sich mit der Zeit immer klarer herauskristallisierte. Der Versuch, zu kommunizieren, eine Botschaft zu übermitteln, hat seit Jahrtausenden bis heute einen hohen Preis in Form von verausgabten Gedanken, schwierigen Entscheidungen, erstellten Entwürfen, Neukonzeptionen und Korrekturen. Und von Verständnislosigkeit. Jedem Symbol wohnt ein Zauber inne, der mit Überraschungen, aber auch Mühen und Zweifeln einhergeht.

Und so danke ich allen, die mich begleitet und alles leichter gemacht haben. Elena Caretta, die zwischen den ... und den !! und allen ?? meines Lebens immer präsent war. Sahra Talamo, die Chronologin und meine Führerin durchs Paläolithikum, Enza Spinapolice, Archäologin, die mich ebenfalls durch Paläolithikum geleitet hat, die aber beide vor allem Freundinnen sind. Marina Gallinaro, die mir «ihre» wunderschöne Sahara offenbart hat. Ich danke den Führern, Direktoren und Beschäftigten sämtlicher Stätten, die ich besucht habe. Danke an Dottoressa Serena Strafella von der Soprintendenza Archeologia, Belle Arti e Paesaggio für die Provinzen Brindisi und Lecce für ihre Fotografien aus der Grotta dei Cervi von Porto Badisco.

Danke an diejenigen, die mich auf meinen zahlreichen Reisen auf der Suche nach «*Lesestoff*» begleitet und Herodot, die Keilschrift, die Petroglyphen und das Nabatäische ertragen haben: Alberto Rigolio, Andrea Pane, Benedetta Cerutti, Carlo Moccia, Chiara Barbieri, Claudio Lencovich, Daniele Papone, Francesca Mastrantonio und Nadia Valenti.

Danke an meine Forschungsgruppe INSCRIBE, Invention of Scripts and their Beginnings: an Barbara Montecchi, Miguel Valério, Roberta Ravanelli, Mattia Cartolano, Michele Corazza, Lorenzo Lastilla, Amanda Culoma, Andrea Santamaria, Andrea Schimmenti, Maria Streccioni und Ornella Auriemma sowie an meine Studierenden, die mich jeden Tag inspirieren. Danke an die Fakultät für klassische Philologie und Italianistik der Università di Bologna – Alma Mater Studiorum.

Diese Arbeit wäre unmöglich gewesen ohne die großzügige Finanzierung durch die Europäische Union. Wie üblich, zitiere ich *verbatim: This project has received funding from the European Research Council (ERC) under the European Union's Horizon 2020 research and innovation programme (Grant Agreement n° 771127).*

Danke an meine Mama, ein großartiges Vorbild in Sachen Achtsamkeit, Fürsorge, Geduld und Leben. Danke an Alessia Dimitri, eine sokratische und auch leicht danteske Anstoßgeberin, sowie an Camilla Cottafavi, die sich in den Geist dieses Buchs eingefühlt und mit Geduld und chirurgischer Präzision Eingriffe vorgenommen hat, an Paola Olivieri für ihre zeitliche Koordination, an Gianluca Foglia sowie an den gesamten Verlag Feltrinelli dafür, dass sie diesem *Prequel* ins Leben verholfen haben.

Es heißt, man solle an Orte, an denen man glücklich gewesen ist, niemals zurückkehren. Aber ich hätte ohne das Hotel *Maison Cly* in Chamois ein vergangenes Glück nicht nochmals erleben können: die Stille der Berge, das Rauschen der Tannen. Nicht zufällig bietet die Natur den einzigen sicheren Hafen, wenn man etwas erschaffen will.

Und dann ein Dank an meinen anderen sicheren Hafen.

Die Widmung zu diesem Buch geht an meinen Großvater Umberto Zocche. Jenseits der Grenzen meiner Fantasie war er auch von da oben, da unten oder von wo auch immer der eigentliche Anstoßgeber für mein Leben im uferlosen Universum der Symbole und Schriftsysteme.

BIBLIOGRAFIE

Fünfzigtausend Jahre und Anlauf

Baird, D., u. a., «The Boncuklu project: the origins of sedentism, cultivation and herding in central Anatolia», in: M. Özdogan, N. Basgelen und P. Kuniholm (Hg.), *The Neolithic in Turkey – Central Anatolia and Mediterranean*, Bd. 3, Istanbul: Archaeology and Art Publications, 2012, S. 219–244.

Dalley, S. (Hg.), *Myths from Mesopotamia. Creation, The Flood, Gilgamesh, and Others*, Oxford [u. a.]: Oxford World's Classics, 2008.

Gallagher, S., «Building a stronger concept of embodiment», in: A. Newen, L. de Bruin und S. Gallagher (Hg.), *The Oxford Handbook of 4E Cognition*, Oxford: Oxford University Press, 2018, S. 353–367.

Geertz, C., *The Interpretation of Cultures: Selected Essays*, New York: Basic Books, 1973.

Goody, J., *The Domestication of the Savage Mind*, Cambridge [u. a.]: Cambridge University Press, 1977.

Hodder, I. (Hg.), *Symbolic and Structural Archaeology*. Cambridge [u. a.]: Cambridge University Press, 1982.

Králík M., V. Novotný und M. Oliva, «Fingerprint on the Venus of Dolní Věstonice I», in: *Anthropologie* 40(2) (2002), S. 107–113.

Overmann, K., «Finger-counting in the Upper Paleolithic», in: *Rock Art Research*, 31(1) (2014), S. 63–80.

Renfrew, C., *Prehistory. The Making of the Human Mind*, London: Weidenfeld & Nicolson, 2007.

Scott, J. C., *Against the Grain. A Deep History of the Earliest States*, New Haven und London: Yale University Press, 2017. (Dt.: *Die Mühlen der Zivilisation. Eine Tiefengeschichte der frühesten Staaten*, Berlin: Suhrkamp 2020.)

Absprung

Asma, S. T., *The Evolution of Imagination*, Chicago und London: University of Chicago Press, 2017.

Bahn, P. G., *Images of the Ice Age*, Oxford: Oxford University Press, 2016.

Brumm, A., u. a., «Oldest cave art found in Sulawesi», in: *Science Advances* 7(3) (2021): eabd4648.https://doi.org/10.1126/sciadv.abd4648.

Clarkson, C., Z. Jacobs, B. Marwick u. a., «Human occupation of northern Australia by 65,000 years ago», in: *Nature* 547 (2017), S. 306–310: https://doi.org/10.1038/nature22968

Clottes J., *L'art des cavernes préhistoriques*, Paris: Phaidon, 2010.

Ders., *What is Palaeolithic Art? Cave Paintings and the Dawn of Human Creativity*, Chicago: University of Chicago Press, 2016.

Conard, N. J., «A female figurine from the basal Aurignacian of Hohle Fels Cave in southwestern Germany», in: *Nature* 459 (2009).

Conard, N. J., und C.-J. Kind, *The Beginnings of Art and Music. Ice Age Discoveries from the Caves of Southwestern Germany*, Stuttgart: Theiss Verlag, 2020.

D'Errico, F., und A. Nowell, «A new look at the Berekhat Ram figurine: Implications for the origins of symbolism», in: *Cambridge Archaeological Journal* 10 (2000), S. 123–167.

Dutkiewicz, E., G. Russo, S. Lee und C. Bentz, «SignBase, a collection of geometric signs on mobile objects in the Paleolithic», in: *Scientific Data* 7(1) (2020), S. 364: https://doi.org/10.1038/s41597-020-00704-x

Finch, D., A. Gleadow, J. Hergt u. a., «Ages for Australia's oldest rock paintings», in: *Nature Human Behaviour* 5 (2021), S. 310–318: https://doi.org/10.1038/s41562-020-01041-0

Gallese, V., «The problem of images: A view from the brain-body», in: *Phenomenology and Mind* 14 (2018), S. 70–79.

Guy, E., *Ce que l'art préhistorique dit de nos origines*, Paris: Flammarion, 2017.

Henshilwood, C. S., u. a., «Emergence of Modern Human Behaviour: Middle Stone Age Engravings from South Africa», in: *Science* 295 (2002), S. 1278 ff.

Henshilwood, C. S., F. D'Errico und I. Watts, «Engraved ochres from the Middle Stone Age levels at Blombos Cave, South Africa», in: *Journal of Human Evolution* 57(1) (2009), S. 27–47.

Hodgson, D., «The Visual Dynamics of Upper Paleolithic Cave Art», in: *Cambridge Archaeological Journal* 18(3) (2008), S. 341–353.

Hodgson, D., P. Pettitt, «The Origins of Iconic Depictions: A Falsifiable Model Derived from the Visual Science of Palaeolithic Cave Art and World Rock Art», in: *Cambridge Archaeological Journal*, 28(4) (2018), S. 591–612.

Hoffmann, D. L., u. a., «U-Th dating of carbonate crusts reveals Neanderthal origin of Iberian cave art», in: *Science* 359(6378) (2018), S. 912–915.

Leder, D., u. a., «A 51,000-year-old engraved bone reveals Neanderthals' capacity for symbolic behaviour», in: *Nature Ecology & Evolution* (September 2021).

Leroi-Gourhan, A., *The Dawn of European Art: An Introduction to Palaeolithic Cave Painting*, Cambridge [u. a.]: Cambridge University Press, 1982.

Lewis-Williams, D., *The Mind in the Cave: Consciousness and the Origins of Art*, London: Thames & Hudson, 2002.

Lorblanchet, M., und P. G. Bahn, *The First Artists. In Search of the World's Oldest Art*, London: Thames & Hudson, 2017.

Mithen, S., *After the Ice: A Global Human History, 20,000–5000 BC*, London: Weidenfeld & Nicolson, 2003.

Ders., *Creativity in Human Evolution and Prehistory*, London [u. a.]: Routledge, 1998.

Ders., *The Prehistory of the Mind: A Search for the Origins of Art, Religion, and Science*, London: Thames & Hudson, 1996.

Pettitt, P., und P. Bahn, «Current problems in dating Palaeolithic cave art: Candamo and Chauvet», in: *Antiquity* 77(295) (2015), S. 134–141.

Petzinger, G. von, *The First Signs. Unlocking the Mysteries of the World's Oldest Symbols*, New York: Atria, 2016.

Pons-Branchu, E., u. a., «U-series dating at Nerja cave reveal open system. Questioning the Neanderthal origin of Spanish rock art», in: *Journal of Archaeological Science* 117 (2020), S. 105–120.

Pruvost M., u. a., «Genotypes of predomestic horses match phenotypes painted in Paleolithic works of cave art», in: *PNAS* 108(46) (2011), S. 18626–18630: https://doi.org/10.1073/pnas.1108982108

Stannard, M. K., und M. C. Langley, «The 40,000-year-old female figurine of Hohle Fels: Previous Assumptions and New Perspectives», in: *Cambridge Archaeological Journal* (2020), S. 1–13.

Texier, P. J., u. a., «The context, form and significance of the MSA engraved ostrich eggshell collection from Diepkloof Rock Shelter, Western Cape, South Africa», in: *Journal of Archaeological Science* 40 (2003), S. 3412–3431.

Texier, P. J., u. a., «A Howiesons Poort tradition of engraving ostrich eggshell containers dated to 60,000 years ago at Diepkloof Rock Shelter, South Africa», in: *Proceedings of the National Academy of Sciences* 107 (2010), S. 6180–6185.

Valladas, H., u. a., «Dating French and Spanish Prehistoric Deco rated Caves in Their Archaeological Contexts», in: *Radiocarbon* 55(2–3) (2013), S. 1422–1431.

Der Sprung nach vorn

Anati, E., «La grotta-santuario di Porto Badisco», in: *Bollettino Camuno Studi Preistorici* 34 (2004), S. 106–123.

Baistrocchi, M., *Antiche civiltà del Sahara*, Mailand: Mursia, 1986.

Benson L. V., u. a., «Dating North America's oldest petroglyphs, Winnemucca Lake Subbasin, Nevada», in: *Journal of Archaeological Science* 40(12) (2013), S. 4466–4476: https://doi.org/10.1016/j.jas.2013.06.022.

Coulson, D., A. Campbell, «Rock Art of the Tassili n Ajjer, Algeria»: https://www.rockartscandinavia.com/images/articles/coulsona10.pdf

De Almásy, L., *Récentes Explorations dans le Désert Libyque*, Publications de la Société Royale de Géographie d'Égypte, Kairo 1936.

Gallinaro, M., «Saharan Rock Art: Local Dynamics and Wider Perspectives», in: *Arts* 2 (2013), S. 350–382: https://doi.org/10.3390/arts2040350

Gasse, F., u. a., «The arid-humid transition in the Sahara and the Sahel during the last deglaciation», in: *Nature* 346 (1990), S. 141–146.

Graziosi, P., «Le pitture preistoriche delle Grotte di Porto Badisco e S. Cesarea», in: *Rendiconti Accademia dei Lincei*, serie VIII, Bd. XX–VI (1972), S. 63–70.

Ders., *L'arte preistorica in Italia*, Florenz: Sansoni, 1973.

Ders., *Le pitture preistoriche della Grotta di Porto Badisco*, Florenz: Giunti Martello, 1980.

Hill A. C., u. a., «Inscribed landscapes in the Black Desert: Petroglyphs and kites at Wisad Pools, Jordan», in: *Arabian Archaeology and Epigraphy* 31(2) (2020), S. 245–262.

Honoré E., u. a., «First identification of non-human stencil hands at Wadi Sūra II (Egypt): A morphometric study for new insights into rock art symbolism», in: *Journal of Archaeological Science: Reports* 6 (2016), S. 242–247.

Huyge, D., u. a., «First evidence of Pleistocene rock art in North Africa: securing the age of the Qurta petroglyphs (Egypt) through OSL dating», in: *Antiquity* 85 (2011), S. 1184–1193.

Ingravallo, E., G. Aprile und I. Tiberi, *La Grotta dei Cervi e la preistoria nel Salento*, San Cesario di Lecce: Manni, 2019.

Jelínek, J., «Considerations on Saharan rock art symbolism», in: *Anthropologie* 33(3) (1995), S. 213–219.

Ders., *Sahara: Histoire de l'art rupestre Libyen*, Grenoble: Jérôme Million, 2004.

Lajoux, J.-D., *Merveilles du Tassili n'Ajjer*, London: Thames & Hudson, 1963. (Dt.: *Wunder des Tassili n'Ajjer*, München: Calwey, 1967.)

Leone, M. L., «La Fosfenica Grotta dei Cervi. Arte Mitologia e Religione dei Pittori di Porto Badisco» (2009): http://www.artepreistorica.com/wp-content/uploads/2010/01/The-Deer-Cave.pdf.

Lhote, H., *The Search for the Tassili Frescoes: The Story of the Prehistoric Rock-Paintings of the Sahara*, New York: Dutton, 1958.

Muzzolini, A., «Saharan Africa», in: D. S. Whitley (Hg.), *Handbook of Rock Art Research*, Walnut Creek: AltaMira Press, 2001, S. 605–636.

Pagliara, C., «La Grotta Poesia di Roca (Melendugno – Lecce) Note preliminari», in: *Annali della Scuola Normale Superiore di Pisa. Classe di Lettere e Filosofia*, serie III, 17(2) (1987), S. 267–328.

Rowan, Y. M., u. a., «The ‹land of conjecture›: New late prehistoric discoveries at Maitland's Mesa and Wisad Pools, Jordan», in: *Journal of Field Archaeology* 40(2) (2015), S. 176–189.

Semplici, A., «Arte rupestre: una Cappella Sistina nel Sahara», in: *Airone* 267 (2003), S. 59–74.

Sutton, J. E. G., «The African aqualithic», in: *Antiquity* 51 (1977), S. 25–34.

Der Sprung nach oben

Bernardini, E., *Guida alle civiltà megalitiche*, Florenz: Vallecchi, 1977.

Bonanno, A. (Hg.), *Archaeology and Fertility Cult in the Ancient Mediterranean*, Amsterdam: Grüner, 1986.

Christie, A., *Come, Tell Me How You Live: An Archaeological Memoir*, New York: Dodd, Mead & Company, 1946. (Dt.: *Erinnerung an glückliche Tage. Aus meinem Leben*, Bern [u. a.]: Scherz, 1997.)

Clare, L., *Göbekli Tepe, Turkey. A brief summary of research at a new World Heritage Site (2015–2019)*, e-Forschungsberichte: https://doi.org/10.34780/efb.v0i2.1012

De Pascale, A., *Anatolia. Le origini*, Sestri Levante: Oltre Edizioni, 2014.

Friedkin Anati und E. Anati (Hg.), *Missione a Malta. Ricerche e studi sulla preistoria dell'arcipelago maltese nel contesto mediterraneo*, Mailand: Jaca Book, 1988.

Malone, C., S. Stoddart und D. Trump, «A house for the Temple builders. Recent investigations on Gozo, Malta», in: *Antiquity* 62 (1988), S. 297–330.

Schmidt, K., «Snakes, Lions and Other Animals: The Urfa-Project 1997», in: *Neo-Lithics* 97(3) (1997), S. 8 f.

Ders., «Göbekli Tepe – the Stone Age Sanctuaries. New results of ongoing excavations with a special focus on sculptures and high reliefs», in: *Documenta Praehistorica* 37 (2010), S. 239–256.

Ders., *Sie bauten die ersten Tempel. Das rätselhafte Heiligtum am Göbekli Tepe*, München: C.H.Beck, 2016.

Watkins, T., «The cultural dimension of cognition», in: *Quaternary International* 405 (2016), S. 91–97.

Wengrow, D., «Interpreting animal art in the prehistoric Near East», in: D. Wengrow (Hg.), *Culture through objects. Ancient Near Eastern Studies in honour of P. R. S. Moorey*, Griffith Institute, 2003, S. 139–160.

Der Sprung hinaus und Der Sprung ins Dunkel

Arbib, M. A., *How the Brain Got Language*, Oxford [u. a.]: Oxford University Press, 2012.

Bartocci, C., und L. Civalleri, *Numeri. Tutto quello che conta da zero a infinito*, Turin: Codice edizioni, 2015.

Bennison-Chapman, L. E., «Reconsidering ‹Tokens›: The Neolithic Origins of Accounting or Multifunctional, Utilitarian Tools?», in: *Cambridge Archaeological Journal* 29(2) (2019), S. 233–259.

Ders., «Conscious Tokens?», in: Hodder (Hg.), *Consciousness, Creativity, and Self at the Dawn of Settled Life*, Cambridge [u. a.]: Cambridge University Press, 2020, S. 107–132.

Clark, A., «Curing cognitive hiccups: A defense of the extended mind», in: *Journal of Philosophy* 104(4) (2007), S. 163–192.

Clark, A., und D. Chambers, «The extended mind», in: *Analysis*, 58(1) (1998), S. 7–19.

Corballis, M. C., *From Hand to Mouth*, Princeton und Oxford: Princeton University Press, 2002.

Ders., *The Recursive Mind. The Origins of Human Language, Thought and Civilization*, Princeton und Oxford: Princeton University Press, 2011.

D'Errico, F., «New Model and its Implications for the Origin of Writing: The La Marche Antler Revisited», in: *Cambridge Archaeological Journal* 5(2) (1995), S. 163–206.

D'Errico, F., u. a., «Archaeological Evidence for the Emergence of Language, Symbolism, and Music – An Alternative Multidisciplinary Perspective», in: *Journal of World Prehistory* 17(1) (2003), S. 1–70.

D'Errico, F., «Memories out of mind: The archaeology of the oldest artificial memory systems», in: A. Nowell (Hg.), *In the Mind's Eye*. International Monographs in Prehistory, Archaeological Series 13 (1996), S. 33–49.

Dunbar, R. I. M., «The social brain: mind, language, and society in evolutionary perspective», in: *Annual Review of Anthropology* 32 (2003), S. 163–181.

Everett, C., *Numbers and the Making of Us*, Cambridge, Mass.: Harvard University Press, 2017.

Everett, D., *How Language Began*, London: Profile Books, 2018.

Henshilwood, C. S., und F. D'Errico, «Middle Stone Age engravings and their significance to the debate on the emergence of symbolic material culture», in: C. S. Henshilwood und F. D'Errico (Hg.), *Homo Symbolicus: The Dawn of Language, Imagination and Spirituality*, Amsterdam: Benjamins Publishing, 2011, S. 75–96.

Hurford, J. R., *The Origins of Language*, Oxford: Oxford University Press, 2014.

Mithen, S., «A creative explosion? Theory of the mind, language and the disembodied mind of the Upper Paleolithic», in: S. Mithen (Hg.), *Creativity in Human Evolution and Prehistory*, London [u. a.]: Routledge, 1998, S. 165–186.

Pim, J. E., S. A. Yatsenko und O. T. Perrin, *Traditional Marking Systems: A Preliminary Survey*, London: Dunkling Books, 2010.

Romagnoli, F., «Changes in Raw Material Selection and Use at 400,000 Years BP: A Novel, Symbolic Relationship between Humans and Their World. Discussing Technological, Social and Cognitive Arguments», in: *Cambridge Archaeological Journal* 31(2) (2021), S. 325–336.

Sterelny, K., «From hominins to humans: how sapiens became behaviourally modern», in: *Philosophical Transactions of the Royal Society B: Biological Sciences* 366 (1566) (2011), S. 809–822.

Tallerman, M., und K. R. Gibson (Hg.), *The Oxford Handbook of Language Evolution*, Oxford: Oxford University Press, 2012.

Tomasello, M., *Origins of Human Communication*, Cambridge, Mass.: MIT Press, 2008. (Dt.: *Die Ursprünge der menschlichen Kommunikation*, Frankfurt a. M.: Suhrkamp, 2011.)

Tomasello, M., und H. Moll, «The gap is social: Human shared intentionality and culture», in: P. M. Kappeler und J. B. Silk (Hg.), *Mind the* Gap, Berlin: Springer, 2010, S. 331–349.

Wolfe, T., *The Kingdom of Speech*, London: Jonathan Cape, 2016. (Dt.: *Das Königreich der Sprache*, München: Blessing, 2017.)

Zhang, D., u. a., «Earliest parietal art: hominin hand and foot traces from the middle Pleistocene of Tibet», in: *Science Bulletin* (2021): https://doi.org/10.1016/j.scib.2021.09.0

BILDNACHWEIS

Abbildung 1: © Genevieve von Petzinger | Abbildung 2: https://en.wikipedia.org/wiki/Cave_of_la_Pasiega#media/File:La_Pasiega_Galeria_B_La_Insciption.png; https://en.wikipedia.org/wiki/Cave_of_la_Pasiega#media/File:La_Pasiega_Galeria_C_La_Trampa.png | Abbildung 3: https://guardian.ng/life/a-look-at-nsibidi-the-long-lost-african-writing/ | Abbildung 4: mauritius images/age fotostock

Tafel 1: https://www.ancient-origins.net/news-history-archaeology/ritual-amputation-0011112 | Tafel 2: https://www.bradshawfoundation.com/sculpture/berekhat_ram.php | Tafel 3: Patrick Cabrol/Centre de Préhistoire du Pech Merle/akg-images | Tafel 4: akg-images/Album/Prisma | Tafel 5: mauritius/Hemis.fr/Franck Charton | Tafel 6: mauritius images/Art Collection 2/Alamy/Alamy Stock Photos | Tafel 7: The Chauvet-Pont d'Arc cave (culture.gouv.fr) | Tafel 8: The Chauvet-Pont d'Arc cave (culture.gouv.fr) | Tafel 9: https://phys.org/news/2011-11-ancient-dna-insights-cave-horses.html | Tafel 10: akg-images/Glasshouse Images | Tafel 11: Heritage Images/Fine Art Images/akg-images | Tafel 12: https://upload.wikimedia.org/wikimedia/commons/6/65/Aboriginal_rock_art_on_the_Barnett_River%2C_Mount_Elizabeth_Station.jpg | Tafel 13: akg-images/Science Photo Library/Martin Rietze | Tafel 14: https://en.wikipedia.org/wiki/Dabous_Giraffes#media/File:DabousGiraffe.jpg | Tafel 15: akg-images/De Agostini Picture Library/Baldiz zone | Tafel 16: akg-images | Tafel 17: akg-images | Tafel 18: https://en.wikipedia.org/wiki/Cave_of_Swimmers#media/File:WadiSuraSwimmers.jpg | Tafel 19: Getty Images/Jean-Michel Coureau | Tafel 20: https://www.donsmaps.com/winnemucca.html (Aus: L. Benson, E. Hattori, J. Southon, B. Aleck: Dating North America's oldest petroglyphs, Winnemucca Lake subbasin, Nevada, Journal of Archaeological Science, 2013, vol. 40, no. 12, 4466–4476, doi: 10.1016/j.jas.2013.06.022 | Tafel 21: Getty Images/Leonello Bertolucci | Tafel 22: mauritius images/Süleyman Alhan/Alamy/Alamy Stock Photos | Tafel 23: © Silvia Ferrara | Tafel 24: © Silvia Ferrara | Tafel 25: mauritius images/Serkan senturk/Alamy/Alamy Stock Photos | Tafel 26: © Silvia Ferrara | Tafel 27: akg-images/Erich Lessing | Tafel 28: akg-images/Science Photo Library/Marco Ansaloni